本书出版受“和解制度在纠纷实质性解决中的作用及规则适用研究”项目基金支持。

感谢妻子刘慧霞博士的关爱与支持

和解合同研究

原永朋◎著

HE JIE HE TONG YAN JIU

法律出版社
LAW PRESS·CHINA
北京

图书在版编目（CIP）数据

和解合同研究 / 原永朋著. -- 北京 ：法律出版社，2024. -- ISBN 978 - 7 - 5197 - 9231 - 2

Ⅰ. D913.604

中国国家版本馆 CIP 数据核字第 2024XT9351 号

和解合同研究
HEJIE HETONG YANJIU

原永朋 著

策划编辑 张 岩 徐云龙
责任编辑 程鹏瑶
装帧设计 汪奇峰

出版发行 法律出版社
编辑统筹 重大项目办公室
责任校对 王晓萍
责任印制 吕亚莉
经　　销 新华书店

开本 A5
印张 11.25　**字数** 230 千
版本 2024 年 7 月第 1 版
印次 2024 年 7 月第 1 次印刷
印刷 北京虎彩文化传播有限公司

地址：北京市丰台区莲花池西里 7 号（100073）
网址：www.lawpress.com.cn
投稿邮箱：info@lawpress.com.cn
举报盗版邮箱：jbwq@lawpress.com.cn

销售电话：010 - 83938349
客服电话：010 - 83938350
咨询电话：010 - 63939796

书号：ISBN 978 - 7 - 5197 - 9231 - 2　**定价**：68.00 元

凡购买本社图书，如有印装错误，我社负责退换。电话：010 - 83938349

前　言

和解制度具有独立的制度功能。相对于调解制度和裁判制度而言,和解更能妥适地分配风险。和解通过利益协调,在规范自由选取、法律关系确认、促进权利实现方面,确保整体法律关系更好地恢复。和解合同从罗马法开始,就有深厚的思想渊源和制度渊源,在大陆法系和英美法系契约制度中都发挥着重要作用。我国私法传统,受儒家思想和正统思想的影响,对和解有非常现实的需求。

在合同法的理论体系中,和解合同典型性与和解合同效力特殊性,始终是比较法上一个专门的问题,也是本书研究的重点。将和解置于债法总则中,还是将和解合同作为一般的典型合同,曾存在长期争论。晚近,立法体例以承认和解合同为典型合同为主流。就构成要件而言,和解合同以有争议和不确定的法律关系为客体,以体现主观性、非等值性、关系关联性的相互让步为内容,以终止争执或排除法律关系不明确状态的合意为基本要素。从自身效力而言,无论是和解内容确定效力的特殊性,还是错误制度、显失公平制度、解除制度适用的特殊性,都强化了和解合同的典型性。

和解合同理论的基础是意思自治:首先是行为自由与效果自主,行为人不仅对其行为的法律意义具有明确的认知,而且还通过法效意思设定行为的具体效果;其次是目的合作,作为典型法律行为的合同行为,其意思自治制度体现为自治基础上的目的合作。就和解合同在整个法律行为制度中的体系位置而言,和解合同具有包含目的合意的处分行为的特性,具有确认行为的属性,与以发生债权债务为内容的债权契约及以确定的法律关系为标的的处分行为都有所不同。其规范效力来自个别规范理论;在私法自治理念下,法律行为(合同)能够创设当事人之间的法律关系,具有创制规范的功能。

和解合同性质的学说构成,会对和解制度产生根本影响。债权契约说认为,和解合同的意思表示虽具有处分行为的特性,但和解合同并未脱离其债权契约的本质。而物权契约说则主张,和解合同能直接确定权利关系,就其确认权利的部分,具有物权契约的性质。意思解释说认为,要根据具体的当事人意思和构造的法律行为的属性,通过意思表示解释确定和解性质。与之对应,和解契约与原来法律关系构造,有统一目的说、当事人意思决定说、无因性说等学说。一般而言,当事人意思表示的解释,比纯粹理论上抽象构建更有实际意义。处分性质的问题应当成为基本前提,同时作为具体标的的法律关系内容、行为面向法律关系的时态、待履行义务的存在与否都是影响判断的要素。

和解合同理论适用的前提是内容构成理论和合同解释方法,和解合同解释的基础是理论上具有规范意义的内容构成。具体内容构成,首先区分争议事项和非争议事项,和解是在争议事项当中进行讨论。争议事项的实质,是当事人可以推知的合意,是在和解合同当事人理性认知的前提下,对放弃其重要性达成合意,这可以看作广义的和解内容。其次是争议事项和和解内容:和解内容的确定效力基于和解合同的基础理论,争议事项的规范含义是在合同解释基础上的和解合同基础理论的运用。

和解合同效力的特殊性,主要体现在和解内容的确定效力、争议事项潜在合意的拘束力、显失公平规则对风险的控制和容忍等方面。对效力特殊性的研究可以从基本原理、解释规则和类型领域展开。首先,争议事项和显失公平制度,分别侧重于当事人意思和和解内容,对和解合同效力进行控制,在和解合同目的排除争议状态的特殊性上得到统一。其次,争议事项在和解合同目的关照下,经由合同解释,具有规范含义和确定效力,意思形成阶段的错误规则适用由此受到限制。最后,显失公平制度可以适用于和解合同,主要在和解合同内容控制上发挥作用,其适用在主观要件和客观要件上都有特殊性,从实证案例出发的类型化的方法对问题解决有所助益。

在和解合同解除制度中，和解合同的性质、内容构成都会对和解合同的解除要件和效果形成限制，构成不同于一般合同的特殊性。是否已经履行，是讨论解除问题的前提；和解合同是债权合同还是物权合同，关系法定解除是否有意义，而性质的讨论与当事人的意思表示紧密联系，很难给出概括性结论；在特殊的和解类型即弃权求偿型和解中，约定解除权的解释和判断具有决定意义。关于解除的效果，本书展开的前提是以给付功能牵连说为理论基础的折中说；对于恢复原状效果的讨论，与和解合同中的法律关系内容构成有关。

和解合同如果要取得一定程序意义上的确定力、执行力，可行的途径有和解合同诉讼、司法确认、公证程序、申请支付令等。和解合同的诉讼抗辩本质是程序上的抗辩，诉讼中和解因为程序性因素的介入，从形成到效果都有其特殊性。民间调解协议和人民调解协议在基本理论上与和解合同有相同性质，可以适用和解合同的理论。我国司法确认制度现在主要面向人民调解协议，司法确认应该成为和解合同获得程序效力的重要制度。为确保和解合同意思自治的贯彻，司法确认应当考虑由当事人共同申请、注重实体审查、和解合同补充程序、确认错误的救济等特殊性。

总之，和解合同的理论体系定位应该归为确认行为，其理论基础为意思自治。与设立、变更、终止相对应的确认行为在债的理论体系中的发展，会引发和解合同制度定位的变化。在《民法典》未将和解合同纳入典型合同的语境下,作为非典型合同的和解合同的问题主要由解释论层面展开。在效力瑕疵处理上,以和解基础、争议事项、和解内容等基础概念作为解释框架。在和解合同解除问题上,相互让步约定解除权的解释,具有重要意义。将和解合同有条件地纳入司法确认程序,是和解合同获得程序效力的重要途径。

坚持和发展新时代“枫桥经验”,核心要义是将新时代“枫桥经验”纳入全面依法治国的语境中,发掘其法治层面的理论基础和实践路径,经由正确的通道构筑共建共治共享的治理体系,满足法治自治德治三治融合的时代需求。和解制度是沟通新时代“枫桥经验”和依法治国、基层治理体系现代化的通道和桥梁,其中最核心的理论是和解合同理论。因此,正视坚持和发展新时代“枫桥经验”与和解合同制度研究之间的关系,在政治性、时代性、科学性上都具有重要的意义。

目录

第一章 绪 论

第一节 研究背景与研究意义

人是一切社会关系的总和。法律关系,是以权利义务的方式构建的人与人之间最重要的社会关系。对法律关系的处理,经过了私力救济、公力救济、公力和私力相结合的发展历程。特别是在作为私法的民事法领域,是否可以基于意思自治的基本理念和契约自由的基本原则,在纷繁复杂的各种法律关系中,通过个人协商,以契约的形式,将权利义务的内容固定下来。并且,当出现履行障碍的时候,权利人可以之为依据,行使请求权;当义务人反悔,权利人可以以原来法律关系进行抗辩;在特定情形下,权利人还有支配权可以主张。这种制度在现代社会之所以越发显得重要,是因为在现代社会中,主体之间交往模式和行为方式日趋多元化，个人权利保护意识、意思自治能力不断提升，同时交易成本节约、交易效率至上等各种现实需要显得较传统社会更为重要。高速运转的现代社会，在医疗服务、交通事故、劳动合同、保险等领域，更加迫切需要此种类型的契约解决模式。

学者曾有这样的总结，在中国几千年的法律历史里，中国原创并且对今天还有点儿实用价值的社会制度，调解制度应当是其中之一。[①] 这是从历史和文化角度解读中国社会关系中关于法律利益处理。还有一个比喻，可用来理解传统调解和现代法治之间的关系，“电灯可以带来光明，但有时我们还需要蜡烛”。传统的调解作为过程和手段，经由和解契约作为目的和结果的法律构造，可以纳入和解契约的视域，成为现代法治要求和中国社会实际的结合，也就是用契约的方式达到解决纠纷的最终效果。正视这一问题，所要做的就是用契约法的理论，来确定构成要件、划出适用场域、构造适用效力、给予履行保障。现实的社会需求、积淀传承的文化与现代制度的移植相结合，纳入契约和法治的轨道。

纠纷解决学对纠纷解决类型作了划分。美国法学家埃尔曼将解决纠纷的方法划分为两类：一是将纠纷交付裁决，即由不偏不倚的第三人来决定哪方获得优胜；二是当事人通过协商来确

---

① 参见周大伟：《如果把判决比作电灯，调解就是蜡烛》，载《法制日报》2017 年 4 月 6 日，第 3 版。

定解决结果，包括作为调解人的第三人在协商中进行协助。[①] 日本学者棚濑孝雄也从过程的角度，提出根据决定的纠纷解决方式与根据合意的纠纷解决方式概念。[②] 把纠纷解决学的技术过程作为研究对象，和解合同理论作为目标进行研究，本书民事实体法上和解合同研究的意义主要有以下几个方面。

一、政治意义

习近平法治思想坚定了中国特色社会主义法治道路的方向，对传统法律制度的坚持和发展提出了明确的要求。其中作为法治重要经验精华的新时代“枫桥经验”，在法治发展的时代主题下，具有特殊的政治价值和现实价值。特别是近年来，从党的十九届四中全会作出的《中共中央关于坚持和完善中国特色社会主义制度　推进国家治理体系和治理能力现代化若干重大问题的决定》，到中央全面依法治国工作会议，再到中央全面深化改革委员会第十八次会议，提到的完善社会矛盾纠纷多元预防调处化解综合机制、完善预防性法律制度、“把非诉讼纠纷解决机制挺在前面”等均具有新时代“枫桥经验”的典型功能。党的二十大报告指出，“中国式现代化，既有各国现代化的共同特征，更有基于自己国情的中国特色。”社会治理现代化是中国式

---

① 参见宋旭明：《传统和解立法矛盾之检讨》，载《湖南师范大学社会科学学报》2006 年第 6 期。

② 参见［日］棚濑孝雄：《纠纷的解决与审判制度》，王亚新译，中国政法大学出版社 1994 年版，第 5 页。

现代化的重要组成部分,推进治理体系和治理能力现代化要求中国特色社会主义法治制度和法治实践相结合。党的二十大报告阐释坚持和发展新时代"枫桥经验"的重点,是贯彻以人民为中心、实现社会善治的治理价值观。基本国情、发展战略和时代要求,使和解制度的传统继承和发展创新具有新的意义,其规范效力及规则构建需要在既有制度和理论基础上发展完善,开创纠纷解决多元化、实质性纠纷解决法治化的社会治理现代化新格局。

在加强社会治理体系和治理能力现代化建设中,习近平法治思想提出了宏观部署和整体思考,强调坚持以人民为中心、实现社会善治的治理价值观,提出建设自治、法治、德治相结合的基层治理体系的目标。新时代"枫桥经验"的核心内涵是和谐社会建设的重心由强调维护社会稳定,向强调兼顾维护人民权益转移。和解制度的理论发展和实践需求,是新时代"枫桥经验"中的重要制度基础。从时代背景来看,新阶段高质量发展对基层社会稳定与和谐提出新的要求。这就需要充分发挥个人、社会和国家的资源和力量,运用好传统经验和现代法治技术,为基层治理机制完善提供新思路。从发展阶段来看,和解制度历经政治化、去政治化、新阶段政治化的发展阶段,在新阶段需要有新的理念与机制与之协调。从基本国情来看,中国特色社会主义制度创新发展、优秀传统法律制度和治理智慧继承发展,以及现代基层社会治理法治化发展的现实需求,要求充分协调实体法和程序法、公法和私法,以及《民法典》和民事部门法之间的关系。和解制度是整合规范体系和保障规范效力实现的一个重要通道,对于推进新阶段基层社会治理体系建设法治化有着重要意义。

二、现实意义

其一,传统社会与现代社会的联结。我国传统中,息讼的思想在《周易》中就已存在,如卦辞所言:“讼,有孚,窒惕,中吉,终凶。”几千年的传统思想中,贱讼、息讼乃至于无讼的理念,是以农业生产为社会背景,以儒家文化为思想基础,以儒家文化影响下的官员士绅阶层为强制保障的。及至近现代,工商业文化的发展,权利意识的兴起,法律规范的建立,使传统的和解精神蜕变成单纯的道德诉求。多元化的非讼纠纷解决机制的探索,也呈现理性化程度偏低、权威性不够、执行力欠缺等问题,创设规范层面的和解制度十分必要。

其二,“和”文化与契约精神的融合。中国自古有“息诉止讼”“和为贵”的传统,这是根源于中华文化的化解纠纷、解决矛盾的独特方案。在历史长河中,儒家礼教治国为国家统治提供了思想和制度保障。在以自给自足生产方式为主的古代,熟人社会中的亲缘地缘关系规则,足以维系社会结构和秩序,尽管与现在要求提倡的公平正义有所差别。

其三,德治与法治的统一。相较于道德诉求,和解契约使传统理念获得规范意义上的效力基础。以排除纠纷为目的,在契约法的框架下,和解契约采用特有的技术性概念,包括不确定性前提、相互让步、争议事项错误、和解基础错误、基础法律关系的变化、和解法律关系的解除等,由此将稳定的道德诉求与民法的形式理性进行衔接。[①]

三、实践意义

和解合同从实体关系入手,使不确定的法律关系被澄清、修正或者被新的关系替代。其在合同法体系上的价值,并非停留在概念上,而是实践和教义学的共同需要。忽视它的特殊性,会使错误认定、显失公平、合同解除等制度适用的特殊规则被忽视,造成法律适用困难,甚或产生不公正的后果。和解合同与其他合同的区别,首先是和解合同标的并非特定的给付内容,而是排除法律关系的不确定性。其次,由于双方的合意是在不确定的情况下达成,所以对于和解争议的错误,请求撤销受到限制。最后,由于和解涉及前后法律关系的变化,经过和解所确认或者更新的法律关系,难以依据一般性解除规则恢复原状。[②] 由此可见,和解合同虽然是在实体法的框架内运行,但在具体适用实体法的各项制度和规则时均有其特殊性。

四、规范意义

在我国实证法中,《民法典》第233条、《消费者权益保护法》

---

① 参见肖俊:《和解合同的私法传统与规范适用》,载《现代法学》2016年第5期。

② 参见肖俊:《和解合同的私法传统与规范适用》,载《现代法学》2016年第5期。

第 39 条、《劳动争议调解仲裁法》第 4 条等对和解作了相应的规定,但总体上缺乏关于规范效果的规定。有关调解协议的法律法规和规范性文件,大概包括《民事诉讼法》第八章、第 205 条、第 206 条,《人民调解法》第五章,2009 年最高人民法院《关于建立健全诉讼与非诉讼相衔接的矛盾纠纷解决机制的若干意见》,2016 年最高人民法院《关于人民法院进一步深化多元化纠纷解决机制改革的意见》,2023 年最高人民法院、司法部《关于充分发挥人民调解基础性作用　推进诉源治理的意见》等。总体而言,我国实证法中关于将调解作为纠纷解决方式的制度性规定内容较为常见,对于和解实体规范的规则性规定却不够细致周延。在实务案例当中,多通过原《合同法》(1999 年)的总则的规定来处理和解契约的相关实务问题,这就使得理论、判例和现实需求之间有所差距。

第二节　实证法的发展及现状

一、我国立法发展概况

我国在纠纷解决领域,历来存在重视调解的传统,对于和解的研究基本上集中在纠纷解决学中,注重对其技术、功能、效果的研究。对于和解结果表现形式的和解合同的法律构造本身,研究并不够深入。

从立法论的角度来看,我国《民法典》合同编没有将和解合同规定为一种典型合同。《民法典》之前的原《合同法》对和解的规定,出现在总则中的第 128 条。该条规定,当事人可以通过和解或者调解解决合同争议,不愿和解、调解或者和解、调解不成的,可以申请仲裁或向法院提起诉讼。原《合同法》仅是在合同争议解决方法的范畴内论及和解,并没有具体的构成要件和法律效果的规定。《民法典》物权编第 233 条同样缺乏实体规范的规定。

从法制史的角度来看,我国对和解的正式法律规定最早见于《大清民律草案》,设置了 858 条和 859 条两条规定,对和解的客体范围进行了明确,对和解无效进行了规定。1949 年之前的所谓"民律草案",在《大清民律草案》基础上也保留了关于和解合同的规定。

2000 年前后公布的几部民法典草案建议稿对和解合同规定存在不同的观点。王利明等撰稿的《中国民法典学者建议稿及立法理由》,认为和解合同为典型合同,并通过第 1819 条至第 1820 条就其定义、法律效果、计算错误与撤销权作了规定。该建议稿主要借鉴了法国、德国的实体法规定,学理上主要参考我国台湾地区民法学界的观点,选择抽象简约的思路,更贴近于民法谱系上的德国民法谱系。

徐国栋教授主编的《绿色民法典草案》[①]中,有将和解合同作为典型合同的表述,在立法体例上参考意大利民法和智利民

---

① 参见徐国栋主编:《绿色民法典草案》,社会科学文献出版社 2004 年版。

法,继受法国民法谱系和解合同的规定的特征。用第 1473 条至第 1491 条总计 19 个条文对和解能力、和解事项、无效事由与可撤销事由,以及和解合同效力等问题进行了规范。全国人大常委会法工委 2002 年牵头制定的《中华人民共和国民法(草案)》和梁慧星教授主编的《中国民法典草案建议稿》[①]中都没有对和解合同进行规定。在那一时期,对于和解合同应否典型化存在争议。

随着《民法典》的出台,和解合同的理论和适用进入一个新的阶段。在《民法典》合同编编纂过程中,合同典型化的工作一直是学界研究的重点。和解合同的典型化,也是学者研究的重要内容之一,王利明、解亘、庄加园、周建华、贺剑等多位学者先后撰写和发表学术论文对和解合同进行研究,张谷、周江洪等学者也多次在学术会议上对和解合同典型化进行呼吁。上述行为无疑是对和解合同学理研究和立法上的研究,甚至在此基础之上的解释适用,都具有重要的意义和价值,《民法典》新增了四类典型合同,虽然经过讨论和争议没有将和解合同纳入典型合同,只是在物权编等相应部分进行了概念性的规定,但这恰好为和解合同理论研究和司法适用留下了更大的空间。

二、比较法综述

在比较法的立法例上,和解合同通常置于债法分则中,体现

① 参见梁慧星主编:《中国民法典草案建议稿》,法律出版社 2013 年版。

为一种典型合同，也有立法体例，将其置于债法总则中，作为债发生或消灭的原因。

（一）大陆法系

首先，在受法国法系影响较多的国家里面，和解合同的规范规定较为详细。《法国民法典》[①]通过第十五编共计 15 个条文（第 2044 条至第 2058 条）对和解合同予以规范，并开创了和解具有既判力的先河。《法国民法典》中和解合同的立法体系也对其他国家和地区的民法典产生了深远影响。《埃塞俄比亚的民法典》效仿法国的规定，承认和解拥有终审判决的既判力。《埃塞俄比亚民法典》[②]在第五编合同分则中以 18 条（第 3307 条至第 3324 条）的篇幅对和解予以规定，其特色在于开创了调解准用和解之一般规定的范式。《阿根廷共和国民法典》[③]将和解与清偿、更新等共同作为消灭债的原因规定在债法总则中，通过和解主体、标的、效果、无效共四节 30 条（第 832 条至第 861 条）的篇幅，创下了民法典中和解规范之最。

其次，德国、日本等国家对和解规定得比较简略。《德国民法典》[④]第二编债务关系法第八章的各种债务关系中，第 779 条

---

① 参见《法国民法典》（下册），罗结珍译，法律出版社 2005 年版，第 1491～1498 页。

② 参见《埃塞俄比亚民法典》，薛军译，厦门大学出版社 2013 年版，第 469～471 页。

③ 参见《最新阿根廷共和国民法典》，徐涤宇译注，法律出版社 2007 年版，第 206～213 页。

④ 参见《德国民法典》（第 4 版），陈卫佐译注，法律出版社 2015 年版，第 307 页。

规定了和解合同，其内容为和解的概念，以及和解基础对效力产生的影响。除第779条的特殊规定外，和解也适用一般合同的无效或可撤销原因。《日本民法典》[①]中和解合同是典型契约的一种，规定在第三编债权第一章契约的第695条和第696条，其内容体现了和解的中心效力即确定法律关系的效力。1991年颁布的《魁北克民法典》[②]融合了德国法系和法国法系中关于和解的规定，将和解规定于第五编债中第二题有名合同的第十七章，共有第2631条至第2637条7个条文。其特点在于，规定了和解的规定适用于诉讼中以及判决生效后所达成的和解，和解合同经过特殊确认程序后具有既判力。我国台湾地区的民事性规定中，在关于债的规定中，用第736条、第737条、第738条3个条文，规定了契约的性质、效力，对契约错误的撤销作了特别规定。

最后，其他大陆法系国家，如意大利在《意大利民法典》[③]中将和解合同规定在第四编债中的第三章各类契约的第二十五节，从第1965条至第1976条共有12条，其在体系与内容方面与《法国民法典》的规定一脉相承，在无效与可撤销方面列举了更多的特殊规则，规定了基于生效裁判、虚假文件、法律错误、损害和轻率等作出的和解，都可以承认其撤销权。《荷兰民法典》在第七编合同分则的第十五章和解合同中，第900条至第910条共

---

① 参见《最新日本民法》，渠涛编译，法律出版社2006年版，第148页。

② 参见《魁北克民法典》，孙建江、郭站红、朱亚芬译，中国人民大学出版社2005年版，第319页。

③ 参见《意大利民法典》，费安玲等译，中国政法大学出版社2004年版，第436～464页。

11个条文对和解进行了规定，特别是对大规模侵权损害赔偿和解、和解合同效力的相对性、违反强行法的效力等规则作了详细规定。

（二）英美法系

在英国法上，对于诉讼中达成的和解，双方可以共同申请法院根据和解协议的内容作出“合意判决”（consent judgement）。[①]与大陆法系国家不同，此合意判决本质上仍然是契约，虽然这种契约是通过裁定来表达的。契约法上规定的欺诈、错误等理由，可以作为撤销合意判决的事由。[②] 在美国法上，和解协议的表现形式有，互让了结协议（compromise and settlement）、代履行和解等。其中，与大陆法系民事实体法上和解合同概念最为相近的是互让了结协议。在互让了结协议中，法院基本不会基于错误而认定合同的可撤销。

综上，在和解合同的立法内容方面，不同国家的立法总体分为简约派和详细派。简约派以《德国民法典》为代表，遵循高度抽象的原则，仅采用1条（第779条）对和解合同进行规定。详细派以《法国民法典》为代表，采用15个条文（第2044条至第2058条），对和解的定义、构成要件、效力、无效事由等作出详细的规定。关于和解合同的立法和研究，具有如下特点：其一，我

---

① 参见沈达明：《比较民事诉讼法初论》，中国法制出版社2002年版，第499页。

② 参见于锐：《和解合同研究》，黑龙江大学2013年博士学位论文，第11页。

国民事实体法未将和解合同作为典型合同进行规定，在早期的学者（徐国栋、王利明）民法典建议稿当中有所体现；其二，比较法的实证法中，和解合同的体系位置，在债法总则还是在典型合同中，主流的模式是将其作为典型合同的一种（阿根廷将和解合同规定在债法总则）；其三，和解与调解、裁判的关系规定不同，调解可以作为和解的特殊形式，如埃塞俄比亚规定调解准用和解一般规定，或者适用于诉讼中和判决生效后，如魁北克；其四，关于和解合同的效力，有的国家在实体法上对和解合同的既判力作出规定，如法国；其五，对和解合同效力产生影响的具体规则规定不同，如德国法上的和解基础错误规定，意大利民法上列举的无效和撤销的特殊规则；其六，英美法上的"合意判决"和"互让了结协议"的可执行性有待研究。

第三节 理论研究现状及问题

一、和解合同时代性的理论发展

党的十九届四中全会审议通过了《中共中央关于坚持和完善中国特色社会主义制度 推进国家治理体系和治理能力现代化若干重大问题的决定》，党的十九届五中全会审议通过的《中共中央关于制定国民经济和社会发展第十四个五年规划和二〇三五年远景目标的建议》中，进一步明确了加强和创新社会治理的具体目标。2021 年 2 月，习近平总书记在中央全面深化改革委员会第十八次会议发表重要讲话，强调“把非诉讼纠纷解决机制挺在前面”，会议审议通过了《关于加强诉源治理推动矛盾纠纷源头化解的意见》，要求坚持和发展新时代“枫桥经验”，加强矛盾纠纷源头预防，完善预防性法律制度。2021 年 4 月，中共中央国务院下发了《关于加强基层治理体系和治理能力现代化建设的意见》，提出以习近平新时代中国特色社会主义思想为指导，坚持以人民为中心，强化系统治理、依法治理、综合治理、源头治理，实现基层治理体系和治理能力现代化。

廖永安、王聪认为在社会治理领域，要实现“善治”的理想目标，必须坚持治理主体和治理手段的多元化，促进法治、德治、自治有机融合，最大限度激发社会活力，实现国家与社会之间的良性互动和协同共治。[①] 李林认为在现代社会治理中，法治应当保持必要的谦抑性、被动性、中立性、有限性和终局性，能不介入的尽可能不介入；即使需要法治介入，也要区别对待，运用法治思维、遵循法治原则，把握好法治介入社会治理的时机、程度、范围、力度，绝不能“一刀切”，一概而论。[②] 邵六益认为，在《民法典》语境下，社会主义政治塑造的关键便是为民法所需要照顾的各方利益寻找恰当的平衡点，在达致这一平衡过程中时刻需要借助社会主义制度实践。中国《民法典》并非诞生于社会契约理

---

① 参见廖永安、王聪：《我国多元化纠纷解决机制立法论纲——基于地方立法的观察与思考》，载《法治现代化研究》2021 年第 4 期。

② 参见李林：《推进新时代“枫桥经验”的法治化》，载《法学杂志》2019 年第 1 期。

论的思想实验之上,社会主义国家为其奠定了公法基础,社会主义不仅是一种定性,也是一个政治过程。① 黄宗智提出,新时代社会治理的和解制度构建离不开中国国情和政治因素。中国共产党重视社会主义的公平理念,在维护社会公平、人民福祉、和谐等方面不懈努力,并要防止、纠正既得利益群体对成果的侵蚀。而国家机器,包括其正式法律体系,乃主要是通过形式化、规范化、程序化、专业化的制度体系来实现目标。② 季卫东认为,鉴于中国的实际问题,现代法治秩序的建构首先应该促使法律规范刚性化,从而有效发挥法律规范调整个人行为、简化社会复杂性的功能,在此基础上逐步增加社会的确定性和可预期性。但是,传统思维方式和路径依赖依然影响决策者和受决策影响者,这会诱发反法治的行为,导致社会管理风险增大及过渡期矛盾高发频发的状态,这种状态反过来又促使社会治理不得不更倾向于临机应变,从而构成法治化进程的怪圈。③ 因此,寻找程序制度与实体制度最佳组合,将成为法治现代化事业的新命题。

二、和解合同的典型性

近年来,我国学界对和解合同关注较为集中的,主要在最高

---

① 参见邵六益:《中国民法典的社会主义性质研究》,载《毛泽东邓小平理论研究》2020 年第 12 期。

② 参见黄宗智:《中国正义体系的三大传统与当前的民法典编纂》,载《开放时代》2017 年第 6 期。

③ 参见季卫东:《中国式现代化与法律秩序重构》,载《中外法学》2023 年第 5 期。

人民法院2011年发布的指导案例2号“吴梅诉四川省眉山西城纸业有限公司买卖合同纠纷案”。王利明、严仁群、郑金玉、贺剑、隋彭生、吴泽勇等学者，分别对和解合同的实体效力和程序效力进行了探讨；解亘、庄加园、肖俊、周建华、沈冠伶等学者，则从比较法的视角，对和解合同实体法效力进行了介绍和研究。但总体上来看，学界还是比较注重从程序法的角度解决案例当中的效力问题，或者从比较法的角度引介和解合同理论；对于实践当中存在的更为广泛的和解合同的理论需求、和解合同实体法上的规范构造和解释应用，研究相对较少。

在专业学位论文中，对和解合同的研究贡献较大的有：2006年湖南师范大学黄为之撰写的硕士论文《和解合同研究》，2011年山东大学唐峰的博士论文《纠纷和解研究》，2011年吉林大学张佳鑫的博士论文《协商解决纠纷机制研究》，2013年黑龙江大学于锐的博士论文《和解合同研究》。黄为之的硕士论文《和解合同研究》，是我国较早从民法角度系统研究和解合同的学位论文。该文中，作者系统参考了我国台湾地区的判例和观点，较多吸收了陈自强教授的理论，提出应以和解合同的确定效力为中心研究其效力问题，以确定效力的积极面和消极面为主线，针对和解合同对当事人的效力、对第三人的效力，以及和解合同效力障碍中和解与显失公平关系、错误制度适用等进行了重点分析。同时，该文也关注到和解合同包含的程序性因素。同时期的王兰娟、白晶等多篇硕士论文，都没有跳出基本理论框架，学术贡献较小。谭振波的《和解合同的效力》[①]一文,也未能跳出陈自强教授文章的理论,未超越黄为之论文中对和解效力基本问题的研究,学术贡献不明显。

唐峰在《纠纷和解研究》中,认为和解的过程是一个主体利用规范来确定事实的意义的过程,对和解主体、规范和事实展开了结构性的探讨。[②] 该文在纠纷解决中的意思自治的基础上,对公法和私法中的和解进行统一探讨,提出了关系规范、民间规范、国家规范在和解当中的协力作用的观点。该文在纠纷解决体系上,提出了自决、和解、裁决"三元一体"的机制体系概念,对和解在法律制度体系中的独特作用进行了探讨。但该文对和解合同的民事实体法的研究并不深入,仅提供了一个从法理学的角度看待和解的法社会学、法学理论的视角。于锐在其博士论文《和解合同研究》中,比较系统地研究了和解合同的实体构造,同时对于程序法给予了关注,其分析和解合同的实体构造之后,更加关注和解合同的效力实现,即以程序法的方式,保证和解合同的履行效力和执行效力。在实体法理论上,其重在梳理比较法的发展,介绍现有的理论成果,对实证问题的关注和理论创新性上面贡献不够明显。[③]

周建华在《法国民法典中的和解合同》一文中指出,鉴于和解合同标的——争议或纠纷的特殊性,法律赋予和解合同终极

① 参见谭振波:《和解合同的效力》,载《河北法学》2012 年第 10 期。

② 参见唐峰:《纠纷和解研究》,山东大学 2011 年博士学位论文,第 2 页。

③ 参见于锐:《和解合同研究》,黑龙江大学 2013 年博士学位论文,第 149 ~ 153 页。

的既判力，和解合同呈现合同起源和裁判效力的混合性质。在救济途径上，不同于生效裁判适用再审程序，和解合同是采取合同无效的救济途径；在合同无效事由上，其亦有特殊性。[①]

陈自强在《民法上和解之效力》一文中指出，在19世纪初，德国民法学界对和解合同的体系归属还处于不清晰的状态。1895年民法学者厄尔特曼在题为《普通法之和解》的论文中，提出和解作为债发生的原因之一，应归属于债编各论，至此德国民法学界对和解的体系归属争论才告一段落。《德国民法典》在制定过程中，受到上述理论的影响，将和解作为一种典型合同规定在债编分则。同一时期的德国民法流行教科书，并未完全受该理论的约束。其中，拉伦茨在《债法总论》中，将和解作为因契约或法律行为的接触所发生之债之关系进行讨论，并且将和解与预约、债之变更契约并列为一单元。梅迪库斯也在债法总论中讨论和解，但是将其放在"清偿与清偿替代"中，与债之免除、更改共列一章。债法权威埃塞尔教授在《债法各论》教科书中，将"和解""保证""债务承认及债务约定"并列于第五章"债务的担保与确认"中讨论。[②] 从德国法制史的发展，以及学者对和解契约体系地位的理解来看，和解契约与一般的有名契约相比，有非常特殊的地位。

解亘在《论日本民法中的和解契约》中对日本民法中的和解

---

① 参见周建华：《法国民法典中的和解合同》，载《人大法律评论》2012年第1辑。

② 参见陈自强：《民法上和解之效力》，载《政大法学评论》1999年第61期。

契约的要件作了阐述。日本民法有关和解明文规定了存在纷争和互让这两项要件,但通说和判例并不坚守该规定。关于纠纷,只要具有"哪怕真实情况并非如此的意思"便已足够,权利关系不确定或权利的实现不确定的情形,都可以构成纠纷的存在。关于相互让步,通说认为单方的让步可以成立和解契约。关于和解合同的体系定位,少数学说认为其并无独立存在的必要,但多数意见认为基于纷争解决的普遍意义,故应将和解制度作为一种有名契约,在民法典债权编契约分则的最后进行单独规定。①

肖俊在《和解合同的私法传统与规范适用》一文中,对现代合同法中的和解的词源和概念进行了考证和梳理。和解一词,可以追溯到拉丁语"*transactio*"。无论是法国法中的"transazion"、意大利法中的"transazione",还是西班牙法中的"transación",都由拉丁语中的和解而来。和解的概念,源于罗马法中两个非常重要的文本。在《学说汇纂》第2卷第15题名为"和解"的目录下揭示了和解合意的首要特征,就是双方在法律关系中的事实或者权利处于不确定的状态。第二个文本是戴克里先皇帝与马西姆斯皇帝在公元294年的谕令,其中规定,"如果没有双方的给予及允诺或者放弃,和解协议不生效",即在相互让步基础上形成的有偿性和双务性使和解协议具有近似于合

① 参见解亘:《论日本民法中的和解契约》,载《苏州大学学报(法学版)》2015年第4期。

同的效力。[①]

于锐、王洋在《论和解合同的适用对象及限制》一文中认为，实践中各种和解协议的民法坐标是和解合同，种类繁多的和解协议能否纳入和解合同范畴进行调整，有三个可以考量的因素：其一，和解权是控制和解适用对象的实质性要素；其二，公法上对民事主体对于民事权利处理的协议的承认，可以归于和解合同范畴；其三，公序良俗原则对和解合同的适用范围的限制。关于和解权，作者提出当事人在意思自治范围内对能够自由处分的事项拥有“和解权”，才能为法律关系之和解。并且，文章对身份关系、公法关系、生效判决所确定的事项进行了具体探讨。[②]

当然，也有对和解合同的典型性提出反对的研究。宋旭明在《传统和解立法矛盾之检讨》一文中对民法上和解制度的内在矛盾进行了思考。其认为，在罗马法上和德国民法上，矛盾表现在和解的契约效力与其解决纠纷的立法目的之间；在法国民法上，矛盾则表现在和解的契约性质与其具有终审判决之既判力以及与此相应的直接强制执行力之间。具体而言，一是契约性质无法满足制度目的。和解在实体法上长期以来被界定为一种契约，当一方当事人不履行和解协议时，对方当事人不能通过直接申请强制执行来终结纠纷。二是义务与责任基本原理对和解

① 参见肖俊：《和解合同的私法传统与规范适用》，载《现代法学》2016 年第 5 期。

② 参见于锐、王洋：《论和解合同的适用对象及限制》，载《行政与法》2013 年第 12 期。

既判力的挑战。和解作为契约,当事人非经一定的终局性纠纷解决机制不得自行或申请强制执行。[①] 但是,对于我们应当如何处理两者之间的矛盾,文章没有提出有创见的思路。

综上,对和解合同的典型性和体系位置的争论,一直都未停止。但是,主流观点承认和解契约的典型性。其一,从制度史上看,从罗马法开始就有和解契约的理论和制度渊源。其二,从理论体系位置来看,学者(拉伦茨、梅迪库斯)对于其是作为债法总论债的关系原因,还是作为典型合同上的具体类型有长期争论,晚近以和解合同是典型合同的观点为主,足以见其特殊性。其三,从构成要件和制度目的来看,也足见其特殊性和独立性。但是,由于契约法效力和制度目的之间的矛盾,也有学者质疑和解合同的典型性。

三、和解合同效力的学说状况

特别值得研究的一本关于和解合同的著作,是德国莱因哈德·波克教授的专著《论和解》(Der Vergleich)。该书写成于20世纪80年代,是莱因哈德·波克教授的教授资格论文,也是德国法上关于和解少见的经典专著。该著作在系统论述和详尽分析和解合同的概念、要件和效力,承认和解合同的核心效力为确定效力的基础上,称和解为"无条件之债务变更契约",并且提出

---

① 参见宋旭明:《传统和解立法矛盾之检讨》,载《湖南师范大学社会科学学报》2006年第6期。

其确定效力具有积极层面和消极层面。[①] 莱因哈德·波克教授的这本著作,为我们了解德国民法界对和解合同的研究状况提供了翔实的理论素材。汉语学界,陈自强关于和解的经典论著中的许多理论都来源于这本著作。

肖俊在《意大利法中的和解合同研究》[②]中对意大利和解合同效力作了介绍和梳理。关于和解中法律关系的变化,他认为和解分为简单的和解和混合的和解。前者是对原来法律关系的保持与延续,后者是对原来的法律关系进行了补充、更改甚至替代。后者包括三种学说,即混合原因合同说、混合客体说、合同联立说,司法实践更支持第一种学说。具体而言,该学说是讲基于和解合同产生出一个混合原因共同构建的合同。虽然每个合同关系都有自己的特征,但是他们都融合在和解关系的共同目的和功能里,不再是多个合同单纯功能的结合。

在《我妻荣民法讲义 V_3·债权各论》(中卷二)[③]中,我妻荣对于创设效力与认定效力的争论,提出了明确的观点,在日本长期占据通说的地位。该观点认为和解合同发生创设效力或者认定效力,应根据当事人的意思,即依契约的内容而定。解亘在

---

① Reinhard Bork, Der Vergleich, 1988, S. 2.

② 参见肖俊:《意大利法中的和解合同研究》,载《苏州大学学报(法学版)》2015年第4期。

③ 参见[日]我妻荣:《我妻荣民法讲义 V_3·债权各论》(中卷二),周江洪译,中国法制出版社2008年版,第338页。

《论日本民法中的和解契约》[①]中认为和解具有确定双方权利义务关系的效果,即确定效力。通说主张实体权利确定说,即和解具有确定实体权利的效力,少数说主张权利放弃说,在日后真实权利关系得以判明时,当事人不能主张已经放弃了的权利。在和解效果涉及第三人的权利义务时,应当依据仅凭当事人的合意不能够影响第三人这一契约法的一般理论来应对。

民国以来的经典著作中,可以看见前辈学者对和解合同效力的研究。史尚宽在《债法各论》[②]中区分了和解的创设效力和认定效力。史尚宽认为,和解与事实不符者,产生创设效力;与事实相符者,产生认定效力。在和解形成法律关系与原法律关系同一性问题上,他认为如以无因债务约束,代替原债务或为债务之更改,则原债务消灭,成立新债务。此时原债务所附之保证及担保,自亦随同消灭。如当事人之意思不明时,不能认定有债务更改之效力。不可推定当事人有使保证或担保消灭的意思。史尚宽同时论述了和解能力的问题,认为能够和解的法律关系,须以当事人的意思能够左右者为限,并且列举了婚姻关系成立效力之争、亲属关系存否之争,不得为和解之标的。但没有对和解能力给出抽象的规范性的论述。

郑玉波在《民法债编各论》[③]中认为,和解契约的效力主要

① 参见解亘:《论日本民法中的和解契约》,载《苏州大学学报(法学版)》2015年第4期。

② 参见史尚宽:《债法各论》,中国政法大学出版社2000年版,第865页。

③ 参见郑玉波:《民法债编各论》(下册),1980年自版发行,第803~817页。

为创设效力，取得或消灭权利，以前之法律关系如何，概所不问。原法律关系之保证或物的担保消灭，保证人或物的担保人也同意和解者除外。和解契约被认为是债权契约，不是物权契约。和解契约的效力是相对的，意味着不能够对抗第三人。但在当事人间具有确定效力，不得作出相反的对抗行为。无论是否有第三人介入，都可有民法上和解契约的成立。和解契约不可片面翻译，但是可以合意解除。但是，解除以后，原来法律关系如何处理，书中没有进行讨论。

在黄立、王千维等撰写的《民法债编各论》①中，对和解合同效力有较为详细的论述。其一，对于性质问题，其认为和解契约是债权契约，原则上只会赋予当事人特定的给付义务。如果和解之标的是债的关系，其内容确定或变更的意思表示，可以理解为被和解契约包含。不可否认，此时的意思表示具有处分特性，却不能因此改变和解契约债权契约的本质。其二，在与原来法律关系的关系上，一般认为和解为债的内容变更的契约，与原来债的关系同一性维持不变。若当事人例外地在和解契约中明确表示，以和解所成立之新的债之关系取代和解前之原有债之关系时，则不得理解为和解仅单纯导致原始关系的变更，而应该理解为当事人间原始法律关系已全然消灭，而由和解所产生的新的债的关系替代，从而发生债的更改的效力。其三，如果作为和

① 参见黄立等主编：《民法债编各论》（下），中国政法大学出版社 2003 年版，第 835～851 页。

解标的的法律关系或作为和解前提的基础法律关系不存在或无效，如果有效和解本身具备独立完整的内容，该和解契约成为一个独立的债之发生原因。同时，本书对和解及其对于第三人的效力进行了较为详细的探讨。

梅仲协在《民法要义》①一书中，在各种债中对和解作了专门论述。其认为任何法律关系，当事人有权处分的，都可以作为和解的标的，但要受到强制法规和公序良俗的限制。关于和解的效力，其认为一般而言法律关系虽经和解，但与和解之结果并存。但存在例外情形，如因为和解的结果，以非要因的债务契约代替原有要因的法律关系的，如保证或担保，并存的效果也将不复存在。同时，诉讼上的和解、破产法上的和解，都具有民法上和解的意义，只不过此两者因为程序法的特别规定，而另外具有了执行的效力。

王泽鉴在《民法概要》②一书中，将和解和保证、人身保证、终身定期金等一起置于承担风险的契约类型中进行讨论。关于和解的效力，其认为应当区分创设效力和认定效力。在创设效力方面，如果和解内容以他种法律关系或以单纯无因性的债务约束等，替代原来的法律关系时，则是以和解创设新的法律关系，债权人仅得依和解创设的新法律关系请求履行，不得再依原来法律关系请求给付。在认定效力方面，如果以明确的基础关

① 参见梅仲协：《民法要义》，中国政法大学出版社2004年版，第500~502页。
② 参见王泽鉴：《民法概要》，北京大学出版社2011年版，第352~355页。

系成立和解，则和解内容具有认定效力，当出现和解契约不履行的情形时，法院应当支持当事人依原来法律关系诉请给付，法院不得认定与和解相反的结果。关于和解合同的效力性质，通说认为其仅具债权的效力，但同时指出，最近学说上有主张，关于债权的和解，应认为其同时含有必要的处分，债务的免除及承认是和解的构成部分，和解不成立、无效或被撤销时，当然恢复原来的法律关系。

戴修瓒在《民法债编各论》[①]中认为，和解契约的效力应当明确为创设的效力。其认为和解的目的在于另行确定关系或预先确定关系，以终止或防止争执，而以前法律关系为何，当然应当置诸不问。如果仅认为和解契约有认定的效力，使和解结果能够受以前法律关系的影响，则失去了法律特别设立和解制度的精神。

王利明在《论和解协议》[②]一文中认为，从效力上看，和解契约对原有法律关系作出确认，或者设定新的权利义务内容都是可以的，对纠纷双方乃至第三人的权益都能够产生影响。在拒不履行和解协议时，对方当事人可以要求继续履行原有法律关系。

庄加园在《和解合同的实体法效力——基于德国法视角的考察》[③]一文中，主要参引莱因哈德·波克教授的经典著作《论

① 参见戴修瓒：《民法债编各论》，中国方正出版社2008年版，第312～317页。

② 参见王利明：《论和解协议》，载《政治与法律》2014年第1期。

③ 参见庄加园：《和解合同的实体法效力——基于德国法视角的考察》，载《华东政法大学学报》2015年第5期。

和解》中的理论观点并进行梳理。第一,关于和解合同对原法律关系的作用效力问题,和解对于基础法律关系的作用,无抽象公式可用,只能根据具体的和解类型进行分析。第二,关于和解的确定效力。其认为确定效力就是意思表示解释的结果,立法者只是在成文法中进行了提炼。和解解决争议的功能定位和当事人合意的特殊,决定了和解对象不符合真实,本身就在和解当事人必须承担的风险范围内。

从民国时期直到当下,汉语民法学界对和解制度论述最为详细和经典的,除史尚宽之外非陈自强莫属。陈自强教授分别于1999年和2014年,发表《民法上和解之效力》[①]和《和解之错误》[②],二者成为当前关于和解契约研究的权威和经典文献,后在其专著《和解与计算错误》[③]一书中,陈自强教授对和解合同效力和错误问题进行了系统论述。

其一,关于和解契约的效力争论,对于学者所谓的创设效力与认定效力,其认为这两个概念至少涉及和解溯及力之有无、和解是否反于真实、新的法律关系是否创设、法律关系是否仍有其同一性等方面的问题,并且指出史尚宽提出的和解确定之法律关系是否反于真实,郑玉波提出的新的法律关系是否在原来法律关系范围内的标准,只能造成概念的进一步混乱。

其二,关于无因债权契约的理论与和解契约的关系,其认为

① 参见陈自强:《民法上和解之效力》,载《政大法学评论》1999年第61期。
② 参见陈自强:《和解之错误》,载《月旦法学杂志》第233期(2014年)。
③ 参见陈自强:《和解与计算错误》,2014年自版发行,第87页。

当事人创设新债权的目的是终止争执或防止争执的发生，多半无意将该债权的法律上原因从创设该债权之契约中抽离出来，故无法认定和解契约有独立负担债务的意思。在和解契约外，有无另外承认无因债权契约发生无因债权之必要，应根据承认和解契约是否足以实现当事人缔约目的，或根据是否不另外承认无因债权契约，则不足以满足交易上实际需要来确定。即陈自强教授认为和解契约对原法律关系不失同一性，除非当事人明确意思表示。

其三，提出了和解效力的本质在于确定效力。对私权而言，其并非当然在一定的法律世界客观存在，并非任何人探寻，都会得到相同结果。当事人对法律关系发生争执，需要依一定权利形成过程来确定权利归属。此过程既难以判断原有法律关系究竟如何，并且客观上原有法律关系也并非当然可以得知。故以是否与客观真实相悖为标准，判断和解效力是认定的效力或是创设的效力，没有实际意义。

其四，关于和解确定效力的理论基础，学说上有实体法律关系变动、不起诉合意、法律关系之确定等学说。(1)债的更改。一般认为债之更改，须有当事人明确的意思表示。当事人意思明确时，认定成立债务变更契约，才更符合当事人利益状态。(2)债之变更。和解与债务变更的区别在于，和解契约的客体，是有争执或不确定的法律关系。债务变更契约，是以确定的债之关系为客体。(3)不起诉合意。罗马法时期，和解仅使抗辩权发生，而不产生诉权。法国民法所规定的和解确定效力，不得在诉讼上再主张依和解所放弃的权利。关于法律关系的确定效力,也是陈自强教授的核心观点。首先,和解契约成立后,基于和解契约的目的,当事人不得依原有法律关系主张权利。其次,和解所确认的法律关系具有法律规范效力,对当事人形成拘束力。最后,和解的确定效力,应从裁判以外法律秩序所允许的私权形成过程的角度来考察。

其五,对和解能力的讨论。关于和解契约的处分性质,我国台湾地区民法学者一方面认为和解仅发生债权债务之效果,另一方面,又认为不许当事人自由处分的法律关系,不得为和解,乃相互矛盾。这里就需要讨论和解能力,是否应当认为对和解客体具有处分权之人,才可以和解。陈自强认为和解处分行为的性质,并非因为和解有直接变更债之关系一部或全部的效力,而是因为和解的确定效力,即和解的确认契约的性质。一般债之变更契约虽也以一定的债之关系为其客体,直接对其发生效力,具有处分行为之性质,但其债之关系在当事人间并非不明确,所以与确认契约有本质的区别。

其六,对于和解契约处分性质的讨论。陈自强认为所有权归属的和解具有处分行为之性质。(1)确定所有权归属主体为处分行为。在所有权归属关系的和解中,和解能直接确定所有权归属的主体,就确认所有人部分,其具有物权契约性质。(2)和解确认归属主体与表征不符。和解契约成立后,登记或交付前,虽然无法发生物权归属关系确定效力,但发生相当于债之关系和解确定效力。(3)所有权人是第三人时,对物关系和解的效力。陈自强认为确定所有权归属主体须有处分权限。非权利人所为的处分行为,应认定其效力未定。

综上,从理论观点来看,关于和解契约的性质存在争议。首先,债权契约说,认为和解契约并未脱离其债权契约的本质。其次,物权契约说,认为和解能直接确定所有权归属之主体,就其确认所有人之部分,具有物权契约之性质。

关于和解契约与原来法律关系的关系,也有多种学说阐释。其一,统一目的说。和解合同的合意涉及很多合同关系,统一在同一个框架内。其二,当事人意思决定说。如果当事人没有明确消灭原来法律关系的意思,则不能产生债务更改的效力,和解后的法律关系与原来法律关系保持同一性。其三,无因性说。如果有效和解本身具备独立完整的内容,则该和解契约成为一个独立的债之发生原因。其四,同一性说。认为当事人创设新债权之目的,多半无意将该债权之法律上原因从创设该债权之契约中抽离出来,故无法认定和解契约有独立负担债务之意思。

总之,明确和解契约的性质,以及和解契约对原来法律关系所产生的效力,对讨论和解合同的效力瑕疵、履行规则有着实质意义。已有的学说观点,对问题虽然有关注,但是并没有提出解决问题的实质性理论,有解释力的通说尚未形成,需要进一步结合实践中的问题进行梳理和论证。

四、和解合同效力瑕疵的学说状况

日本法上,我妻荣在《和解与误解的关系》中,针对和解中存在误解的事项作出了甄别，提出了具体的区分标准。第一，在经和解而约定停止争议的标的上存在误解，当事人不能主张无效；第二，对当事人争议对象事项的前提或基础而予以规定的事项的误解，对和解的法律效力构成影响；第三，对前两种事项以外的其他事项也可能存在误解。[①] 星野英一在和解的效力问题上，同样认为和解的确定效力是指和解以后纵然有与和解结果相反的证据出现，也不能成为否定和解效力的事由。同时明确指出，因和解而确定的法律关系与原法律关系是否具有同一性，涉及和解契约的解释问题，应结合具体和解的内容进行判断。[②] 山本敬三教授也针对和解中错误与确定效力的关系以及错误的类型进行了分析。例如，针对交通事故中的和解中放弃损害赔偿权，对不可预料的重新手术和后遗症的赔偿请求权，是否有"确定效力"理论的适用。[③]

周建华在《法国民法典中的和解合同》一文中，对法国规定作了介绍。总结来说，法国法承认因欺诈或胁迫引起的瑕疵，排除就损失请求的撤销，改革因错误引起的瑕疵。具体包括：(1)法律上的错误和损失不能导致合同的无效；(2)欺诈、胁迫、事实的错误导致和解合同的无效；(3)以无效证书为基础建立的

---

① 参见[日]我妻荣：《我妻荣民法讲义 V_3 · 债权各论》(中卷二)，周江洪译，中国法制出版社2008年版，第342～344页。

② 参见[日]星野英一：《日本民法概论　Ⅳ　契约》，姚荣涛译，台北，五南图书出版公司1998年版，第303页。

③ 参见解亘：《论日本民法中的和解契约》，载《苏州大学学报(法学版)》2015年第4期。

和解合同可以撤销,当事人明确表示知道无效证书存在的除外;(4)法国判例对于欺诈胁迫行为的判断逐渐偏重对主观因素的审查。该文章也对法国法官对和解合同的司法确认作了介绍。[①]

肖俊在《意大利法中的和解合同研究》一文中介绍了意大利法中对和解合同效力瑕疵的限制规定。在意思表示瑕疵之外,和解受公共利益、诚信原则、主体能力问题的制约。其一,主体资格的限制。和解能力不仅包括进行和解的行为能力,还包括和解合同中处分客体的特殊能力。其二,和解与虚假诉讼。法律规定了一定条件下的法官核准权,核准构成合同生效的一个条件。其三,轻率和解。对轻率和解可以请求撤销,轻率只能是故意而不包括重过失,其构成包括客观上缺乏依据和主观上的故意。其四,对于不法契约的和解。即便是无效的合同也是可以和解的,但是如果和解针对的无效契约是非法原因造成的,那么原初行为的非法性会导致后续的和解无效。[②]

在《意大利法中的和解合同研究》一文中,肖俊还讨论了关于和解合同中显失公平制度的适用。主流学说认为,和解合同的功能与显失公平规则不能兼容。但相类似的问题是,如果在和解合同中约定的违约金过高,据《意大利民法典》第 1384 条的规定,法官可以基于公平减少违约金。最高法院认为这一规定

---

① 参见周建华:《法国民法典中的和解合同》,载《人大法律评论》2012 年第 1 辑。

② 参见肖俊:《意大利法中的和解合同研究》,载《苏州大学学报(法学版)》2015 年第 4 期。

具有一般性,在所有合同类型的违约金条款中都可以适用。这就意味着,虽然和解合同不适用显失公平条款,但可以适用违约金过高条款。如何协调两者的关系,对我国的实践也有重要指导意义。在《和解合同的私法传统与规范适用》一文中,肖俊提出,从错误理论上看,和解合同基础错误是属于双方主观交易基础的错误。这里的错误对和解之所以重要,是因为这种错误本身足以排除争议状态。①

庄加园在《和解合同的实体法效力——基于德国法视角的考察》一文中指出,和解基础的错误不同于其他的交易基础障碍。《德国民法典》第 779 条第 1 款仅单独适用于交易基础障碍的部分领域,即自始的主观交易障碍,不包含客观的交易基础障碍。②

解亘在《论日本民法中的和解契约》一文中认为,对和解与错误的关系,日本学说和判例均采取类型化的做法区别对待。文章主要介绍了前述我妻荣在《和解与误解的关系》中提出的三类型论,并总结性指出在实际裁判中,当事人的真意为何需要法官在个案中判断。意思解释的规则,应当以第一种类型,即解释为纠纷对象的错误、限制错误无效的主张。③

---

① 参见肖俊:《和解合同的私法传统与规范适用》,载《现代法学》2016 年第 5 期。

② 参见庄加园:《和解合同的实体法效力——基于德国法视角的考察》,载《华东政法大学学报》2015 年第 5 期。

③ 参见解亘:《论日本民法中的和解契约》,载《苏州大学学报(法学版)》2015 年第 4 期。

陈自强在《和解之错误》[1]一文中认为，德国、瑞士、奥地利及日本关于和解错误共通之法律原则有：第一，和解契约表示上的错误，可以适用一般规定救济；第二，事实关系的误认，应区别和解对象错误与和解基础错误；第三，《德国民法第一草案》第667条第1项规定，和解效力不受当事人就有争执或不明确事项之情势陷于错误之影响，各国之所以没有如此规定，是认为这一原则理所当然，只需要对影响和解契约效力的错误作出规定。至于不属于和解对象错误的事实关系之误认，在何种条件下影响和解效力，则与各国错误法则之法律构造有关。

陈自强在上文中，对我国台湾地区民事性规定中和解错误的规则做了如下总结：其一，对和解错误问题的处理，取决于和解契约的确定效力。凡属于确定效力范围内有争执或不确定的事实关系，不得以反于真实为理由撤销，这是契约解释问题，不需要法律作出特别规定。其二，我国台湾地区民事性规定中第738条第1款至第3款之和解错误都不是意思表达阶段的错误，除当事人资格错误外，其余情形都不是一般规定所规定的错误。实务上最为重要的争点错误，是双方共通动机错误，是独立于一般规定错误的错误类型。其三，第738条第3款所谓的重要争点，不是和解当事人间以和解所确定的有争执的事项或法律关系，而是不属于和解确定效力范围的，双方当事人在和解时作为和解前提所确定的基础事实关系。其四，第738条第3款所谓的

① 陈自强：《和解之错误》，载《月旦法学杂志》第233期(2014年)。

重要,是指错误法所涉及的错误与意思表示或契约成立之间的因果关系的重要性。

综上,和解效力瑕疵中错误问题是最为重要的问题,和解内容与和解基础的判断,是其中最核心的问题。和解合同确定效力的范围所及的内容错误一般不得作为撤销事由;和解基础的错误,在和解合同中动摇了和解契约的前提条件,是争议和不确定的存在,应当作为和解契约撤销的事由。

除错误问题之外,效力瑕疵尚待解决的问题有如下几个方面:其一,和解能力的有无,如何影响和解契约的效力。其二,和解内容的判断,在一定程度上取决于当事人意思解释,由个案判断,是否存在抽象的判断标准。其三,对于迟发效果的和解的效力,采用和解能力规则来抽象解决,也就是对未来事项的和解是无效,还是采用意思表示解释,看当事人是否有特别的意思表示进而判断何者更有合理性。其四,显失公平制度在和解契约制度体系中作用和限制如何定位。

五、和解合同的履行障碍及其救济

日本学者矶村保在其《和解契约之解除——和解契约之处分行为性》中,[①]对和解的解除作了深入探讨。矶村保认为和解合同的解除这个问题,只是依和解合同而产生的法律关系上的

---

① 磯村保「和解契約の解除——和解契約の処分行為性」神戸法学雑誌 34 巻 3 号(1984 年)511 頁以下参照。

债务不履行的问题，其效果也只是作为该法律关系自身的给付障碍来处理，并不会导致和解合同自身的消灭。只是，如果基于当事人的意思，在和解合同签订之后一方当事人不履行等一定的事由发生之时，让和解合同失去其效力，基于合同自由原则也应当被允许，这里实际上是对约定解除权的讨论。例如，当事人为了换取尽早的履行而签订和解合同后不履行，此时可以使和解合同失去效力，重新回到原来的债务关系之中去。

肖俊在《和解合同的私法传统与规范适用》一文中，明确了和解的更新效果，在区分对争议进行确认和澄清，还是在对原来的法律关系进行替代的基础上，对和解合同的解除效果进行了分析。① 庄加园在《和解合同的实体法效力——基于德国法视角的考察》一文中认为，原则上法定解除权与和解目的不符，应当解释为被当事人合意排除。关于解除权行使的效果，德国法上解除的行使，并不能直接导致处分行为无效，只是发生所谓恢复原状的债法义务。② 贺剑在《诉讼外和解的实体法基础——评最高人民法院指导案例 2 号》一文中，对和解解除当中的法定解除及默示排除进行了讨论。贺剑认为和解契约包含当事人的给付义务并且在尚未履行完毕之前，就有适用法定解除的可能性。同时，他认为有必要对当事人是否通过默示方式

① 参见肖俊：《和解合同的私法传统与规范适用》，载《现代法学》2016 年第 5 期。

② 参见庄加园：《和解合同的实体法效力——基于德国法视角的考察》，载《华东政法大学学报》2015 年第 5 期。

排除了法定解除权进行解释,或将解除对象限定于和解所产生的新义务。①

综上,对于和解合同解除权的行使,一般认为法定解除权应受到限制,这与和解合同的目的有关。限制的理论基础学说认为应当从当事人意思出发,既可以解释出当事人有排除法定解除的意思,也可以根据和解合同约定的具体内容,解释出约定条件解除。和解合同设定的法律关系对原来法律关系而言,其有确认和澄清、部分新设权利义务、完全替代原来法律关系三种情形,从具体适用的角度,区分解除的不同效果,分别为不能解除、部分解除、可以解除但不能恢复到原来的法律关系,进行类型化研究或许是一条可探讨的路径。

六、和解合同程序面向的学说状况

对和解制度的研究,学界呈现两个明显的现象。一个是对于纠纷解决学的研究,另一个是对于程序法和实体法的共同关注,特别是对于程序法的关注。近年来,纠纷解决学领域对和解问题的研究内容颇为丰富。国外研究成果,如英国学者西蒙·罗伯茨、彭文浩的专著《纠纷解决过程:ADR 与形成决定的主要形式》、②斯蒂芬·B. 戈尔德堡等美国学者的专著《纠纷解决——

① 参见贺剑:《诉讼外和解的实体法基础——评最高人民法院指导案例 2 号》,载《法学》2013 年第 3 期。

② 参见[英]西蒙·罗伯茨、[英]彭文浩:《纠纷解决过程:ADR 与形成决定的主要形式》,刘哲玮、李佳佳、于春露译,北京大学出版社 2011 年版。

谈判、调解和其他机制》,[①]国内学者中,范愉教授的《非诉讼纠纷解决机制研究》,[②]以及与李浩教授合著的《纠纷解决——理论、制度与技能》,[③]赵旭东教授的《纠纷与纠纷解决原论——从成因到理念的深度分析》[④]等专著都体现了纠纷解决学的研究进展。纠纷解决学的研究,注重过程中的和解技术分析,研究和解的程序、策略、功能以及制约和解的诸要素之间的相互作用,从过程层面为实体效力的巩固和实体规则的细化提供了丰富的素材。

在最高人民法院指导案例2号公布以后,学者较为集中地对实体法与程序法的理论连接问题进行了讨论。贺剑在《诉讼外和解的实体法基础——评最高人民法院指导案例2号》一文中,主要从和解实体法效力对生效判决的影响进行了论证,认为吴梅案和解是典型的弃权求偿型和解。该类和解不因债务人的还债承诺而产生新的给付义务,但包含默示的解除权约定。在债务人履行迟延时,债权人享有约定解除权。"吴梅案"的实体法基础在于,"一方当事人不履行和解协议"通常会使得对方当事人享有法定或约定解除权。[⑤]

---

① 参见[美]斯蒂芬·B.戈尔德堡等:《纠纷解决——谈判、调解和其他机制》,蔡彦敏等译,中国政法大学出版社2004年版。

② 参见范愉:《非诉讼纠纷解决机制研究》,中国人民大学出版社2000年版。

③ 参见范愉、李浩:《纠纷解决——理论、制度与技能》,清华大学出版社2010年版。

④ 参见赵旭东:《纠纷与纠纷解决原论——从成因到理念的深度分析》,北京大学出版社2009年版。

⑤ 参见贺剑:《诉讼外和解的实体法基础——评最高人民法院指导案例2号》,载《法学》2013年第3期。

隋彭生在《诉讼外和解协议的生效与解除——对最高人民法院〈指导案例 2 号〉的实体法解释》一文中通过合同的生效和解除的基础理论,来解释生效判决执行与和解合同履行之间的关系。他认为上诉期间当事人达成的诉讼外和解协议为附生效条件的合同,该生效条件为混合条件。就合同解除而言,此类和解协议的解除有三种理论解释,一是因纯粹随意条件成就而解除,二是因行使一定形成权而解除,三是因一方重大违约而解除。进而他认为,和解协议解除后,可申请执行原判决。此文章的问题在于,只注重对裁判结果进行实体法理论上的解释,没有讨论和解合同解除上的特殊性。①

郑金玉在《和解协议与生效判决关系之债法原理分析——兼论"吴梅案"的规则解释》一文中,通过债的更新理论进行理论解释。他认为新债与旧债即协议之债与判决之债构成债的更新法律关系。当事人一方对生效判决进行执行申请,另一方以和解协议为依据提出异议,法院可以经由恰当程序、区分情形,以判决或裁定的方式进行处理。如果已经履行协议,应认定判决之债被协议之债有效替代,判决之债随即消灭,排除原判决执行力,终止执行程序;在协议无效以及被撤销和解除的情形中,可以视新债自始没有成立,旧债不消灭,不得排除原判决执行力,还应当继续执行;如果在和解协议履行期间,或争议结果未定,

① 参见隋彭生:《诉讼外和解协议的生效与解除——对最高人民法院〈指导案例 2 号〉的实体法解释》,载《中国政法大学学报》2012 年第 4 期。

但被执行人提供担保的，法院可以对原判决暂缓执行，相应安排可以待协议履行期限届满或诉讼结果确定后再进行。[①] 严仁群在《二审和解后的法理逻辑：评第一批指导案例之“吴梅案”》一文中认为判决确定的债权仍是民事债权，当事人仍可通过行使处分权予以变动，法院应依债务人之请求，判决部分排除原判决的执行力。[②]

周建华在《法国民法典中的和解合同》一文中，总结了和解合同救济途径、法律效力等方面呈现的鲜明特点。鉴于和解合同以争议或纠纷为标的的特殊性，终极意义的既判力得以由法律赋予，裁判效力和合同起源的混合性质得以呈现。首先，合同无效的控制。一方面，和解合同救济途径不同于生效裁判，是合同无效救济，而不是诉讼上的再审程序；另一方面，和解合同无效事由体现出与一般合同的不同。即便立法者对无效的事由进行限制，例如仅在欺诈、胁迫、事实的错误等方面，仍然存在对这些事由采取或紧或宽的解释，这样能控制法官介入和解合同的范围。其次，当事人合意保护。立法对和解合同的构成要件及和解范围作出特别规定，使保护合意的目的得以落实。其中，有代表性的做法是通过审查“相互让步”，防止不当干涉弱者的意思表示。法院通常对相互让步的事实状况不会详细审查，除非发生让步缺失的

① 参见郑金玉：《和解协议与生效判决关系之债法原理分析——兼论“吴梅案”的规则解释》，载《比较法研究》2015 年第 4 期。

② 参见严仁群：《二审和解后的法理逻辑：评第一批指导案例之“吴梅案”》，载《中国法学》2012 年第 4 期。

情形。[①]

宋旭明、张勇在《刑事和解的民法性质与效力》一文中，提出和解契约作为一种私法中的实体契约，兼具程序性契约的特征。和解契约的确定效力应与生效判决相类似，应当承认其具有类似于生效判决的可直接强制执行性，其效力受到攻击的依据应当限定在法定的程序性瑕疵范围内。[②]

综上，对于和解合同对生效判决的影响问题，学者们提出了约定解除权、附生效条件的和解协议、债的变更理论等予以解决。对于和解契约程序上的效力而言，有和解合同之诉变更判决、和解合同本身具有既判力等理论。在程序法领域里，诉权的约定和处分、程序权利对于契约合意的干预都有其特殊性。同时，利用和解合同的理论对诉讼中达成的合同的效力进行进一步的解释和讨论，应当有着比较大的研究空间。

第四节 研究方法

一、理论解释方法

以和解合同对应的法律关系适用的规范类型化研究为基础，对与和解合同运行和适用相关联的《民法典》规范、民事部门

① 参见周建华：《法国民法典中的和解合同》，载《人大法律评论》2012 年第 1 辑。

② 参见宋旭明、张勇：《刑事和解的民法性质与效力》，载《云南大学学报（法学版）》2012 年第 3 期。

法规范、公法规范、程序法规范采用体系解释的方法，来探索和解合同中确认行为合意的规范体系及其效力。我国现行实体法没有将和解合同作为典型合同进行规定，但是《民法典》合同编通则的规定，将成为和解合同效力、效力瑕疵、履行救济的规范分析的研究对象，借助于规范分析的方法，对我国和解合同现行规范作法教义学的解读，为民法典的理论完善和规则适用奠定基础。

二、实证研究方法

以现实问题解决为基本导向，采取实地调研、问卷调查、个别访谈等方法，对实务部门的制度适用进行总结整理。在裁判文书数据库中，以“和解协议”“赔偿协议”“还款协议”“代物清偿”“私了协议”等为关键词进行搜索，可以查找到的案件数以万计，经过筛选，挑出对和解合同研究具有实际价值的案例。采用问题式检讨与个案研究相结合的方法，将抽象的理论和具体的和解法律建立密切联系。

三、历史分析方法

我国近代法治化进程中的历史资料，以及《民法典》立法资料，对和解合同的研究都具有重要价值。从社会实践和制度变迁的角度，同时结合新时代“枫桥经验”的制度资料进行研究。采用内在理论与外部因素相结合的方法，考察随着社会治理法治化程度的不断提升，个体理性、社会规范和协调方式的不断变化,传统制度在理论发展和实际运行上发生的由外而内的变化。

四、比较分析方法

在比较法上,和解合同有其独立的地位和重要的作用。无论在罗马法中,还是在作为大陆法系代表的德国法、法国法中,和解合同都占有颇为重要的一席之地。充分认识国外对和解合同的研究成果,以及在案例实践中发挥的实质作用,对我国的理论研究和立法实践具有重要的借鉴意义。经由比较法方法的运用,拓展理论视野,发现我国在此问题上的规范不足和现实需要,尝试进行理论体系建构,以及解释适用方法的运用,为本书提供重要的研究方法。

第二章　新时代“枫桥经验”与和解合同

习近平法治思想的产生和发展,坚定了中国特色社会主义法治道路的方向,对传统法律制度的坚持和发展提出了明确的要求。作为法治建设重要经验的新时代“枫桥经验”,在全面依法治国的背景下具有特殊的政治价值和现实价值。近年来,“把非诉讼纠纷解决机制挺在前面”、完善实质性纠纷解决机制被总结为新时代“枫桥经验”的典型功能和特征。党的二十大报告强调,在社会基层坚持和发展新时代“枫桥经验”,完善正确处理新形势下人民内部矛盾机制。新时代“枫桥经验”的时代内涵在于治理理念兼顾维护社会和谐稳定和维护人民权益。和解制度的实践需求和理论发展,是新时代“枫桥经验”中的重要制度基础。

第一节　"枫桥经验"的现代发展

一、"枫桥经验"发展的社会基础

(一)由现象引发的观察

中国基层中,历史和当下都存在"茶馆"里的调解。[①] 不仅话剧《茶馆》中有类似描述,不少文章也分析过《茶馆》中的调解,以探寻"制约调解型法律生活背后的各种社会因素"[②]。田野调查发现,在长三角地区,苏南地区、浙中地区的茶馆常常是调停解纷的场所。当地对茶馆调解纠纷有一些本土味十足的说法,唤作"坐茶馆""评理""一张桌子四只脚、说得脱来走得脱"。从一些记载来看,在茶馆中调解纠纷在传统中国具有普遍性,甚至在当下也很常见。河南省叶县某镇的"普法茶馆",既是社交娱乐之处,也是调解纠纷的场所。[③]

(二)时代特征的沿革和变迁

首先,转型期的中国基层社会仍然具有礼俗社会的属性,在

① 参见曾令健:《纠纷解决合作主义:法院调解社会化的解释框架》,载《法律科学(西北政法大学学报)》2020 年第 4 期。

② 孟瑶:《茶馆里的调解——评〈茶馆〉》,载徐昕主编:《正义的想象:文学中的司法》,中国法制出版社 2009 年版,第 397 页。

③ 参见雷咸魁:《四老义办"普法茶馆"十余载　解决纠纷 2000 多件》,载《人民调解》2018 年第 8 期。

这样的社会中总是包含乡土性要素,即人和事时常发生纠缠,解决事务很难做到“对事不对人”,最好的办法往往是“一把钥匙开一把锁”。在这种背景下,具有地方性知识的基层工作人员在有效化解矛盾和解决问题方面有独特的优势。在纠纷解决中,往往表现为问题解决方案的个性化强,正式制度中的自上而下的规范对问题的解决作用有限。其次,不同地方的情况也不尽相同,其中的区别不仅表现在经济水平上,还体现在基层社会地方性的结构差异中。由于历史和地缘的原因,地方基层社会往往形成各自的特性,使得基层治理要充分适应其灵活性和策略性。抽象的正式规范在地方基层自主应对和解决问题的实践中,难免会存在无法协调的地方。最后,基层事务多元化的趋势明显,事务往往细小琐碎很难形成规范性,具有非重复性、利益密度低、诉求多元化等特征。往往难以规范地、隔断式地处理,动辄便会产生牵一发而动全身的问题,以专业化为特征的正式治理在发挥作用时受到现实的限制。相对于当前乡村发展的情况而言,随着城市化进程和时代进程的加速,城市基层治理逐步呈现专业性较强的特点,在治理事务上相对呈现类型可分性较强、利益密度较高以及诉求共识度较高的特点。① 因此,当前我们处于社会转型期,需要结合既有传统和发展趋势进行比较研究、类型分析。

---

① 参见贺雪峰:《规则下乡与治理内卷化:农村基层治理的辩证法》,载《社会科学》2019 年第 4 期。

二、基层治理中正式正义体系的谦抑性

（一）实体层面

首先，国家法治在基层治理中的谦抑性。在推进“枫桥经验”法治化过程中，国家法治在区分轻重缓急和差序格局基础上发挥作用。根据国家法治建设的阶段性情况，更合理的状态是在基层社会治理中，如果已有的规则方法能够解决问题，例如利用村规民约、民间调解规则等，国家法治和自上而下的法律规范就尽可能保留既有规则发生作用的空间。通过私法规范和自治手段可以为问题解决打通道路，就尽量限制公法规范和公权手段的强行介入。对于问题的处理，如果民商法、行政法等部门法的一般制裁调控能够发挥作用，那么轻易不采用刑法这种严厉的惩罚手段。更重要的是，如果通过自主协商、民间调解等方式可以解决问题，诉讼裁判就尽可能少介入；当事人愿意私了且不违反法治，国家法治就减少介入的程度。在现代社会治理中，国家法治保持必要的谦抑性、有限性和终局性，尽可能减少介入，应该成为国家治理的基本原则。在需要国家正式法治介入的领域，则应当正确运用法治思维、遵循法治原则，把握好国家法治介入社会治理的范围和程度，这是国家法治谦抑性表现的基本要求。①

---

① 参见李林：《推进新时代“枫桥经验”的法治化》，载《法学杂志》2019 年第 1 期。

其次,正式正义体系的谦抑性要求。这一要求主要表现在新时代“枫桥经验”推行过程中,对法律规范、道德规范和习惯规范之间的关系处理上。法律规范和道德规范在调整社会关系的范围和方法上虽然有很多重合的地方,但他们的根本特性和基本功能是有区别的。法律规范从外部调整人的行为,因此可以作为评判人们外部行为的依据,依据法律的规定可以确定相互之间的权利和义务,判定是非,明确责任;而道德规范从内部引导人识别善恶是非,确定行为方向,影响价值取向。更重要的是,法律规范具有外部强制性,依靠客观存在的强制性,保障权利的实现和义务履行的确定性;而道德规范则依靠人的自觉,人们对于不道德的行为,提出批评进而进行舆论谴责,但不能以道德的名义强迫他人行使某种行为,这也是法律的判断有时会与道德的评价发生偏离的重要原因。与道德规范不同,风俗习惯在实际中更接近于法律规范的特性,它直接对人的外部行为做出规定和要求。但正如博登海默所说,适应时代要求的风俗习惯才能够得到法律的认可,因此获得“习惯法”的地位,那些与时代背离的习俗,往往不能得到法律的认可,还会受到全社会的抵制和排斥。[1] 在正式正义体系的完善和影响下,保持其适当的谦抑性,突出非正式体系的作用,有利于发挥不同层面的规范各自的积极作用。

---

① 参见赵旭东:《论纠纷解决的合意性机制——以民事纠纷解决为重心》,山东大学2014年博士学位论文,第111页。

最后，正式制度中不同规范的相互作用。道德规范中某些领域与法律规范作用范围并不重叠，法律规范中也有不受道德判断影响的领域。但是，在现实中发挥实质作用的非正式制度里，实质性的法律制度规范仍然存在，其作用在于强化人们对法治社会中既定规则的遵守。对于非正式制度的形成和确立，历史法学派的观点认为，只有适应社会一般生活方式和时代的经济要求的非正式制度，才能得到国家的认可并获得以强制力为保障的执行。任何一个权力的拥有者，都不能长时间地实施与当时当地的社会需要背道而驰的规则或安排。[①] 承认正式制度谦抑性存在的同时关注正式制度中不同规范相互作用的重要意义，是比较客观和务实的推进和建设路径。

因此，在实体层面以法律规范作为根本依据，保持正式制度适当的谦抑性是法治建设应有的轨道。纠纷的解决是对人的外部行为进行评判并明确责任、确定权利和义务的活动，即使是合意解决纠纷，也必须要有合意的客观标准和前提条件，这就是客观上能够作为评判外部行为根据的规范。在纠纷解决的过程中，非正式制度发挥内部引导的作用，这种作用对于纠纷的实质性解决并不是决定性的，最终的依据是法律规范，非正式制度则处于辅助的地位。[②] 但是，在合意性纠纷解决机制中，注重非正

---

① 参见[美]E. 博登海默：《法理学：法律哲学与法律方法》，邓正来译，中国政法大学出版社 1999 年版，第 379 ~ 382 页。

② 参见赵旭东：《论纠纷解决的合意性机制——以民事纠纷解决为重心》，山东大学 2014 年博士学位论文，第 112 页。

式制度作用的发挥，正式制度保持适当的谦抑性，是符合基本国情和传统制度的必要选择。

（二）程序层面

在程序层面，谦抑性集中体现在裁判对调解协议的审查程序中。在具体实施中，对调解协议的实体合法性审查，应切实关注调解和诉讼在依据上的不同，否则会导致诉讼对调解的强行规训，这一方面会加重调解司法化的倾向，另一方面会引发调解和诉讼在功能上的抵触。根据《人民调解法》第 3 条的规定，法律、法规和国家政策是人民调解处理纠纷的实体法依据。其中，“法律”与“法规”的规定并非将两者理解为并列的关系，应该认为前者包含后者，将前者理解为广义上立法法中所规定的立法主体制定的规范总称。与原《民法通则》第 6 条规定的“民事活动必须遵守法律，法律没有规定的，应当遵守国家政策”不同，《民法典》第 10 条规定“处理民事纠纷，应当依照法律；法律没有规定的，可以适用习惯，但是不得违背公序良俗”。《民法典》施行后，国家政策不再具有民法渊源的地位，也不再作为实体法依据在法院审判民事纠纷中适用，民事裁判依据国家政策作出不再当然具有合法性。人民调解在不违背法律、法规和国家政策所设定的强制性规定的前提下，可以把社会公德、行业惯例、村规民约、公序良俗等作为实体法依据，这比法院审判民事纠纷的实体法依据要宽泛很多。[①]

如果以民事裁判的实体合法性标准来对调解协议内容审查，调解协议获得司法确认的比例势必在很大程度上下降。这种严苛标准的实施，会引起人民调解丧失其独立性与可识别度，呈现人民调解与诉讼趋同的问题。但如果对这种严苛要求进行完全对抗，人民调解也会失去诉讼的保障和支持，从而面临效力软化的问题。因此，审查人民调解协议的实体合法性，有必要对谦抑立场予以适当程度的保持，这样才能在有效保障调解作用发挥的同时，确保在协议达成后一方当事人实际履行出现问题时，当事人能申请法院确认和强制执行。随着《消费者权益保护法》《著作权法》《专利法》等法律中特别领域纠纷处理制度的完善，司法确认程序的客体不局限于人民调解协议将是重要趋势。在司法实践中，应当明确民事纠纷的行政调解协议的法律性质，对行政调解一般性规则进行总结与提升，加快行政调解细则化的进程。行政调解协议司法确认的规则构建，可以在参照司法确认程序既有制度资源得失的基础上进行理性选择。[②] 因此，在不同领域的调解制度建设上，规定程序层面的谦抑性，对新时代“枫桥经验”的延伸和丰富发展，具有非常重要的意义。

三、“枫桥经验”的时代发展

有研究成果显示，“枫桥经验”在新时代实践层面呈现多方

① 参见刘加良：《司法确认程序的功能诠释》，载《政法论丛》2018 年第 4 期。
② 参见刘加良：《司法确认程序的功能诠释》，载《政法论丛》2018 年第 4 期。

面的新变化,包括基本定位从着眼矛盾化解向基层社会治理转变,基本理念从以维稳为重点向以人民为中心转变,基本路径从群防群治向构建自治、法治、德治相结合的社会治理模式转变,基本方式从传统方式向“传统 + 智能”的方式转变。①

(一)“枫桥经验”的政治基础

首先,由形式平等到实质平等。是否允许在符合一定条件的前提下,一定程度上背离形式平等的私法原则,是当下社会治理中讨论较多的一个话题,讨论的关键在于新时代社会现实的深刻变化。在社会契约理论的思想实验中,人类社会由原子化个人构成,而现代社会存在各种差异,不同诉求背后隐藏着社会对个人的控制。在这一背景下,民法精神的改变也是大转型时代的组成部分。在《民法典》语境下,民法要为各方利益需要寻找恰当的平衡点,在达致这一平衡过程中时刻借助社会主义制度的具体实践,这也是社会主义政治塑造的关键。我国《民法典》的诞生与社会契约理论的思想实验相去甚远,社会主义国家公法基础为其奠定了政治属性,“社会主义”不仅是一种定性,也是一个政治过程。②

其次,关于社会同质性与社会共识形成。在马克思主义理

---

① 参见李林:《推进新时代“枫桥经验”的法治化》,载《法学杂志》2019 年第 1 期。

② 参见邵六益:《中国民法典的社会主义性质研究》,载《毛泽东邓小平理论研究》2020 年第 12 期。

论看来，从原始社会后期开始人类社会就出现了阶级分化。这种分化中存在的规律是：社会的基本框架由两个相互对立的阶级及其核心矛盾所形成，社会演进的实质是一个阶级取代另一个阶级的统治。完全不同于社会契约论的国家理论在这个基础上产生。近代民法更多是资产阶级意志的体现，其所规定的形式平等带有非常强烈的时代特性。要真正实现法律规定的政治权利、形式平等，需要以社会层面的共识和“均富贵”作为政治基础。[①] 社会转型过程中当代中国基层社会发生的结构变化，和社会主义社会政治引领的“共同富裕”经济建设目标所引发的同质性发展为社会共识的形成提供了政治条件。

最后，社会主义社会发展的实质需求。20 世纪中国的社会现象，需要进行更深入的解读，包括全面理解毛泽东时代的革命传统，也包括全面理解邓小平时代的改革传统，提升对新时代中国特色社会主义的理论自觉。中国《民法典》的世界影响和时代意义是将 20 世纪中国的政治实践纳入其中，从而成为社会主义民法典的典型。《民法典》的意义只有放在中国共产党诞生一百多年、中华人民共和国成立七十多年的语境中，才能释放，因此必然是“先有共和国，后有民法典”。[②] 在法治理念形成过程中，依靠法治建设和谐社会，突出社会本位、基层自治的重要性，适

① 参见邵六益：《中国民法典的社会主义性质研究》，载《毛泽东邓小平理论研究》2020 年第 12 期。

② 参见邵六益：《中国民法典的社会主义性质研究》，载《毛泽东邓小平理论研究》2020 年第 12 期。

应和满足新时代中国特色社会主义发展要求。

从政治基础而言，社会主义核心价值观的引领对于新时代“枫桥经验”发展具有重要作用，能够彰显法治和德治相结合的理念。中国共产党以维护公平正义、人民福祉、社会和谐等崇高价值为使命，其领导下的国家治理体系包括正式制度体系和非正式制度体系，通过中国式现代化和全面依法治国的实践来实现国家治理和社会治理目标。

（二）“枫桥经验”的理论发展

首先，从法治理论的视角，“枫桥经验”有其理论提炼和概括。“枫桥经验”的形成和发展是一个动态过程，其内涵在不同阶段不断得到扩展丰富。从产生之日开始，其由对敌和平斗争改造的经验发展为处理人民内部矛盾的经验，由政治斗争的实践转为治安和刑事法的实践，由集中于治安和刑事的治理发展到包括民事调解在内的综合治理。伴随着治理方式的多元化和组织形式的完善，其丰富内涵呈现从运动向组织、从政策向制度、从政治向法治的发展规律。“枫桥经验”组织网络不断健全、治理方式不断成熟，其作用发挥最为重要的基础，在于以法治精神和社会主义民主基本原则为指引，通过沟通协调可能存在的紧张关系，在国家管理、社会治理中形成社会主义法治建设的内在动力。[①]

---

① 参见谌洪果：《“枫桥经验”与中国特色的法治生成模式》，载《法律科学（西北政法大学学报）》2009 年第 1 期。

其次，从政治与法治关系的角度，能够发现“枫桥经验”伴随法治的生长而生长。“枫桥经验”对制度转型具有特殊的意义，在为生活安定、权利平等的国家政治目标而被动员的过程中，不同阶层和组织之间的利益折中方案和利益分配制度也逐步建立并完善。政治理念的发展促使人们在复杂而又充满机会和挑战的制度转型面前，既要看到正在运行着怎样的法律，又要看到正在怎样运行这样的法律，同时要看到在运行这样的法律时进行了什么样的技术规范操作和价值观念转换。以问题和效果双重主导相结合的机制模式在实践中不断发展。“枫桥经验”作为综合型的治理机制，其核心模式是“群防群治”和“小事不出村、大事不出镇、矛盾不上交”，发挥了以“内部矛盾”对待和解决群众之间的争议的方法的作用。“枫桥经验”最重要的特征，是在强调党政主导防止社会问题激化的同时，强调民间主导的群众路线和区域自治。①

（三）“枫桥经验”的治理意义

首先，弥散性治理的运用。在弥散性治理中，国家通过社会代理人的作用来实现权力的渗透。在这种正式制度与非正式制度的整合机制中，国家法规和政策的外延获得了更加适应地方性语境的意义，因此变得更加丰富而充实，并在实践中取得更好

---

① 参见谌洪果：《“枫桥经验”与中国特色的法治生成模式》，载《法律科学（西北政法大学学报）》2009 年第 1 期。

的社会治理效果。例如，基层司法机构注重在裁判活动中主观能动性的发挥，从追求社会效果和法律效果相统一的立场出发，更多通过调解方式而不是通过审判方式解决问题，以“让当事人满意、让政府满意”的治理效果为目标。这样的治理实践，鼓励非正式制度的因素制度性地进入社会治理机制中，是弥散性治理机制的特征和作用的体现。①

其次，公私合作治理机制。“枫桥经验”展示了一种协调整合的治理路径，其核心功能是在地方实践中统一国家权力与民众意愿。一是公私主体结构上的相互嵌入。基层社会治理的特殊性，在于在特定地方性场域下的党政主导下，依靠私权主体进行合作治理，以一定的自由裁量权和社会资源控制权作为保障，化解治理风险和实现共享治理。二是规范和功能双管齐下。充分发挥丰富的民间规范的作用解决纠纷，为多元纠纷解决机制提供技术、规范和策略资源，实现规则治理与纠纷解决实际效果的有机统一。三是社会治理法治化的充分体现。坚持开放、包容的国家主义立场，在基层治理中引入公私合作治理模式。非正式规则或规范协同在社会治理法治化中具有重要价值，从国家立法的视角观察，规则中心主义影响法治作用发挥，封闭的国家主义立场对于法治建设的弊端是显而易见的。②

① 参见于浩：《推陈出新：“枫桥经验”之于中国基层司法治理的意义》，载《法学评论》2019 年第 4 期。

② 参见于浩：《推陈出新：“枫桥经验”之于中国基层司法治理的意义》，载《法学评论》2019 年第 4 期。

最后，以等价功能处理规范冲突。以实践促成法律规范与生活事实的同化，发展法律规则的实效性，通过法律效果的整体提升来实现纠纷处理的社会效果，对基层治理而言，上述立场是面对各类纠纷诉求时的基本立场，也是社会治理发展的重要途径。基层治理体系现代化的过程，也是正式规则与非正式规则在“功能等价”上相互作用的过程。更为理想的纠纷解决效果，意味着不能拒绝规则之治，也绝不能在纠纷解决中消解规则之治的规范性基础。相反，要充分正视法治建设中规则之治蕴藏着的纠纷解决契机，不断发现法律规范的例外状态和总结解决例外状态的实践路径。①

第二节　新时代“枫桥经验”的传统制度资源

一、法律传统的重要性

在法治国家建设进程中，中国式现代化是一个新的命题。我们越来越清醒地认识到，中国的法律制度不可能照搬和模仿与中国历史和实际十分不同的西方，必须融入属于我们自己的“本土资源”。在新时代的法治建设中，需要对传统进行区分，对成为过去的“古代”传统和与“现代”仍然紧密相关的传统区别对待。“古代”固然已经过去，但“传统”对任何国家来说都

① 参见于浩：《推陈出新：“枫桥经验”之于中国基层司法治理的意义》，载《法学评论》2019 年第 4 期。

必定具有现代含义，所以仍然要在不同时代因不同需要对其作出不同的建构。对西方来说，“传统”与“现代”法律体系的连续性是显而易见的。但对于中国而言，在现代化过程中存在着后发展，曾尝试借鉴其他国家制度，所以两者关系更为复杂，存在着多方面的联系和冲突。法治现代化固然要在对古代传统的扬弃和学习借鉴其他国家先进制度的基础上进行，但绝对不能忽视自身传统的存在与合理性，正视传统才能谈得上现代。①

例如，要理解中国以及更广义的东亚模式正义体系所具备的优势，正确认识传统道德理念在法治正义中的体现，需要从正义体系整体和调解实践的论析出发。在这个正义体系中，并非将所有的纠纷都推向必分胜负的二元对立框架，其与西方的正义体系所采取的分析框架有所区别。东亚模式的正义体系采用的是一种更为实用的过滤式的纠纷处理框架。一般而言，就是先用调解的方式来处理没有过错的纠纷，这样既符合传统道德中“息事宁人”的和谐理念，也能达到节省社会成本和减轻公共负担的实用效果。正义体系整体绝对不是仅与裁判制度体系相对应，诉讼裁判仅仅是维护正义的最后选择而已。②

---

① 参见黄宗智：《再论调解及中西正义体系融合之路》，载《中外法学》2021 年第 1 期。

② 参见黄宗智：《再论调解及中西正义体系融合之路》，载《中外法学》2021 年第 1 期。

二、中西方正义体系的对比

(一)权利的正义与权益的正义

这两者之间的比较可以通过"得其应得"和"得其需得"的概念范畴来阐释。西方思想传统中,"权利"与"正当"在一定意义上相重合,并常以同一个词"right"表示,与"得其应得"的含义相接近。"得其需得"更多地与合乎人的合理需要一致,从而近于实质层面的"善",与"权益"的含义相接近。①

首先,"得其需得"是以社会存在作为基点。"应得"是以资格或权利为依据的,一般与特定个体相关并体现个体特点。无论自然的先天禀赋还是后天形成的社会背景,其实际的意义都体现于特定的个体。个体通过其具体的活动,表现为在社会领域中的努力和贡献,获得相关社会资源。以应得和权利为核心的正义,更多的是社会分化的体现或个体特性的呈现。"得其需得"是对人的内在价值的肯定,是从本源的层面获得价值依据。就社会的现实关系而言,社会资源应当按人的需要而不是单纯根据个体权利去分配和获取,作为主体的人所普遍具有的内在价值超越个体的特定权利,社会资源的获取可以突破个体权利的限定。相对于"得其应得","得其需得"的观念是从根本上对正义内涵的拓展,表现为对人的社会存在价值的确认,而不再仅

---

① 参见杨国荣:《重思正义——正义的内涵及其扩展》,载《中国社会科学》2021年第5期。

仅以肯定个体法律权利为中心。①

其次,"仁道"对权益的确认。传统的仁道观念以个体间的彼此关切和相容为题中之义,内含着对他人存在价值的确认,对个体权利的承诺与兼容他人的权利呈现互动的状态。"仁道"高于权利意味着肯定和关注自身权利伴随着对他人的权利的承认和尊重,并非囿于个体权利。中国儒家哲学中关于礼与仁的讨论,其实对正义的不同进路进行了解读。"礼"的实质在于建构社会秩序,趋向于把人安置在不同的社会地位和角色上,同时以"度量分界"的方法为处在不同地位和角色中的人规定权利和义务。在积极方面,"礼"承认在界限允许的范围内,个体有获得与身份、地位相一致的社会资源的权利;在消极方面,"礼"要求个体各安其位、不彼此越界。基于"权利"的定位,正义在"得其应得"意义上得以体现。与此相对,"仁"的内涵是肯定人的内在价值,包含肯定个体的人获得其存在和发展所需资源的逻辑,体现"得其需得"意义上的正义要求。儒家思想注重礼与仁的统一,内含对"得其应得"与"得其需得"的双重确认,从正义的维度体现对权利和权益的关注和认可。②

(二)交换正义与分配正义

行为的正义,被分为交换正义和分配正义。对于两者的理

---

① 参见杨国荣:《重思正义——正义的内涵及其扩展》,载《中国社会科学》2021年第5期。

② 参见杨国荣:《重思正义——正义的内涵及其扩展》,载《中国社会科学》2021年第5期。

解,可以借助数学上的算术比例和几何比例概念。交换正义指向签约对象在价值上的等值性,而分配正义则追求在有平等价值的人们中实现同等利益分配。在这种视角下,贱买贵卖是具有不公正性的,给予某一方多于其应得的同样是不公正的。在现实中,作为签约对象的物品价值都与签约者的偏好有关联性,使得在交换中公正的价值与他们愿意认定的价值有关。分配意义上的应得,不只来自抽象的正义,更多体现在基于交换行为的回报。交换正义是签约者的选择正义,是在交换易货、租借和出租、购买和出售以及其他行为中对契约的选择和履行。分配正义是仲裁者的判断正义,也就是确定“什么是合乎正义”的行为。①

在自然法中,真正的正义是让每一个人得到应得的分配,这被称为分配的正义,更准确地说是公平。依据自然法的戒条,受到信任在两个人之间进行裁断的人,应该在他们之间进行公平分配。如果不这样,人与人之间的纷争解决的方式便只能是斗争。人们利用裁判者裁判或者裁判者在裁判过程中有所偏袒、弄虚作假,便会因为不公正产生斗争。遵守共同的法律,按照每个人的应得公正地进行分配,便是分配正义中的公平,对这一法则的违反就是徇私。② 合意实质上就是当事人充分考虑自身利

---

① 参见许尚豪:《交换的正义与分配的正义——纠纷解决途径的正当性基础解读》,载《法学家》2007 年第 5 期。

② 参见[英]布莱恩·巴里:《正义诸理论》,孙晓春、曹海军译,吉林人民出版社 2011 年版,第 57 页。

益,通过契约与对方达成利益交换。这是当事人主观上可以接受的利益分配方式,是个体私益运行的结果,过程中蕴含着交换的正义。在法律层面上,交换正义实质上就是一种遵守市场经济的运行原则,互利是其最为根本的基础。而决定则是裁判者基于对正义理解,对争议问题所作出的安排,是裁判者将争议涉及的利益在当事人之间以强行的方式进行的配置。这一过程中所体现的正义在分配正义的范畴中,正义源于裁判者自身的正当性与权威性。[①] 调解正义兼顾交换正义和分配正义的属性,在传统社会中分配正义的属性更加突出,在现代法治建设中交换正义的属性越发受到关注和重视。

(三)中西方法治语境的差异

首先,中国的特殊性在于传统和转型并存。我们要正视自身社会发展的诸多特性,承继传统,面对时代变迁中的一系列特殊问题,这些与西方社会所处的阶段和社会现实存在很大的差别。在“转型”期间,中国社会相比西方社会有更多、更强烈的社会矛盾和纠纷,也更加需要兼顾正义目标实现和节约维护正义的成本。在我们的正义体系中,存在着历史悠久的调解制度,司法传统中存在调判合一、礼法合一、儒法合一的理念,这些是“中华法系”最根本的特色,在现代法治建设中仍然有特殊的价值和

---

① 参见许尚豪:《交换的正义与分配的正义——纠纷解决途径的正当性基础解读》,载《法学家》2007 年第 5 期。

作用。不仅中国如此,受到中华法系深层影响的亚洲国家,包括日本和韩国也是这样。调解正义体系的特殊性,不仅是中华法系的特点,也是“东亚文明”共同的特点。①

其次,西方法治话语对调解正义的理解。西方正义体系的评价标准,是以所谓的正当性为前提,关注的主要是调解与西方法院审判原则和裁判程序的不同,包括我们的调解模式与其“非诉讼纠纷解决”的模式不同,西方的“非诉讼纠纷解决”具有纯自愿性,与裁判完全分开。他们的法治模式主要聚焦于正式裁判制度的运作,将法庭外的正义体系视作处于正式法律范畴之外的非正式制度,其与形式化的法理和必分对错的审判逻辑不相符,因此也无关紧要。以此为理论前提和理论预期的研究,是我们常看到的以西方标准为立场的研究,其局限性是显而易见的。②

最后,纠纷解决方式差异的审视。以美国和日本为例,在美国基层纠纷解决中,民众倾向于运用法律方式来应对纠纷,这与美国社会长期形成的法治环境相关联,并非因为个体的“好讼”特性。在他们的法治发展历程中,引导人们将家庭、邻里和社区里的纠纷带到法院去解决,是国家和法律体系运行的一贯立场。日本民间纠纷解决方面则趋于“避讼”,诉讼率和判决率都显得

---

① 参见黄宗智:《再论调解及中西正义体系融合之路》,载《中外法学》2021 年第 1 期。

② 参见黄宗智:《再论调解及中西正义体系融合之路》,载《中外法学》2021 年第 1 期。

较低。日本社会纠纷治理的宏观政策导向，与日本社会个体在民间纠纷解决上的策略选择倾向密切关联。日本在民间纠纷治理上推行“法律缩减”政策，而非法律动员和鼓励政策。日本国家政策并不鼓励人们针对一般类型的民商事纠纷案件，运用诉讼和判决的方式进行解决，而是在一定程度和范围内推行强制和解的治理策略。① 中国传统纠纷处理重视调解，比日本更具有典型性，在法治现代化进程中更有保持传统特点的必要性。

通过比较分析可以清楚地看到，基于传统资源、正义体系和法治语境的区别，在社会转型的大背景下实现基层纠纷有效治理，在新时代“枫桥经验”语境下推进两种转变或许非常重要，一是从社会管理向社会治理的转变，二是从多元化纠纷解决机制向共建共治共享机制的转变。

三、中西法律文化的整合

首先，实用主义与实践理性。作为对社会基础和社会发展变迁的回应，现代民法蕴涵的世俗理性采取实用主义立场，如基于社会常识、人世常情和民族传统。中国民法现代化的内容包含两个方面，一是对于近现代西方先进法律文化和价值的借鉴和吸纳，二是在对中国优秀的民族文化传统继受基础上，对传统民法不合时宜的价值理念进行修正和改进，以适应社会生产结

---

① 参见陆益龙：《乡村民间纠纷的异化及其治理路径》，载《中国社会科学》2019年第10期。

构方式的变革。儒家思想将“礼”视为核心的道德精神，这种精神源于“天道”，以“礼法合一”的形式转化为传统的法律原则，使互利、互惠、仁爱、平和以及与人为善、诚信待人等道德准则成为民事立法上自古至今始终强调的道德取向。[①] 注重对礼的精神内核的发掘，体现为实践理性的自觉；民事立法的道德取向，体现为实用主义的价值追求。

其次，近代私法的假设缺陷。近代私法理论对人和社会的三个基本假设具有一定的局限性，其中包括人的抽象均质性和“强”而“智”的假设，人的生存状态的独立性、自由性，以及人生活的社会的平面化、无风险性。[②] 这些假设未全面考虑人与人之间的差别，未将社会存在中约束人本身的众多要素纳入考量，对人的社会结构性认识也明显不足。法律包括民法在内的基本属性是理性，但理性不是纯粹和理想化的。法律的理性不只由法学理论家们的主观判断形成，还通过对人的情感构成和行为方式长期思索和科学判断提炼而形成。其一旦形成，法律就具备了自身的稳定性，而人的自然情感和社会认识的社会属性却随时代和情势的变迁而变化，所以法律在解决社会客观存在的各种类型纠纷上会有滞后性，也与人的自然情感和社会认识存在冲突和对立。

---

① 参见马俊驹：《中国民法的现代化与中西法律文化的整合》，载《中国法学》2020 年第 1 期。

② 参见马俊驹：《中国民法的现代化与中西法律文化的整合》，载《中国法学》2020 年第 1 期。

最后,“情理法”的阐释。中国传统法律诉求的理想模式中,“情理法”三位一体具有重要地位。“情”为综合意义上的人情,法律生命力根源于与人情以及源于人情的习俗和道德的一致性;“理”为上天意志的本性体现,法律所依据的精神内核是天理,是人与社会应当遵循的社会规律和自然法则;“法”为礼法并举的治国之本,公平、正义、善良、秩序等价值外化为人们的行为准则被国家所认可即成为法律。法律要与淳朴民风的养成和社会长治久安相互协调和促进,必须要顺乎人情、符合天理。① 在现代社会的转型过程中,“熟人社会”的社会结构被市场经济的发展所改变,“陌生人社会”开始逐步呈现在历史舞台上,传统的道德价值体系面临现实冲击。随着城市化进程和社会结构的变迁,人们的社交活动和经济生活逐渐从家庭、家族或村落走向公共领域,传统的私德观念、私德规范的适用逐渐受到新的公德规范的限制。将倚重于熟人社会伦理的私德,转化为公共生活所必需的公德,无疑需促成“情理法”的结合和转化。②

四、制度和文化的实践互动

(一)理论基础

首先,价值理论体系的融合。程序正义理论中存在三种价

---

① 参见刘道纪:《法律内的天理人情》,载《政法论坛》2011 年第 5 期。

② 参见马俊驹:《中国民法的现代化与中西法律文化的整合》,载《中国法学》2020 年第 1 期。

值理论，即诉讼主体性理论、理性选择理论、功利主义哲学。协商性程序正义价值与对抗性程序正义价值相比，具有不同的内涵和构成要素。基于政治哲学的理念，两者在本质上具有共同的理论根基，就是强调尊重被裁判者的人格尊严，维护其主体地位。在程序正义价值中，协商性的程序正义更加强调被追诉者通过协商参与来影响和塑造诉讼结果，并通过协调的方式在公正程序和理想结果之间进行理性选择。与此同时，强调兼顾诉讼各方的利益，贯彻“利益兼得”的功利主义理念，通过外部成本的吸收和转化使双方获得最大限度的共同实体利益。① 因此，基于主体保护、理性选择和功利主义的价值体系的统合，其可以作为协商性的程序正义的根基。

其次，个人理性的不足与合作理性的必要。理性的个人常常面临现实中的难题，其表现和原因可以从现实法律生活中进行观察。一是关于合同履行问题。合同当事人基于理性考量，应当有能力对合同履行为自己带来的利益或不利益进行判断，因此理论上合同当事人应当自己决定是否履行合同。社会实践也表明，在国家立法尚不存在的社会形态中，即时交易和熟人社会的信用交易能够在自发理性作用下获得履行。国家强制执行合同的意义曾一度作为问题，在理论上被质疑。二是关于合作理性的形成。现实中的事例有助于我们对合作理性的理解，例如在理想社区模型中，全体业主按一定比例积极投入资金用于

① 参见陈瑞华：《论协商性的程序正义》，载《比较法研究》2021 年第 1 期。

修建公共社区绿地美化环境，似乎最为符合业主们的共同利益。然而，真实情景往往是即便组织和协商成本不高，有着个体理性的业主们却难以自发地组织起来实现公共利益的理想状态，个体理性的存在和合作理性的形成存在明显差异。三是关于合作理性的优势。在另外一个事例中，如城市化进程中存在大量的城郊的村庄，在这些村庄中即便每户村民对土地的使用权拥有自由转让的权利，但是依靠村民个体理性难以自发组织和实施旧村改造、规模开发，来形成让他们利益最大化的有效行动。但是政党领导下的法治政府，通过导向性的市场行为征收土地后进行的开发建设却能够实现村民生活水平和生活环境的迅速转变。①

通过深入分析不难发现，上述现象和问题的原因在于完美的市场条件在现实中并不存在，即使有充分的自利倾向作为动力，理性社会个体依靠自身力量实现个体利益最大化有很大困难，实现社会利益的最大化更不具备可行性。然而，个人理性下的自利倾向使得"搭便车"成为常态，因而个人理性推动下的私人合作难以实现理想前景。正是这样的个人理性实现困境，成为形成社会合作以及实现社会利益最大化的障碍。并且，追求共同合作的潜在群体规模越大，个体理性推动下的自发合作就

---

① 参见熊丙万：《私法的基础：从个人主义走向合作主义》，载《中国法学》2014年第3期。

会越困难。[①] 当这些问题成为社会治理中的系统性障碍时，个人理性会逐渐认识到选择法治政府介入和组织私人交往活动的必要性和重要性。

最后，一定范围内的私人合作合理性。伯尔曼的观察结论认为，在可认知的条件下，社会群体有机会对不同的社会组织方式进行构想，在介于“友情仁义”与“暴力统治”中间状态的多元社会组织模式中进行选择。[②] 事实上，社会个体作为社会组织的组成单元，固然持有的主观目的各不相同，但在社会活动中必然要分享相同或相似的主观目的和利益。正因为这些目的和利益在范围、内容和程度上的差别，社会个体需要经由共同合作来实现其目的和利益。因此，对共同体合作的强调会更好地满足个体主观目的的实现，往往不会损害个体的个性需求，反而会通过合作的实现促进社会个体与共同体利益的协同实现。[③]

（二）实践逻辑

中国制度实践的发展，在社会治理现代化进程中仍然体现着政治与法治的紧密结合。中国式现代化的法治建设中，结合政治制度和法治文化的实质性纠纷解决机制，不仅是国家政策

---

① 参见熊丙万：《私法的基础：从个人主义走向合作主义》，载《中国法学》2014年第3期。

② See Harold Berman & Samir Saliba, *The Nature and Functions of Law*, 7th ed., Foundation Press, 2009, p. 26.

③ 参见熊丙万：《私法的基础：从个人主义走向合作主义》，载《中国法学》2014年第3期。

实施过程中对待不可避免的社会矛盾的第一道防线，也体现解决纠纷中特有的正义体系的实践逻辑。

首先，治理实践中的双维互动。实践与理论的不同之处，在于实践带有与理论的形式化演绎逻辑十分不同的逻辑。它不会像形式逻辑那样偏向在逻辑上整合于单一维度的思维，陷于主观主义与客观主义、意志主义与结构主义、感性主义与理性主义等诸多对立的二元概念中。例如，对资本的认识实际上不仅限于经典马克思主义理论中客观的物质资本，也要正视具有主观要素的"象征资本"，而且在一定条件下两者可以相互转换。比如华为手机的品牌，在具有客观物质化的一面的同时，也具有主观象征化的一面，而且两者是相互补充的。治理实践中是从现实出发涉及各对二元双维间的互动而不是其任何单一面。在这些方面，实践逻辑为我们展示现实中的主客观要素结合的复杂性和综合性，而不是如同一般理论模型所建构的那样，只有纯粹的单一性和理想化的一面。① 传统与现代、政治与法治的双维互动，正体现出新时代"枫桥经验"中的实践逻辑。

其次，法律化的行政手段。从正义体系组成来认识新时代"枫桥经验"中的调解与和解，在中西方之间的差别上，不能仅从单纯的法学理论和法律条文的不同来理解。以对劳动法领域的变化和发展的观察为例，中国目前的实际是将劳动法律及其实

---

① 参见黄宗智：《再论调解及中西正义体系融合之路》，载《中外法学》2021 年第 1 期。

施，理解为一种具有特定目的的法律化的行政手段，比理解为一种纯粹的维护正义的机制更有解释力。国家以法律的名义，给予劳动领域通过利益平衡方式去正规化的基本政策战略以相当的正当性。同时，通过法律实施和不断完善来促进这种变化中的社会关系的规范化，最大程度降低过度粗暴、极端的政策实施带来的负面作用，并给予受到侵害的劳动者一条正规化的申诉路径，协助释放转型期中因矛盾形成的巨大压力。① 在纠纷解决领域，实质化纠纷解决也不能避免成为政治化目标和行政化手段。

综上而言，就传统制度资源而言，正义体系运作的实践原则和基本理念，可以认为是在非必要区分过错的纠纷解决中采用的调解方式，在必须明辨过错的纠纷解决中采用审判方式。结合非正式正义体系的运作，新时代“枫桥经验”的运行，更多时候是在必分对错的裁判活动之外，按实际情况兼用调解与和解的模式。这是依据实践逻辑兼容道德理念，继承和创新传统制度资源和治理理念形成的“实用道德主义”思维。

第三节 新时代“枫桥经验”中纠纷解决的合意性

一、协商纠纷处理方式的合意理论

纠纷解决方式整体上可以分为强制和妥协两种类型，妥协

① 参见黄宗智：《再论调解及中西正义体系融合之路》，载《中外法学》2021 年第 1 期。

策略可以分为悲观妥协、乐观妥协。妥协策略应被视为一种积极有效的、有利于解决纠纷的方法,从消极的、悲观的角度理解妥协其实是误解了妥协的本意。作为纠纷的解决者或者纠纷的当事人,在准备运用妥协策略之前,首先应当对双方的利益做出客观的衡量,在平等、谅解和对等的前提下展开对话,而不是一味强调毫无原则的让步和迁就,只有这样才能促使纠纷的双方当事人共同达至积极妥协的美好境界。①

首先,影响自决方式解决纠纷的因素。纠纷当事人是否选择通过"自决"方式解决纠纷,主要取决于以下因素。一是情感关联度,如果当事人之间熟识程度较高,则诉诸自决的概率也相对较高。二是系争利益大小,一般而言,利害关系的大小与自决的使用成反比,利害关系越重大,选择自决的比例越小。三是力量对比,在多数情况下如果纠纷当事人之间力量悬殊,强势一方往往愿意自我解决,反之弱势一方则更倾向于寻求第三方帮助。四是年龄和性别差异,一般而言,男性比女性、年轻人比中老年人更容易实施攻击性行为,因而更容易直接要求对方当事人妥协或诉诸法律。② 上述这些因素可能构成合意中的事实。合意性机制中的事实既可以是与法律相关的事实,也可以是与法律无关但却能够促进纠纷合意解决的事实。法律事实对于严格意

① 参见赵旭东:《论纠纷解决的合意性机制——以民事纠纷解决为重心》,山东大学2014年博士学位论文,第119页。

② 参见左卫民:《变革时代的纠纷解决:法学与社会学的初步考察》,北京大学出版社2007年版,第13~14页。

义上的法律适用固然十分重要，但是相关理论却难以涵盖更广泛意义上的法律适用，例如纠纷的合意解决。这正是当前法律事实理论研究中需要进一步关注的一个重要领域。

其次，意思民主与意思自治之间的联系与区别。协商机制当中并非只有意思自治，还包含意思民主的要素。两者的区别，在于意思民主不是意思自治或一致同意，而是一种意思冲突解决规则。意思民主的目的不在于肯定私人自治或各方的一致同意，而在于解决当事人意思不一致时的冲突，确定占据优势的意思效果。意思民主的规则并不要求各方意思达成一致合意，而是着重强调意思表达的机会，绝不允许个别人在集体合意协商中实施独断行为。每个人都能在私人自治领域实现意思自治是一种理想状态，但是当这种状态不能完全实现时，应当有一定规则尽量调和各方的意思，最后牺牲少数人的意思效果而实现多数人的意思自治。因此意思民主是一种妥协的规则，其与意思自治的相同点在于二者都追求不同主体意思的最大程度地一致。[①] 意思民主和意思自治的联系与区别，对于理解调解与和解作用的发挥，以及处理两者之间的关系有着重要意义。

最后，程序理性对内容理性的影响。协商机制包含意思互动的过程，程序理性在提供行为指引的同时，通过程序实施渗入新形成的意思表示中。意思互动必然要遵守一定的程序，程序

① 参见陈醇：《论单方法律行为、合同和决议之间的区别——以意思互动为视角》，载《环球法律评论》2010 年第 1 期。

是包含价值取向的人为设计，设计理性通过程序要在意思互动形成的新意思表示中有所体现。根据法律行为理论，意思自治包含自由价值，程序理性为自由价值提供保障，同时它更是多种价值的和谐体系，或者说它追求一种综合的、整体性的价值，其中正当程序、诚实信用，以及自治、公平、效率、民主等都是程序理性的内容。意思自治本身并不能完全解释意思互动的结果或者合同和决议的形成，意思互动如果依据一定的程序进行，意思冲突的解决可以获得合理性，所形成的新意思中就包含程序理性。[①] 协商纠纷解决中的意思互动，通过一定形式的程序理性，保障内容理性的形成。

二、作为合作纠纷解决方式的调解协商

（一）调解协商的局限性

以协商方式解决纠纷，包含合作目的在内的合意性发挥重要作用，协商的重要表现形式就是调解。就调解的功能而言，在目的上的调解重视各方对结果的满意程度，因此“案结事了”成为纠纷解决的基本目的。在运行手段上，调解重视在发现必要客观真实的基础上达成主观合意，所以“重视调查”成为纠纷解决的基本方法。在实质内容上，调解重视社会秩序稳定和权益保障的协调，在利益协调同时进行的道德教化就成为纠纷解决

① 参见陈醇：《论单方法律行为、合同和决议之间的区别——以意思互动为视角》，载《环球法律评论》2010 年第 1 期。

的重要副产品。[1] 但是，随着社会结构和利益结构的变化，调解协商的局限性也日益明显，在坚持和发展新时代“枫桥经验”进程中需要克服局限、发挥优势。

首先，关于利益类型与调解作用的发挥。现代调解发展中，利益交换与利益平衡正在成为核心要素。但是，纯粹的利益裁断纠纷通过正式制度中的仲裁或者法院解决，现有的非正式制度纠纷解决主要包含身份、伦理等与熟人社会社会结构有关的利益纠纷。由于调解所指向的社会关系多数具有柔性的特点，特别强调达成结果后的即时履行，避免事后反悔导致调解前功尽弃。与正式制度的运行不同，调解往往不是单向的程序演进，而是包含程序性的循环往复和反复的利益博弈，议事规则或者意思冲突解决过程充斥着繁杂的利益博弈和多种因素的诉求。调解往往就事论事，不强调普遍适用的规范路径，而是注重情境化的交涉过程和实质公平的最终结果。很多现实场景中调解者在讨论中往往是主动积极地介入，甚至很多时候要为双方的利益博弈奠定基调，并对最后结果的达成具有相当的话语权。因此，调解带有“纠问”的特征，对调解者基于经验和技巧的合意组织能力具有较高要求，调解的实际效果则高度依赖于调解者对当地社情民情的熟悉程度，对当事人利益平衡的具体把握。[2]

其次，关于信任机制的变化。调解制度是建立在传统信任

---

① 参见于浩：《人民调解法制化：可能及限度》，载《法学论坛》2020 年第 6 期。

② 参见溆贤、云文、阿观：《矛盾调解面面观——江苏省江阴市人民调解工作方法灵活多样》，载《人民调解》2004 年第 1 期。

机制的基础上的。在现代社会,依托组织网络、社会关系和血缘关系等因素所形成的人格信任是信任机制的要素。这种信任机制是基于身份因素而非契约行为的利益衡量和价值判断,人情和关系之间的互动发挥主要作用,关系秩序的稳定比个人利益和权利实现更具有重要性。在场域性上,人格信任重视行为发生的具体场域和所处的具体社会关系;在具体性上,人格信任需要在现实环境中运用情境化思维和就事论事的方法;在动机性上,信任机制作用的产生受个人主观动机的具体影响,也涉及特定社会观念条件下的特定行为动机;在实质性上,人格信任更多依赖于具有人格化特性的属人关系信任模式。这几种特征不仅是传统调解的基础,也是调解运行产生实际效果的重要前提。现代社会的信任系统发生了重大变化,更加注重场域的社会化、关系形式的抽象化、行为的外在化和形式化制度的规范化。也就是说,信任系统不再过多强调个人的身份要素,而是通过货币、规则等媒介关注抽象个体在社会结构中基于意思表示而形成的具体行为。①

我国传统调解协商体系是一种外生型和政府控制型调解,与民间调解本应具备的自愿性、自发性和自治性特征并非完全一致,在新的社会结构和利益结构下,传统调解协商体系的作用发挥需要进行新的观察思考和有效组织。调解协商制度应当注重外生型调解和内生型调解的结合,逐步完成从控制型调解向

---

① 参见于浩:《人民调解法制化:可能及限度》,载《法学论坛》2020 年第 6 期。

社会自治型调解的转变。①

（二）调解协商的合作性

纠纷实质性解决视域正经历着从“对抗型”治理走向“协作型”治理，从“介入型”治理趋向“自治型”治理。其理论基础，一是均衡的状态。受经济学家反思经济学通常所说的“均衡”概念的影响，恰如经济学对“均衡”概念的引入，“平衡”“均衡”亦援引自物理学，以描述当事人、调解者乃至其他法律主体、行动单位受制于国家—社会互动生成的结构安排以及依循特定社会秩序、社会正义的状态。二是共识论与冲突论。对法律现象的考察，从法律社会学视角常以“共识论”（consensus）与“冲突论”（conflict）两种理论为出发点。前者将法律视为确保社会有机、稳定、有序的结构性共识，后者将法律视作处理、裁断社会冲突甚至用以实现特定阶层利益的技术工具。②

首先，调解者功能从权威者变为合意促进者。在现代社会结构中，具备调解者向合意促进者角色转变的许多条件。调解者可以借助包含当事人意思和共同价值追求的表达，动员当事人接受他的表达内容，进入一种合理动员的关系中。③ 在法律体

---

① 参见徐钝：《司法确认制度及其价值的法哲学拷问——一个合法性范式分析视角》，载《法律科学（西北政法大学学报）》2014 年第 4 期。

② 参见曾令健：《纠纷解决合作主义：法院调解社会化的解释框架》，载《法律科学（西北政法大学学报）》2020 年第 4 期。

③ 参见［德］于·哈贝马斯：《交往行动理论——行动的合理性和社会合理化》（第 1 卷），洪佩郁、蔺菁译，重庆出版社 1994 年版，第 353 页。

系逐步健全和法治要素全面发展的状态中，在调解过程自主和结果自治的基础上，当事人之间通过理性沟通实现意思自治。这是具有某种理想类型特质的调解构造，将调解者的权威性要素转换为对自治性纠纷解决的高度认同。党的基层组织和基层政府在纠纷解决中仍然具备相当程度的影响力，可以依靠自上而下的力量推进调解者作为合意促进者的知识生产过程，通过政府培育社区调解力量。调解者角色转换也会面临当事人信服的问题，而提升调解者合意促进者的能力可以对问题的解决提供有效的路径。

其次，利益获取与行动制约的互构。事实上，在“调解者—纠纷解决—当事人”关系维度上的行动制约是互构的。无论是否存在行动预期，每个主体都会立足于自身利益来选择实施行为。行为选择本身也构成制约他方进行利益考量、利益获取的因素，行为选择之间彼此作用、交互影响。在这个意义上，调解中“权利打折”之类的通俗话语可以获得合理解释。在形式上，“权利打折”似乎是调解中不可避免的弊端，但实质上调解有其特别的利益补偿机制。也就是说，调解本质上具有权利救济机制的功能，对于形式上“折损”的权利，可以通过种种利益协调予以适当平衡。尽管调解中也会存在隐藏、变通乃至虚构信息的问题，但是对调解者与当事人而言，大多数的利益衡量因素呈现为信息对称的状态。鉴于纠纷实质解决机制的合意促进机理、中立且能动的调解者、当事人对调解过程及结果的决定权等因素，在常见的纠纷解决机制中，调解的信息公开程度是非常高的。所以，调解是最易实现利益平衡的纠纷解决机制，因为其本身是动态的且富有弹性的。[1]

最后,合作型纠纷解决机制的运行机理。除纠纷本身具有利益冲突的内容实质与行为对立的形式外观外,纠纷解决机制本身的构造对纠纷解决的状态也有重要影响。诉讼是第三方裁断机制,因此当事人势必采取一切方式影响第三方的判断,从而谋取有利于己方的裁判结果。调解协商本质上是一种基于各方意愿才可能解决纠纷的机制,是纠纷各方在调解者的介入、主持、推动下寻求合意的纠纷解决过程。因此,各方当事人的最佳选择,是在保障自己利益最大化的同时,寻找到对方当事人可能同意的解决方案。其中,一方利益最大化总是受制于对方当事人同意这一要件。这一机制的作用机理,是通过反复权衡、计量、修正己方的主张,希望达成相互合作产生双方均可接受的方案。[2] 从对抗型治理向协作型治理的转换,与社会力量相对于公权力的介入程度有密切的关联性。在实质性纠纷解决机制建设中,社会参与的程度逐步增加,当事人通过协商与合作解决纠纷的空间及可能性逐步扩大。

三、协商解决纠纷的可行性

(一)实体正义实现的不确定性

理论上公正的纠纷解决,是要在查清事实基础上救济权利

---

① 参见曾令健:《纠纷解决合作主义:法院调解社会化的解释框架》,载《法律科学(西北政法大学学报)》2020年第4期。

② 参见曾令健:《纠纷解决合作主义:法院调解社会化的解释框架》,载《法律科学(西北政法大学学报)》2020年第4期。

和恢复秩序，以实现实体上的正义。偏离实体正义的纠纷解决，其意义会受到质疑。然而，实体正义的实现本身也存在局限性。实体正义通常应包括三个要素，一是纠纷事实的具体客观，二是纠纷处理结果是依法律规则或其他公共规则得出，三是严格依照处理结果救济权利、恢复社会关系。但是实体正义的这三个要素本身就具有不确定性，导致其实现的艰难性。①

一是纠纷主客观事实的不确定性。社会现象不是孤立存在的而是普遍联系的，纠纷是社会现象的一种，纠纷的出现和损害结果的发生是社会关系链条中的一环。对纠纷事实的认知，无论如何努力探寻仍然可能只是了解了复杂事实的一部分而并不是全部。要了解纠纷的客观情况就必须依靠证据来实现纠纷事实的再现，在既定的时空条件下，以有限的证据再现纠纷事实必然带来一定程度的不确定性。② 同时，纠纷产生本身有主观性的因素，往往源于对同一事物的不同认识和主张。从不同的角度认识和评价争议事实，在不同当事人中会得出完全不同的结论，并且当事人都会从法律法规以及伦理道德等角度证成自己的主张，这也增加了纠纷事实的不确定性。

二是裁判依据和裁判行为的不确定性。作为规范载体的语言具有抽象性，抽象的语言在表述规则制定者的意图时会产生不同的理解，在规则适用时的不同解释也会对结果处理产生影

① 参见张佳鑫：《协商解决纠纷机制研究》，吉林大学2011年博士学位论文，第43页。

② 参见沈达明编著：《英美证据法》，中信出版社1996年版，第3页。

响。法律规则具有概括性,概括性的表达是保持法律稳定性的必然要求。社会关系和社会结构处于不断发展变化当中,法律不可避免地与具体个案之间存在一定的张力,从而导致个案中实体正义的实现具有某种不确定性。裁判的行为同样具有不确定性,法律的运作过程是一个多因果关系过程,决定判决结果的不仅有法律条文、案件事实,还有社会关系、政治形势、法官的法律素养、心理状态等诸多不确定因素。

三是衡量标准的不确定性。在事实不确定性和规则不确定等因素的影响下,“实体正义”所追求的结果也会具有不确定性。实体正义通常要以结果正义与个案正义为表征,也就是说“该个案的处理结论做到了使利害相关者都得到他们‘应得的一份’,无论是应获之利,还是应受之罚”①。实体正义往往同矫正正义相关联,苏格拉底认为矫正的公正是一种算数的比例,即一方不公正地得、另一方不公正地失,矫正的公正就是要恢复得与失之间的适度。② 衡量苏格拉底意义上的“算数的比例”,需要有一种可以充当换算工具的中间媒介。经济学可以用类似于“社会必要劳动时间”等概念衡量商品的基本价值,但是“实体正义”是法学和伦理学上的概念,真实的得失感是难以用统一的价值换

① 郑成良:《法律之内的正义:一个关于司法公正的法律实证主义解读》,法律出版社2002年版,第170页。

② 参见[古希腊]亚里士多德:《尼各马可伦理学》,廖申白译注,商务印书馆2003年版,第137~138页。

算标准衡量的。[①]

(二)程序正义作用发挥的局限性

实体正义作为纠纷解决的重要价值目标,贯穿于纠纷解决的始终。但是,实体正义同伦理、道德、情感发生关联,不像自然科学那样可以证成、证伪。实体正义的不确定性要依靠程序正义予以纠正,程序正义在这一问题上发挥了非常重要的作用。但是,程序正义作用发挥同样具有局限性。

程序正义的思想可以追溯到罗马法中的自然正义理念,如任何人不得做自己的法官,应当听取双方当事人的意见等。随着历史的发展,程序正义在制度上主要体现为“正当程序”,中外学者的研究对其具体的标准或者内容也存在各种理论。程序正义在一定程度上弥补了实体正义因不确定性而受到的质疑。[②]程序正义是公力救济方式在纠纷解决过程中所追求的一种特殊价值,其目的是要得出让当事人从形式上不再怀疑的处理意见,在一定程度上消解对“实体正义”的怀疑。程序通过一定的时空要素来缓解人们的行为与心理冲突,消除紧张关系,为解决纠纷提供有条不紊的秩序条件。[③]

---

① 参见张佳鑫:《协商解决纠纷机制研究》,吉林大学 2011 年博士学位论文,第 46 页。

② 参见张佳鑫:《协商解决纠纷机制研究》,吉林大学 2011 年博士学位论文,第 48 页。

③ 参见张文显主编:《法理学》,高等教育出版社、北京大学出版社 2007 年版,第 180 页。

程序正义在缩减实体正义的不确定性、增强纠纷处理结果的可接受性上有积极的作用,但其作用发挥也有僵化、迟延、低效等局限性。一方面,程序正义在某种程度上表现为程序性的终结,即只要过程恰当就推定结果具有正当性。然而,程序终结往往只是形式上的“终了”,与纠纷的实质化解之间往往存在一定的差距,纠纷背后隐藏的利益诉求会受到一定程度的压制,本身可能引起矛盾的激化。另一方面,程序正义的实现可能会同实体正义产生冲突,例如,非法证据排除规则的具体实施,就难免在追求程序正义的同时,不得不以放弃实体正义的内容为代价。此外,复杂的程序设计也会导致诉讼成本提高,对当事人而言在纠纷解决的实际结果上往往得不偿失。同时,程序的运行也导致诉讼的迟延、降低纠纷解决的效率,无形中降低了实体正义的价值。[①] 从整个社会的角度来看,如果实体正义得不到实现,仅靠程序公正进行心理层面的安抚对有效平息社会纠纷的作用是有限的。

(三)协商依据与合意规则的发展

按照马克思主义经典理论的论述,在人类发展最高阶段的共产主义社会,国家和法律将消亡,纠纷解决将主要依靠私人交涉及合作型私力救济。[②] 在合作型私力救济中,从实体法到习惯

---

① 参见范愉:《非诉讼纠纷解决机制研究》,中国人民大学出版社 2000 年版,第 119 页。

② 参见徐昕:《论私力救济》,中国政法大学出版社 2005 年版,第 11 页。

法,从村规民约到道德准则都可以作为当事人协商解决纠纷的具体依据,协商的依据呈现多元的态势。依据的多元化是协商同诉讼、仲裁等主要依靠法律解决纠纷方式的重要区别。从结果来看,当事人从共同认可的规范出发达成妥协往往是最佳结果。

首先,合意产生规则的理论基础。规则的产生和变更不仅是"建构"的结果,也是习惯、风俗、传统长期作用的结果。规则是人类文明进步的表征,唯理主义传统假定,人生来就具有智识的和道德的禀赋,这使人能够经由审慎思考而形成文明。进化论者则明确指出,文明是经过不断试错、日益积累而艰难形成的结果,或者说它是经验的总和。[①] 协商解决纠纷的经验就凝练在协商的合意之中,合意之中积淀下来的规则,就是人们在理性选择基础上通过长期的纠纷解决实践积累的宝贵经验。

其次,合意认可规则的规范效力。不同的纠纷解决机制所主要依据的解纷规则有所区别,不同规则的适用会使纠纷解决得到不同的处理结果。权威式纠纷解决方式主要适用的法律规则具有抽象性和僵化性,在个案正义的实现上往往与人们追求的效果存在差距。协商机制是将当事者合意选择的规则作为处理纠纷的依据,当事人协商选择适宜的规范解决纠纷,是社会主

---

① 参见[英]弗里德利希·冯·哈耶克:《自由秩序原理》(上册),邓正来译,三联书店1997年版,第68页。

体在理性支配下的自由行为的体现。只要这些规则被控制在当事人自主选择和自愿接受的限度内，就有理由相信，社会主体能基于自律精神来按照共同规则实现纠纷解决。[①] 因为以生活常识和经验为依据的事实认知，有时比循用法律更贴近生活的原生状态和社会行为的应有机理。[②]

第四节　本章小结

综上而言，"枫桥经验"中蕴含着传统智慧和制度优势。坚持和发展新时代"枫桥经验"，就是正视中国的法律制度和法律文化传统，正确理解中国所处的发展阶段和所存在的政治背景，中国传统调解制度、中国特色社会主义制度以及和谐社会构建中社会主义核心价值观的定位和引领，使得新时代"枫桥经验"在制度上具有独特的特点和优势。坚持和发展新时代"枫桥经验"，就是将"枫桥经验"纳入全面依法治国的语境中，发掘其法治层面的理论基础和实践路径，在纠纷实质性解决框架中研究协商合作机制的构建，构筑共建、共治、共享的现代化治理体系，满足自治、法治、德治"三治融合"的时代需求。和解制度是沟通新时代"枫桥经验"和依法治国、基层治理体系现代化的通道和

① 参见张佳鑫：《协商解决纠纷机制研究》，吉林大学 2011 年博士学位论文，第 55 页。

② 参见顾培东：《公众判意的法理解析——对许霆案的延伸思考》，载《中国法学》2008 年第 4 期。

桥梁,其最核心的理论是和解合同理论。因此,正视坚持发展新时代“枫桥经验”与和解合同制度研究之间的关系,在政治性、时代性、科学性上都具有重要的意义。

第三章　和解合同的基础理论

第一节　和解合同的制度功能

一、理性权利处分

(一)理性判断前提

探索一条比中国传统法理和西方形式理性法理都更符合中国实际和需要的道路,就要摆脱单一面和理想化的建构,尤其是要摆脱西方演绎逻辑所建构的理想类型思维,采用超越简单二元对立的二元合一“实践逻辑”,并采用多元整体和历史回顾与前瞻愿想的视野来认识、理解中国古今的正义体系。[①] 就这个角度而言,我们传统调

---

① 参见黄宗智:《再论调解及中西正义体系融合之路》,载《中外法学》2021 年第 1 期。

解体系中的和解机制，可以被明确采纳为正义体系的部分法理依据。在哈贝马斯的理论体系中，人类行为被划分为目的行为、规范调节行为、戏剧行为与交往行为。所谓目的行为，是行为者在一定情况下通过使用有效手段和恰当方法，实现特定目的，或进入某种理想状态。当存在两个或者两个以上行为主体的时候，目的行为就可能转化为策略行为。在策略行为中，行为主体出于不同目的，一边以其他行为者的决定为准绳，一边又对其行为决定施加影响，以此来达到自身的目的。[①] 这种理论体系，很好地解释了实践理性的问题。

（二）尊重私权处分

现代法治社会以尊重当事人的自治和处分权为前提，法律调整的目的在于为社会主体提供一个自由的活动方位或空间，在不超越法律划出的边界的前提下，最大限度发挥自主性和主动性。权利多数是一种行为自由的可能性，属于可选择和放弃的任意性调整的范畴。自由酌定权是权利的组成部分。当事人对权利的处分权不仅具有合法性和正当性，而且在特定的纠纷解决过程中具有优先于国家权力的地位。对合理风险的承担是当事人自治权利的体现，在和解中作为对既有法律关系处理的内容固定下来，风险承担背后的法理基础还是私法自治。

---

① 参见［德］尤尔根·哈贝马斯：《交往行为理论：行为合理性与社会合理性》（第1卷），曹卫东译，上海人民出版社2004年版，第86页。

（三）成本效益考量

权利并不是绝对的和无价的，它的实现要权衡资源和社会成本。个人的权利，可以由其主体根据利益的综合权衡而放弃、交换和交易。在和解过程中，成本的计算与权利的主张同样合乎理性。功利主义的计算与人们对于正义与权利的追求存在价值落差；成本—效益的价值标准如果所占权重过大，公正的价值会受到威胁。但是，和解合同以存在法律关系的争执或不明确为前提；作为作出让步的双方当事人，会在公平和成本之间进行整体权衡和考量，作出相对合理的选择。对其选择的规制，应该交由法律既有的规则与制度，同时关注到其特殊性。

二、消除不确定状态

（一）规范选取

和解的功能，不在于一般意义上的化解纠纷、消除矛盾；而是从实体关系入手，使不确定的法律关系被澄清、修正或者被新的关系所替代，由此避免诉讼。[①] 和解采用当事人合意的方式，在权利预测和权利确定之间，寻找最小差距。例如，在意外事故造成的人身或物的损害中，损害赔偿请求权究竟是否存在，内容如何，法律专业人士纵然明确告知被害人在实体法上有怎样的

---

① 参见肖俊：《和解合同的私法传统与规范适用》，载《现代法学》2016 年第 5 期。

内容保障其损害赔偿请求权,但是事实上这只是权利的预测,而不是权利的确定和真实实现。当事人如何选取规范,一方面,取决于由实定法或法院裁判先例形成的客观的法律秩序。规则越是明确透明,双方对私权的预测差距越小,越能形成共识。当事人如果就损害赔偿的请求意思表示一致,就意味着当事人共同形成权利,损害赔偿请求的不确定性因此除去,纷争自然也就得到平息。另一方面,在客观秩序不够明确的事例中,当事人根据自主和自愿的原则,有选择适用规范的权利,比如地方惯例、行业习惯和标准等。

(二)确认法律关系

和解合同的重要功能之一,就是以合意的方式确认法律关系。在私法自治容许的范围内,当事人共同确认的法律关系,具有法律规范效力。有争执的法律关系即已由当事人自行以合同确认,且由实体法赋予法律规范效力。无论从和解合同目的还是从国家法律秩序的观点来看,这一确认都具有必要性与正当性。和解合同确定效力的基础,可以从和解合同本身寻找到正当性。从另一个角度来看,对和解合同实体效力的理解,并不是因为当事人由于和解合同存在从而负有不能主张原有法律关系的义务。[①] 在诉讼法上的确认之诉,对于确认的标的(就和解而言是指法律关系),有一定程度的不明确性,确认判决足以除去

---

① 参见陈自强:《民法上和解之效力》,载《政大法学评论》1999 年第 61 期。

不明确的状态。就此而言,确认合同应该具有相同的功能。但是,确认合同不是诉讼法上的制度,在实体法上也没有明文规定。如果认为确认行为属于实体法律行为,但无法将其全部归类于债权行为中,也不是一般的处分行为。① 确认行为的概念构成和法律性质,存在研究的空间。

(三)提高履行效率

既然不确定状态经由当事人合意确认为既定的法律关系,相对于以仲裁或者判决形成的法律关系而言,当事人在履行上一般具有主动性。如果由于客观情形的发展变化,出现当事人对效力的质疑和对履行主动性的反悔的情形,在和解合同规则中,首先,争议事项、和解基础、和解内容等基本概念,对和解合同框架内的法律关系的拘束力瑕疵形成限制,根据相应的法学理论适用特别的规则。其次,显失公平规则等限制效力的制度,在适用时也受到特殊的限制;这些限制,既来自显失公平制度本身,也来自和解合同的要件、基本原理和需要考量的要素等诸多因素。最后,和解合同的解除,可以针对和解合同目的的特殊性和性质的特殊性,对约定解除权进行解释,达到限制解除权行使的效果。就此而言,拘束力的特殊性和履行效率的提高,可以通过制度设计达到较为合理的状态。

---

① 参见陈自强:《和解与计算错误》,2014 年自版发行,第 105 ~ 106 页。

三、恢复整体关系

和解合同中的法律关系构建，将当事人的利益考量通过基本概念和特别规则的运行纳入法律关系当中，以发挥最大程度恢复当事人关系的制度功能。

（一）共同利益实现

人们选择从事合同交易行为，根本动力在于能够实现互通有无，进而使相互之间的利益追求得到满足，当事人之间因合同行为构成共同体。对个体而言，通过参与这一共同体的行为，不仅自身的利益得以实现，也使社会同伴的利益普遍增进。当事人往往是出于自利的目的，初衷通常仅限于通过合同交易增进己方利益，对方的利益增加并非其本意。但是，对于共同体利益而言，通常自利个体可以进行预期，对特定交易将同时增进自身的利益和交易相对人的利益的预料，使人们确信交易相对人有足够动力积极参与交易行为。反之，如果自己或者他人将在合同交易中被过度掠夺或面临过度不公平的情况，难以实现最低限度的等价交换，当事人对此有普遍的预料，则通常不会进行合同谈判。[①] 和解当中的相互让步行为模式的选择，也是这样一种共同利益合作的模式。

---

① 参见熊丙万：《私法的基础：从个人主义走向合作主义》，载《中国法学》2014年第3期。

(二)利益协调功能

利益的协调并不是只能依靠权利义务的模式才能实现。权利义务应当在对等的观念下分配,利益协调却要综合考虑多方面因素。权利义务往往呈现对抗性的冲突,利益协调却以交换的方式运行。权利义务以分出胜负作为结果,利益协调却追求多赢的局面。[①] 从生活中的实例来观察,例如一对兄弟面对同一个橙子,对其所有权发生争议,如果按照判决的模式解决,结果或者归一方所有,或者两人均分。但如果两人的利益并不相同,哥哥需要果肉、弟弟需要果皮,双方可以通过协商的方式各自实现自己的愿望,即使最终并未明确橙子的所有权,也没有对两人分别获得自己最大的利益造成妨碍。在合同违约法律关系中也经常出现类似的情形,为了长远关系的维系,通过各自放弃某些权利或者通过相互让步进行内容的调整变更,更符合当事人的利益。

第二节　和解合同的私法传统

在人类社会交往行为发生之初,和解便与自决一起,作为私力救济的两种重要表现形式。自决,是以同态复仇为原则,但仍

---

① 参见范愉、李浩:《纠纷解决——理论、制度与技能》,清华大学出版社 2010 年版,第 43 页。

会受到一定的规则和程序的限制,效果上仍具有极端性。和解,体现为形式上、行为上的妥协,更加有利于消除对抗、弥合冲突。[①] 我国传统思想和社会制度中,和解从理念到制度有着独特的历史和渊源。在西方,和解作为法律制度肇始于罗马法。在我国,和解制度伴随着调解制度发展,从契约角度来审视应该是近代以来的事情。

一、比较法上的渊源与发展

(一)和解合同制度的渊源和发展

首先,罗马法及其影响。罗马法作为民法法系的源头,和解契约制度也是发源于此。罗马法对和解的定义中包含了"相互让步""终止争执"等要素,至今仍被世界许多国家和地区的民法典所沿用。罗马法的和解标的十分广泛,和解可以产生、消灭债权,转让物权。除人的身体外,只要和解内容在法律关系所容许的私法自治范围内,各种权利包括奴隶和农奴的自由权,都可以成为和解标的。关于和解合同的效力,在罗马法中存在一个经典的表述:和解的效力不小于判决。[②] 罗马法和解契约适用范围和保护手段的扩大,与自由精神相契合,对后世和解契约的发展变迁起到了引领作用。

---

① 参见顾培东:《社会冲突和诉讼机制》,法律出版社 2004 年版,第 30 页。

② 参见肖俊:《和解合同的私法传统与规范适用》,载《现代法学》2016 年第 5 期。

其次,大陆法系发展及其特点。《法国民法典》是资本主义国家的第一部民法典,以自由、平等和契约自由为旗帜,对大陆法系的发展产生了重要影响。《法国民法典》对和解合同的规定,一是开创了和解的既判力效力,认为实质上构成和解合同的,可以享受既判力效力的保护。[①] 二是和解执行效力的赋予适用特别程序。多数学者认为和解合同取得了介于合同与判决之间的性质,称为“裁判化的合同”(contrats juridictionnalisables),可执行性审查主要围绕合同要件满足、公共秩序违反展开,与赋予仲裁裁决执行力程序中的审查职责相仿。三是通过合同无效事由范围的解释,控制法官介入和解合同的范围,承认和解合同的风险性质。四是注重保护当事人的合意;较有代表性的是通过对相互让步的审查,防止弱者的意思表示受到不当干涉。总之,法国法上的和解合同呈现一种起源上的合同性质与效力上的裁判性质的混合性质。[②]

在德国法上,从 19 世纪开始,和解合同学说发展历经厄尔

---

① 既判力的提法,在法国也有相当程度的争执。肯定者的观点是:和解合同的效力不是源于纠纷的真实状况,而是因为当事人约定的不求助于诉讼的义务产生的拘束力,当事人通过自行协商确定权利的状况,这种确定与裁判的效力具有相当性。反对者的观点是:既判力的提法容易造成司法裁判所依附的真实推定和既判力抗辩产生的遵守技术使用上的混乱。既判力的否定,需要再审等特别的私法程序;而对于和解合同效力的否定是通过合同无效的程序来完成的,当事人本质上是受和解合同义务的拘束,这与判决既判力产生的根源有本质不同。在欧盟成员方的司法实践中,和解合同仅具有与认证文书相同的效力,不能阻碍法院就该纠纷所作裁判的效力。参见于锐:《和解合同研究》,黑龙江大学 2013 年博士学位论文,第 82 页。

② 参见周建华:《法国民法典中的和解合同》,载《人大法律评论》2012 年第 1 辑。

特曼、拉伦茨、梅迪库斯、埃塞尔等学者的研究，在民法典制定过程中也几经修改。无论从德国法制史的发展还是从民法学者对和解体系位置的理解来看，和解合同相对于一般典型合同而言都有特殊地位。《德国民法典》对和解合同的规定只有第779条一个条文，明确三种情形可以成立和解合同，即终止法律关系的争执、消除法律关系的不确定性、去除请求权实现的不确定性。[①] 相互让步作为和解合同的成立要件，在让步的判断上，采取宽松的态度，一方当事人从自己当前所持有的立场偏向另外一方的立场，就可以认定有让步的存在。[②] 在民法学说中，多数学说认为和解的性质是债务合同只产生债法上的效力，不能直接成立物权上的权利。但是因为和解的多重功能使得和解合同不能被定性为有因的债务合同，而是要根据具体内容加以判断。[③]

日本法上，旧民法对和解设置了5个条文，而现行的民法为2个条文。虽然法律条文规定较为简略，但学说与判例非常丰富。第一，学说明确了和解合同的确定效力，认为和解产生创设效力使原法律关系丧失同一性，或者只是原来法律关系的条件或样态发生变更，应当由当事人的合意内容来确定，遵循"认定

---

① 参见《德国民法典》(第4版)，陈卫佐译注，法律出版社2015年版，第307页。

② 参见[德]迪特尔·梅迪库斯：《德国债法总论》，杜景林、卢谌译，法律出版社2004年版，第218～219页。

③ 参见庄加园：《和解合同的实体法效力——基于德国法视角的考察》，载《华东政法大学学报》2015年第5期。

效力”的推定原则。[①] 第二,纠纷解决领域非常重视和解的功能和程序,认为和解能够不囿于实定法,作出更加符合纠纷当事人期望的处理。第三,裁判上的和解得到倡导。在定性上,虽然承认诉讼上和解是以当事人相互让步其主张的事实,但是仍然有诉讼契约等学说观点的争议。当前,以诉讼和解具有和解契约与诉讼行为的双重属性为通说观点。[②]

最后,英美法系发展及其特点。英国合同法中,和解(settlement/compromise)是指当事人之间为解决争议而达成的协议。[③] 理论上而言,和解包含着双方的让步和容忍,需要满足一般合同的形式要件,包括合意(agreement)和对价(consideration)。在英国,和解与司法救济形成一种互动格局:和解提供司法救济的可替代途径,促进司法资源的合理分配;司法救济对双方交涉过程产生影响,提供和解合同的评定标准。[④] 20 世纪末开始的民事司法改革的诉讼哲学转变,是从实体正义向分配正义的转变。对于前者,法院的功能是根据是非曲直作出公正判断;而后者关注寻求正义的人们如何更加公正地分配司法资源。这个分配要对案情的复杂性、价值之间的关系进行综合考虑,将时间、

---

① 参见[日]我妻荣:《我妻荣民法讲义 V_3 · 债权各论》(中卷二),周江洪译,中国法制出版社 2008 年版,第 341 页。

② 中村英郎「裁判上の和解」民事訴訟雑誌 7 号(1961 年)177 頁以下参照。

③ See Elizabeth A. Martin, *Oxford Dictionary of Law*, 5th ed., Oxford University Press, p. 101.

④ 参见[英]Hugh Collins:《合同法:导读本》,丁广宇、孙良国编注,中国人民大学出版社 2006 年版,第 465 页。

成本和资源配置紧密相连。① 现阶段，英国在司法政策上十分鼓励采取诉讼和解，或者其他替代性纠纷解决方式（alternative dispute resolution，ADR）实现“接近正义”的价值目标。

美国合同法中与和解相关的制度，有互让了结协议（compromise/compromise and settlement）、和解和清偿（accord and satisfaction）以及待履行和解（accord executory）等。其中，“互让了结协议”最接近本书民法上和解合同的概念。② 对于“互让了结协议”与“和解和清偿”，如果先前请求存在疑问和争议，可以成立“互让了结协议”；如果先前请求是确定的、无争议的，只能成立“和解和清偿”。在本质上，“互让了结协议”是“和解与清偿”的一种表现形式，其区别之处在于法律关系的不明确和争议的存在，这也是和大陆法系和解合同基本前提相同的地方。“待履行和解”是相对于“和解与清偿”的概念而言的，是以一个诉因代替另外一个诉因，是可以强制执行的合同。请求权人接受某个作为补偿的替代履行的承诺，便构成了他方允诺提供此种履行的充分对价。无充分对价的和解不可被强制执行，已经执行的和解即为清偿。③

---

① 参见齐树洁主编：《英国民事司法改革》，北京大学出版社 2004 年版，第 7 页。

② 根据《布莱克法律词典》，compromise 是两个或多个主体之间为解决争议而达成的协议，为解决已产生的或可能产生的权利主张，每一方都应放弃一些利益来换取对方的让步。See *Black's Law Dictionary*, 8th ed., West Group, 2004, p. 865.

③ 参见［美］A. L. 科宾：《科宾论合同》（一卷版）（下册），王卫国等译，中国大百科全书出版社 1998 年版，第 550 页。

(二)比较法发展对我国的启示

大陆法系国家通过典型化的方式划出和解合同立法保护的边界,并借助案例发展和理论学说上对无效或可撤销事由的解释来控制裁判介入和解合同的范围。英美法系国家对和解合同一般不作特别规定,但是对纠纷解决领域的和解投入了越来越多的关注和热情。梳理比较法的渊源,对于我们和解合同理论的发展有一定的借鉴意义。

首先,和解合同具有典型化的整体趋势。和解合同典型化在大陆法系国家具有普遍性;其优点在于可以充分关照其特殊性,避免法律适用中的不确定性。其次,最大程度实现保护当事人合意和解决纠纷的平衡。司法上对实质要件进行审查,限制无效或可撤销事由的适用,确保当事人成为自己利益仲裁者的可能。最后,充分关注民法上和解与诉讼和解的共同性,诉讼上和解是以当事人对其主张相互让位为基础的,关注私法上的效力瑕疵和履行救济与诉讼上的效果产生何种关联,对于在制度构建中兼顾当事人利益和程序安全具有实际意义。

二、我国和解制度的私法传统

(一)传统私法的思想渊源

首先,中西方法文化的差异。对于中西方法文化的差别,有学者做过深层的比较,其结论大概有如下的表述。西方法文化的内在精神实质是公平、合理与正义,而中国法文化的内在精神实质是善、公利与义。对于前者,就社会基础而言,财产关系占主导地位,人身关系次之,即是具有属物性的社会关系。就实现方式而言,主要是通过契约,即设定社会秩序的契约规范和道德规范。其最高学理标准为理性自然法,具有渊源地位的理念是上帝意志,还有宇宙规律、自然定律。其价值理念,是共和社会的合理、协调。对于后者,其社会基础是处于绝对状态的人身关系,财产关系依附其中。其实现方式是所谓的修内与化外,以及人身行为的强制,内化规范是仁法、外化规范是礼法、绝对化是理法。判断全部社会关系是否合理的最高学理标准是人伦是否和谐,居于渊源地位的理念是宇宙的理、道以及人性、良知,其价值追求是人类社会与自然的和谐统一。①

其次,中国古代私法传统的固有特点。其一,受社会经济结构的影响。中国古代社会是一个自然状态的社会,不仅表现为自然经济的属性,还表现在社会秩序的修补机制即纠纷的解决机制上。由此而言,古代社会是一个高度均衡的社会,②矛盾和纠纷的解决并不需要国家过多参与,社会组织成员之间通过自有力量便可以化解。③ 其二,受儒家正统思想的影响。儒家思想,一贯主张"正名",强调"名"与"实"之间的合理关系,并且将

---

① 参见江山:《中国法理念》,中国政法大学出版社2005年版,第414~415页。

② 参见[英]约翰·希克斯:《经济史理论》,厉以平译,商务印书馆1987年版,第14页。

③ 参见夏扬:《中国法律传统的经济理性》,载《法学研究》2016年第5期。

“名”与决定社会定位的“分”相联系。正统理论认为，社会正义不是一种抽象的观念，也不是根据某种规范所制定的具体准则，而是在不同案件中，将事实、法律、道理和人情相结合取得的某种意义上的平衡。与法有关的活动，基本是以此意义下的“正义”为追求，而不是机械性地探求曲直、认定是非。其三，历史传统观念的形成。除正义之外，传统私法还特别重视社会和谐；其目标是使各成员融洽相处，为共同目标合作努力。“和谐”需要经过一套程序，主要是从自我检讨开始，通过值得信赖的人士的介入，将事实、人情、习惯、法律综合起来求得平衡。从这个意义上讲，正义也是和谐这个上位概念的组成部分。①

最后，传统私法文化的现代性体现。就私法而言，中国传统社会解决纠纷，往往依靠儒学、历史、常识及契约发生的社会关系网络，崇尚理性与尊重意思自治的核心要旨有可以结合之处。其一，个人层面契约反映日常生活。中国传统契约作用的发挥，不是通过建立以概念为中心的抽象契约规范，而是依靠具体的契约文书反映生活关系；契约文书不仅体现当事人身份，而且包含其在契约中的具体关系。这种具体关系，会不断地修正、发展、影响契约关系，从而达到反映生活、服务生活的运行状态。其二，在社会层面的保障。对于文书所承载的私法关系，中国传统社会给予强有力的文化保障；这可以理解为既是对个人意思

① 参见张伟仁：《中国法文化的起源、发展和特点》（下），载《中外法学》2011 年第 1 期。

的支持，也是对违约行为的限制。“中人”就是一个很好的例证，通过中人以及缔约各方构成的关系网络，抽象的契约关系体现为具体的人际关系。其三，国家层面的认可与界限。在一定程度上，国家借助私法行为维护公权力运行，并以正式制度对私法行为予以认可。在这个过程中，国家十分关注民间的反应，充分注意到权力的范围与私法的运行之间应有分界的存在。①

（二）和解合同历史发展及特点

首先，以调解为主的运行方式。据法制史的考证，从汉朝以来，我国古代民间发生的户婚、田土等民事案件便推崇以调处的方式解决。在唐朝之后，调处制度才开始得以逐渐制度化。调处的方式分为州县调处与民间调处。前者是在州县官主持下的调处，带有一定的强制性；后者是诉讼外调处，比如宗族调处、乡邻调处。调处的依据是国法、家规、礼俗等。调处的广泛适用对于维护伦理亲情、宗法社会，发展农业生产，维护国家安定，具有重要作用。同时，以调处的方式处理纠纷可以减少讼累、提高解决问题的效率，使民间纠纷基本得到合理的解决。② 封建社会的历史虽然漫长，但没能形成具有稳定结构的私法秩序，民事和解制度一直处于被调解所“吸收”的状态。在缺乏意思自治根基的

---

① 参见王帅一：《认识中国传统私法文化的现代性价值》，载《中国社会科学报》2017 年 10 月 18 日，第 4 版。

② 参见张晋藩：《论中华法制文明的几个问题》，载《中国法学》2009 年第 5 期。

土壤中,“中人”“保人”发挥着支撑契约秩序的功能。[①]

其次,传统和解的主要特征。其一,适用范围非常广泛。适用和解解决的纠纷类型包括邻里关系、田土纠纷(土地买卖、土地边界等)、侵权纠纷(包括轻微伤害、斗殴等)、户婚纠纷(分家析产、赡养关系等)、钱债纠纷等。[②] 其二,表现为格式化的形式。“白契”即私契,是民间契约的一种形式;“红契”是经过官方验证加盖官印的契约,类似于今天的公证。私契,有合息、合墨、劝息合同、劝议合墨、劝息约、和对状、批字、合同议单、劝和睦字据,等等。[③] 其三,依据呈现多元化。在私法体系不够发达的当时,儒家所宣扬的伦理纲常、道德情理是和解的主要依据。乡规民约、家法族规以及民事习惯也在正式法令、儒家学说教义之外发挥着重要作用。

最后,近代和解制度的发展。在清末修律和民国时期的立法活动中,《大清民律草案》专门规定了和解的概念和无效的特殊事由,是我国第一次对和解合同专门作出规定的实体法。后来,南京国民政府于 1931 年正式实施了《民事调解法》,1935 年实施的《民事诉讼法》将《民事调解法》的内容吸收进来,建立了

① 参见[日]滋贺秀三等:《明清时期的民事审判与民间契约》,王亚新等编译,法律出版社 1998 年版,第 311 页。

② 参见春杨:《晚清乡土社会民事纠纷调解制度研究》,北京大学出版社 2009 年版,第 57 页。

③ 参见田涛:《徽州地区民间纠纷调解契约初步研究》,载《法治论丛(上海政法学院学报)》2009 年第 1 期。

调解程序与诉讼程序之间的有机联系。[①] 进入现代以来,我国还没有和解合同的实体法规范,20 世纪以来的几部民法典学者建议稿,多次出现和解合同的规定。[②] 另外,《民事诉讼法》、《人民调解法》和最高人民法院的司法解释,是现有的与和解有关的规定。学说上,对和解合同的研究越来越受到重视,[③]但是与现实需求相比,重视程度还远远不够,在民法典时代更应该加强对和解合同制度的研究。

第三节 和解合同的理论基础

一、意思自治:和解合同的理论基础

(一)意思自治的思想渊源

一是思想根源。意思自治的思想根源,可以向宗教思想追溯。意思产生拘束力,和基督教教义有关。在教义中,人和神的

① 参见张晋藩主编:《中国司法制度史》,人民法院出版社 2004 年版,第 545 ~ 547 页。

② 王利明教授主持起草的《中国民法典学者建议稿》将和解合同专章规定为典型合同;徐国栋教授主持制定的《绿色民法典草案》,对和解合同设置了从第 1473 条至第 1491 条共 19 个条文。

③ 特别是在最高人民法院 2011 年发布的指导案例 2 号"吴梅诉四川省眉山西城纸业有限公司买卖合同纠纷案"之后,王利明、吴泽勇、严仁群、郑金玉、贺剑、隋彭生等重要学者分别对于和解合同的实体效力和程序效力进行了深入探讨;解亘、庄加园、肖俊、周建华、沈冠伶等学者,则从比较法的视角,对和解合同实体法效力进行了较为详细的研究和介绍。

关系不再被理解为是自然、必然和固定的，而是基于“盟约”。在基督教理论形成时期，亚历山大里亚学派代表人物奥利金就已经提出自由意志论，这对整个西方文化和制度发展都有着重要贡献。①

二是哲学基础。蕴藏在意思自治背后的哲学基础是自然法的思想。自然法提出意志自由，将人从对神的依附当中解放出来，人成为具有独立人格和自由意志的主体。古希腊亚里士多德明确提出自然法的概念，在古罗马时期自然法仍然是不容置疑的观念。到十七八世纪，理性主义自然法逐步兴起，认为意思自治意味着当事人的意志不仅是权利义务的渊源，而且是权利义务发生的根据。人以自由为本性的思想，是罗马法和《法国民法典》确立和弘扬“私法自治”观念的法哲学根源。十八九世纪的哲学思潮促进了意思自治在法律上的确立。卢梭提出的社会契约论成为欧洲最为流行的政治哲学，边沁的自由放任主义哲学占据了主导地位，康德的自由主义哲学产生了广泛影响。经济学理论上，亚当·斯密的经济自由主义理论，认为每个人都是自身利益的最佳判断者。② 自由主义用价值正当性为意思自治开路，而经济理论提供了个人意思自治产生结果为优的结论。

三是制度发展。私法的原则、理念和制度都能从罗马法中找到产生、形成的渊源，意思自治原则同样源于罗马法，罗马法

---

① 参见李政辉：《论意思自治的根基》，载《河北法学》2006 年第 2 期。

② 参见唐峰：《纠纷和解研究》，山东大学 2011 年博士学位论文，第 36 页。

孕育了意思自治原则的思想和精神。[①] 在《法国民法典》编纂时代，由于意思自治理论与当时的个人本位思想一致，意思自治成为法国合同法最重要的基本原则。1804 年《法国民法典》第 1134 条规定，依法成立的合同，对于缔约当事人具有相当于法律的效力。这一规定是对意思自治的直接确认。[②] 德国在意思自治这个问题上实行司法先行，在 1900 年生效的《德国民法施行法》中并未规定当事人意思自治原则。但在司法实践中，早在 1880 年就确认了当事人意思自治原则。[③]

（二）意思自治的规范效力

法律行为发生法律效力，从根本上讲，不是基于国家法，而是基于自然的社会心理认识。私法上的法律行为，其意思具有不可侵犯的立法权威；虽然其存在本身属于事实问题，但是内容却构成适用于当事人的法律规范。私法自治实现的根本，在于法律行为的效力基础。就法律制度而言，应该包含行为自由与效果自主两个方面。首先，行为自由。当事人有自主决定是否实施法律行为的自由，实施的形式遵循形式自由原则。基于私法自治，自治行为的效果由本人承担，没有必要自证正当性。其

① 参见刘凯湘、张云平：《意思自治原则的变迁及其经济分析》，载《中外法学》1997 年第 4 期。

② 参见尹田：《法国现代合同法：契约自由与社会公正的冲突与平衡》（第 2 版），法律出版社 2009 年版，第 16～18 页。

③ 参见金彭年、王健芳：《国际私法上意思自治原则的法哲学分析》，载《法制与社会发展》2003 年第 1 期。

次,效果自主。法律行为区别于其他行为的根本之处,在于其法律效果是由行为人的意思设定的。法律行为本身能够作为请求权规范基础。法律效果取决于当事人的意思表示。①

关于效果自主的正当性,哈耶克的解读是从内部秩序与外部秩序的区分基础上展开,即自生自发的秩序与刻意构建的秩序的区分。其中,社会的形成和延续,有赖于人们对构成内部秩序的自生自发正义规则的循环。② 哈耶克的这一观念,源自休谟的思想。休谟认为,维持社会存续的前提是包括允诺践行在内的三项基本正义法则。③ 拉伦茨也认为,契约严守并不是遵循实证法律制度命令的结果,契约的拘束力来自承诺作为道德行为的属性。④

二、确认行为:和解合同的体系位置

如果仅从意思自治的角度观察,和解合同的拘束力似乎可以理解,但并不能看出其与一般合同的本质区别。实际上,意思自治仅作为合同的一个基本理论核心,其特殊性要从其自身的特性出发寻找。一般合同的内容,都是设定特定的给付义务与对待给付义务,当事人之间的法律关系是从无到有的。而和解

---

① 参见朱庆育:《民法总论》,北京大学出版社 2016 年版,第 113 页。

② 参见[英]弗里德利希·冯·哈耶克:《自由秩序原理》(上册),邓正来译,三联书店 1997 年版,第 183 页。

③ 参见[英]休谟:《人性论》(下册),关文运译,郑之骧校,商务印书馆 1996 年版,第 581～582 页。

④ 参见朱庆育:《民法总论》,北京大学出版社 2016 年版,第 123 页。

合同的客体,是当事人之间已经存在的法律关系本身,是双方当事人通过意思自治,所达成的一定的法律关系状态。和解合同的拘束力来自意思自治,但是和解合同的确定效力的来源需要进一步探讨。

关于债之关系的和解,德国通说采债务变更说,和解前后之债之关系并不失其同一性。但也认为和解因是以当事人有争执或不明确之法律关系为客体;与一般债务变更契约,其变更标的的债之关系在当事人间是明确的,这一点是不同的。拉伦茨认为和解若扩张或缩减给付义务、重新规范清偿期、债务人承担新的给付义务,则对原有债之关系之内容变更;但因其变更之目的系为终止争执或去除法律关系的不明确,故为确认的债务变更契约。[①]

当今德国学说中,和解契约被归类于确认契约的范畴。和解契约与要因债务承认契约,都属于德国学说上的确认契约;所不同的是,要因债务承认契约仅一方当事人让步,而和解契约是双方或多方当事人相互让步。确认契约既不属于以发生债权债务为内容的债权契约,也与一般以确定的法律关系为标的的处分行为(如债权让与、债务承担)稍有不同,在法律行为类型中具有特殊性。从而,在债权行为与处分行为之外,还有确认行为的存在,这是当前法律行为类型论重要的发展。[②] 这一理论论述,

① 参见陈自强:《和解与计算错误》,2014 年自版发行,第 104 页。

② 参见陈自强:《契约违反与履行请求》,台北,元照出版有限公司 2020 年版,第 366 ~ 367 页。

为我们探寻和解行为性质上的特殊性，提供了一个新的视角。

（一）确认行为的含义

和解属于“确认行为”，其目的是将一个不确定或者存在争议的法律状态转化为一个确定的和非争议的情形。[①] 和解的目的在于，允许当事人对事实或者法律不清的法律状态重新进行规范。和解的订立会阻止当事人追溯不明确的法律关系状态。只要既存的法律状态与当事人合意确定的内容不一致，则认为该既存法律状态已通过和解确定被改变。

首先，人们不能这样理解和解所包含的债务行为，即当事人彼此允诺，认为现在被变更的法律状态是确定的，也就是说不能再任意主张原来争议或者不明确的法律情形。其次，对请求权数额发生争议或者不明确性的和解通过下列方式产生了一个确定的法律情形，即当既存法律关系与和解所确定的内容不相符合时，和解直接改变当事人之间既存的法律状态。因此，和解是一种包含目的合意的处分行为。例如，因当事人一致的表示可能具有如下内容：“无论原先请求权的数额是多少，如今都应当为 400 马克。这种由此可能发生的权利变更正是我们想要的。”[②]

对和解合同确认行为更为重要的理解，应该以其法律行为

---

① 参见陈自强：《和解与计算错误》，2014 年自版发行，第 108 页。

② Peter Marburger, Das kausale Schuldanerkenntnis als einseitiger Feststellungsvertrag, 1971, S. 44.

的分类来进行。法律行为根据参与意思形成的主体,分为单方法律行为、双方法律行为和多方法律行为。因为更为现实的和解,往往表现为调解;所以和解的确认,并非只有双方的意思参与,双方的意思自治和合意是确认的基本内容。在保证意思自治的前提下,可能有作为意思形成重要因素的第三者的意思,更为广义的包括已经存在的制度、习惯等规范效力的加入。确认行为一般被认为是契约行为,但是其主体意思构成可能具有多方法律行为的特性。因此,作为多方法律行为理论的决议行为理论,成为观察解释确认行为的重要理论。因为决议行为的效力构成,既有实体效力的因素也有程序效力的因素,所以对于确认行为的观察也应当引入实体和程序的双重因素。而从和解和调解的关系来看,这一理论视角无疑更具有说服力和解释力。因此,应当认为确认行为具有契约行为的性质,但还需要从决议行为的角度进行进一步的观察。从而,这也为处理和解和调解之间的关系,提供了理论基础。当然,这一全新的理论视角,因为当前研究存在明显不足,尚需要进一步论证思考和研究;这也为本书的研究留下了广阔的理论空间。

(二)确认行为的对立观点

在德国法上,对于和解的确认行为的性质有很多对立的观点,这对于我们进一步理解确认行为的性质具有借鉴意义。

首先,和解目的在于清算而非确认。埃里克·艾曼在其博士资格论文中提出了与确认合同相对的观点,认为和解是一个

"双务的风险承担合同",即和解是一个合同,该合同的内涵是"在和解中当事人相互部分地承担另一方当事人要求不正确的风险"。由于双方当事人各自承担着与原合同不符的风险,因此这里涉及一个双务合同,该双务合同的原因是双方交换的目的。这里并不是确定行为的目的(争议排除目的),而是一个纯粹的清算目的。这里的和解,尤其是补偿和解,经常涉及风险交易。[①] 埃里克·艾曼认为用双务合同风险承担的问题,就可以解决和解行为的性质问题,但是,其对于和解合同的目的似乎没有进行应有的关注。

其次,和解仅是一种解释规则。和解实现当事人的目的,并不是通过对之前认知上的区别以及疑问进行解释澄清,而是通过微小的解释并且不考虑真实的法律状况,来确定从现在开始对当事人适用的债权债务关系。[②] 这种观点认为,不需要重新定位一种法律行为,仅通过合同的解释就可以解决其中的问题。尽管有这些对立观点的存在,但德国法理论上并没有因此而否定确认行为的独立价值;关于确认行为的理论和学说,也在不断发展。

三、个别规范理论:和解合同的效力基础

(一)意志行为的利益安排

一般认为,私法对法律关系调整的方法包括法定主义调整

① Staudinger/Marburger, Berlin 2009, § 779, Rn. 37.

② Staudinger/Marburger, Berlin 2009, § 779, Rn. 37.

方式和法律行为调整方式两种。[①] 法定主义调整方式,是将法条规范分为构成要件与法律效果两个部分,如果构成要件可以与具体的生活关系构成对应,那么就对该生活关系赋予相应的法律效果。法律行为调整方式,与法定主义调整方式有所区别。对于社会经济生活中的多样性的意志行为,私法规范不可能作出相应的规定。实际情形是当事人通过意定行为,在一定程度上决定了当事人之间的利益安排,只有在违反法律强制规定的情况下才从法律层面赋予规范性救济手段。所以,私法对私人自治领域的介入不是事前的权利授予,而是一种事后的介入。例如,无名合同中当事人的履行请求权,实体法没有规定合同可以产生的效果,甚至对于典型合同来说也是如此。再如,作为典型合同的买卖合同,当事人的价款请求权规范基础并不是关于买卖合同的规范条款,而恰恰是作为个别规范的合同本身。私法的特殊之处,体现在意定主义的调整方式,强调当事人意思在私法自治范围内被充分尊重。[②]

(二)法律行为的规范效力

在传统理论中,法律规范被概括为具有规范性与一般性两项特征。规范性是指法律规范的拘束力,要求得到遵守;一般性是指法律规范不仅适用于特定案件,而且在一定时空范围内可

① 参见董安生:《民事法律行为》,中国人民大学出版社2002年版,第36页。
② 参见胡东海:《论法律行为的规范性》,载《中外法学》2012年第6期。

以适用于所有案件。[①] 与一般规范相对应，法学家凯尔森提出了个别规范的概念；这对于法律行为的效力具有相当的解释力，在德国法学界受到相当程度的关注。[②] 在凯尔森看来，行为人在不重复发生的状态下的行为，只对一个特殊场合有效，而且只可能被服从和适用一次；这种规范属于个别规范。[③]

首先，法律行为的主要效力根源。法律行为的效力，在于根据行为当事人意志发生相应法律效果；而这种效果的产生，不是因为行为本身，而是因为行为具有规范的效力。法律行为具有规范品格，能够创制法律规范；这意味着其所确立的行为义务必须得到当事人遵行，相对人也有权请求履行。[④] 凯尔森认为，私人创设规范的理论依据，最终要归因于私法自治。[⑤] 就合同债权的拘束力而言，存在债权—债务构成和合同构成两种理论模式。债权—债务构成理论视角在债法总则层面，并不考察作为债权发生原因的合同内容。合同构成理论模式，是将合同看作当事人对将来履行障碍所可能引发的风险的分配，合同内容的确定

---

① 参见朱庆育：《民法总论》，北京大学出版社 2016 年版，第 63 页。

② 有学者甚至认为，凯尔森所主张的法律认识论，如同复制了康德的哥白尼式革命，在法律领域开创了人的理性为法律立法的理论。参见何雪锋：《人的理性为法律立“法”——凯尔森的法律认识论及其现实意义》，载《华东政法大学学报》2017 年第 4 期。

③ 参见［奥］凯尔森：《法与国家的一般理论》，沈宗灵译，中国大百科全书出版社 1996 年版，第 40 页。

④ 参见朱庆育：《民法总论》，北京大学出版社 2016 年版，第 65 页。以法律行为为行为规范兼裁判规范，参见张俊浩主编：《民法学原理》（上册）（修订第 3 版），中国政法大学出版社 2000 年版，第 227 ~228 页。

⑤ 参见朱庆育：《民法总论》，北京大学出版社 2016 年版，第 66 页。

受到特别的重视,因为当事人的合意成为解开所有涉及合同债权拘束力的问题的关键。近些年来,合同构成理论逐渐被法学家们重视。[①]

其次,关于效力的规范性。就我国台湾地区民事性规定中第367条的规定而言,[②]黄茂荣教授认为,出卖人之所以能向买受人请求支付价金,并不是基于“买受人对于出卖人有交付约定价金之义务”的规定,而是基于“作为个别规范的合同”。[③] 拉伦茨认为,义务不是来自法律针对特定构成要件赋予特定的法律效果,而是来自有效的债权契约本身;前提是特定的法秩序原则上认可这一类型的契约,即以私法自治为前提和界限,买受人通过一个买卖契约的法律行动,使自己承担了一项义务——给付约定的买卖价金。[④] 从反面来看,具有规范效力的法律行为在数量上远远超过客观法,在规范内容的精致、经济实用上也毫不逊色。如果将法律行为排除在规范之外,法官在客观法中找不到可以适用的规范时,跳过合同去创造规范,可能作出对当事人不公平的决定。同时,一般规范中的任意规范可以被改变或排除,但是合同却必须得到当事人的遵守,法律行为的规范效力甚至

① 参见解亘:《我国合同拘束力理论的重构》,载《法学研究》2011年第2期。

② 我国台湾地区民事性规定中第367条规定,买受人对于出卖人,有交付约定价金及受领标的物之义务。

③ 参见黄茂荣:《法学方法与现代民法》,中国政法大学出版社2001年版,第228页。

④ 参见[德]卡尔·拉伦茨:《法学方法论》,陈爱娥译,商务印书馆2003年版,第178页。

是不亚于任意规范的。[①]

最后,一般规范与个别规范的关系。相对于实在法而言,法律行为是个别规范,二者是一般规范与特别规范的关系。个别规范与其他一般规范之间的关系,体现为法律行为在法规范体系中的位阶。其一,个别规范与任意性规范的关系。从实在法整体法秩序来看,如果法律行为中的利益考量不完备,则存在作为一般规范的任意性规范介入的空间,也就是如果特别法没有规定则应适用一般法的原则。任意性规范的意志并非强行拟制或推定成当事人的意思,两者仅是两种不同规范意志。其二,个别规范与强制性规范的关系。强制性规范为私人自治提供规范层面的法律规则,所以一般构成承认或解释意志行为的规范意义时的准则性规范。[②] 这也可以理解为,当事人自律的合意与来自他律的规范性补充不是相互独立的关系,理解他们的"融合"关系更有利于把握合同的本质。[③]

第四节　本章小结

作为一个重要的制度规范,和解合同在西方国家,从罗马法开始就有着非常深厚的思想渊源和制度渊源,在大陆法系和英

① 参见苏永钦:《私法自治中的经济理性》,中国人民大学出版社 2004 年版,第 14 页。

② 参见胡东海:《论法律行为的规范性》,载《中外法学》2012 年第 6 期。

③ 参见解亘:《我国合同拘束力理论的重构》,载《法学研究》2011 年第 2 期。

美法系契约制度当中都发挥着重要作用。在我国私法传统上，受儒家思想和正统思想的影响，和解有着非常现实的需求，但在历史上和解被调解制度的功能吸收和掩盖。但是，传统思想和制度里仍然有将和解现代化为契约制度的思想和制度渊源。通过国内外法制史的梳理，可以更好地从理论基础上理解和解合同制度。和解合同制度的制度功能是风险承担，理论基础是意思自治，体系位置是确认行为，规范效力来自个别规范理论。

第四章　和解合同的基本概念

第一节　和解合同的基本属性

一、和解合同的要件

民法上的和解在合同制度中以意思自治、合同自由为理论基础。和解合同作用的发挥有别于其他合同,其典型化的价值在于具有相对独立的特征。这些特征在法律解释和法律适用中表现为和解合同的构成要件。主流学说关于和解合同的要件,有两要件说和三要件说。前者主张和解合同具有两个要件:一是有争执或不明确之法律关系为和解的客体,二是当事人的相互让步。[①] 三要件说主张，和解合同具有三个要件：一是和解合同的客体为有争执或不明确的法律关系，二是当事人相互让步，三是终止争执或排除法律关系不明确状态的合意。[②]

因为和解合同目的的特殊性关联于当事人意思，和解合同确定效力的理论基础根植于双方当事人的意思自治，当事人的合意也是个别规范理论的理论基点；所以当事人排除不确定状态的合意有其独立的理论意义和规范意义。基于上述原因，本书的研究在三要件说的基础上展开。和解合同特征要件的构造，与和解合同的性质、功能、内容构成和规则设计之间有密切的联系，需要展开深入研究。

（一）和解合同的客体

1. 特殊法律关系作为和解合同的客体

在合同法中讨论典型合同的客体时，其基本特征是客体是特定的给付。但是，和解合同特殊性在于其客体是以不确定状态存在的法律关系。当事人原则上得就一切关于权利之存在即

---

① 参见郑玉波：《民法债编各论》（下册），1980 年自版发行，第 803 ~ 805 页；黄立等主编：《民法债编各论》（下），中国政法大学出版社 2003 年版，第 541 ~ 547 页；林诚二：《债编各论新解：体系化解说》（下），台北，瑞兴图书股份有限公司 2015 年版，第 253 ~ 258 页；庄加园：《和解合同的实体法效力——基于德国法视角的考察》，载《华东政法大学学报》2015 年第 5 期。

② 参见史尚宽：《债法各论》，中国政法大学出版社 2000 年版，第 858 ~ 860 页；[日]我妻荣：《我妻荣民法讲义 V_3 · 债权各论》（中卷二），周江洪译，中国法制出版社 2008 年版，第 337 ~ 338 页；李双元、黄为之：《论和解合同》，载《时代法学》2006 年第 4 期。

关于其效力、形态及范围之争执为和解。[1] 和解所针对的法律关系既包括狭义的法律关系也包括广义的法律关系。[2] 狭义的法律关系，是指具体权利，如租金债权。同时，其不限于现在的具体权利，还包括将来的请求权，附条件、附期限的请求权。广义的法律关系，是指权利整体，如租赁关系。其更多地作为有机体呈现，包括权利、义务、负担等内容。[3] 对法律关系的限制，整体而言在于当事人应当具有相应的处分的权利和能力，也就是内容应当在法律所允许的私法自治的范围内。[4] 理论和实践当中，需要进行特别讨论的较为典型的有以下几种法律关系：

首先，财产关系与身份关系。和解所涉及的法律关系，在一般财产关系中没有进行特别限制的必要，但是和解是否适用于身份关系，其中的特殊性有讨论的必要。这个问题的理论基础，涉及对《民法典》合同编第 464 条如何理解和适用的问题。该条第 2 款规定：婚姻、收养、监护等有关身份关系的协议，适用有关该身份关系的法律规定；没有规定的，可以根据其性质参照适用合同编规定。

其一，有关身份关系的协议如何理解。这里面，应当区分纯粹意义上的身份协议和身份与财产关系交织的协议。前者，仅

---

① 参见史尚宽：《债法各论》，中国政法大学出版社 2000 年版，第 860 页。

② Reinhard Bork, Der Vergleich, 1988, S. 231. 转引自庄加园：《和解合同的实体法效力——基于德国法视角的考察》，载《华东政法大学学报》2015 年第 5 期。

③ 参见庄加园：《和解合同的实体法效力——基于德国法视角的考察》，载《华东政法大学学报》2015 年第 5 期。

④ 参见李双元、黄为之：《论和解合同》，载《时代法学》2006 年第 4 期。

以身份关系的产生、变更和消灭为内容,不涉及财产关系,无须适用合同法来进行调整,和解也就没有适用的空间。但是对于身份与财产关系交织的协议,比如夫妻离婚时的财产清算条款,不能简单地认为其是身份协议而不适用合同规则。[①] 而和解合同,往往在这类法律关系中发挥比较有意义的作用。其二,“没有规定的,可以根据其性质参照适用本编规定”。从理论上分析,我国《民法典》合同编中的很多规范,包括通则的部分规范,未必局限于对财产关系的调整,而是将合同作为体现意思自治的典范,指向更上位的法律行为的规范空间。[②] 由此可知,和解合同在涉及身份领域的合同中,有其适用的空间。

其次,关于民事诉讼权利的法律关系。在实践中对纠纷进行和解时,经常会出现当事人一方以不起诉方式换取对方在给付上予以让步的做法,诉讼法理论上将其作为诉讼契约中的不起诉契约来处理。我国《民事诉讼法》对诉讼契约的效力没有明确规定,其效力也成为和解法律关系必须要涉及的内容。

其一,从权利行使上来看,当事人处分自己的起诉权具有特定的意义。不起诉的状态设定,会让当事人在不同环境下从不同角度对契约的实体内容进行考虑。根据意思自治原则,不起诉作为当事人的一种权利,在权利救济方式上可以自由选择,不

---

① 参见陆青:《离婚协议中的“赠与子女财产”条款研究》,载《法学研究》2018 年第 1 期。

② 参见朱广新:《合同法总则》(第 2 版),中国人民大学出版社 2012 年版,第 10 页。

起诉的承诺对当事人应当有法律约束力。其二,从诉权行使限制来看,不起诉契约不是笼统抽象的,应当有明确指向。例如,在契约中通过规定“不得争议”来阻止当事人行使救济权利是不当的,但是可以约定对某一具体的事项不以提起诉讼的方式来解决。笼统抽象的约定,会影响当事人对实际情形与后果的判断,损害当事人的权利。[①] 其三,从契约效力来看。对已经承诺不起诉的和解合同提起诉讼,是合同法上的违约行为,对方可以要求其承担违约责任。虽然不起诉合意本身并不能剥夺当事人的诉权,法院应当予以受理,但不起诉的承诺可以作为诉讼上的抗辩事由。[②] 总之,民事诉讼权利的法律关系可以作为和解合同的客体,但是其效力具有特殊性,应当从实体法和程序法的双重角度考虑。

最后,涉及刑事起诉的民事和解。这类法律关系的效力上,对于刑事自诉案件应当允许当事人以民事契约的方式进行和解,但同时应受到公序良俗等限制规则的制约。从法理学的角度来看,法律将自诉案件的起诉权交给被害人行使,就意味着是否实际行使取决于当事人的意志,诉权的行使属于当事人意思自治的范围;在这类法律关系当中,和解契约的效力应当得到承认。从效力上来看,当事人在和解中作出不起诉承诺,之后又告

---

① 参见张卫平:《论民事诉讼的契约化——完善我国民事诉讼法的基本作业》,载《中国法学》2004 年第 3 期。

② 参见李双元、黄为之:《论和解合同》,载《时代法学》2006 年第 4 期。

诉的,和解契约的对方当事人有权要求其承担违约责任,诉讼程序上不得以和解作为排除诉讼的抗辩。也就是在这类法律关系中和解契约的效力应该得到承认,但是仅作为民事实体法违约的请求权基础不得作为实际履行权、抗辩权行使的依据。[①]

因为和解所涉及的法律关系的复杂性,所以本书将讨论的范围限定在财产性法律关系。与身份关系相关联的财产性法律关系也在本书的讨论范围内。因为研究主题所限,诉讼上权利的和解会在本书最后一章专门讨论。

2. 法律关系的争议或不确定性

在私法自治范围内的法律关系能够成为和解合同客体,这是一个总体性的要求。这一范围内的法律关系,应当具有哪些可判断和辨别的特征,在理论上具有研究的价值。只有掌握了和解客体法律关系的特征,才能判断和解合同适用的场域。有学者经过梳理,发现和解合同的客体整体上可以概括为四种类型:法律关系的争执、法律关系的不确定、权利实现与否的不确定、防止法律关系争执的发生。[②]

笔者赞同上述结论,他们之间的关系和多种组合形式,在大陆法系不同国家的立法和实践当中有着不同的选择。德国民法规定了前三种法律关系,法国民法规定了第一种和第四种法律

---

① 参见李双元、黄为之:《论和解合同》,载《时代法学》2006 年第 4 期。

② 参见邓叶芬:《论民法上和解合同的客体范围》,载《学术交流》2017 年第 6 期。

关系，日本民法只规定了第一种法律关系。[①] 有学者主张，为了扩展和解合同解决纠纷的功能，应当借鉴德国的立法和实践，将前三种法律关系都纳入和解合同的客体范围内。[②] 笔者认为，即便该观点的出发点是对的，但是出于概念的严谨和理论的贯通，结合解释适用的成本和适用性，应当对客体范围有一个更加合理的梳理和论证。

其一，防止法律关系争执的发生。对于法国法上的这一规定，有学者认为应当将其理解为单纯的法律关系不明确，其不是民法上和解合同客体范围的全部；也就是法律关系不明确包含在防止法律关系争执的情形之中，后者范围比前者要大、判断的标准要低。[③] 史尚宽先生也有类似的理解，认为防止法律关系争执即为已足，已放宽了对客体范围的要求，在解释上表现为当事人一方为防止对方当事人提起诉讼，而另一方为避免诉讼上的困难、花费钱财以及时间成本上的付出，总之，即使是有轻度的怀疑，也可以使和解有效。[④] 但是，如此界定存在两个方面的问

---

① 《法国民法典》第 2044 条规定："和解系指，诸当事人用以终止已产生的争议或防止发生争议的契约。"《德国民法典》第 779 条规定："据以用相互让步的方法来消除关于某一法律关系的双方当事人的争执或者不确定性的合同（和解），具备如下前提，没有效力：按该合同的内容来说确定地构成基础的情况跟实际不相符，并且在知道事情的状况时，争执或者不确定性就不会发生。请求权的实现不确定的，与关于某一法律关系的不确定性相同。"《日本民法典》第 695 条规定："和解因当事人约定相互让步以停止其间的纠纷而生效。"

② 参见李双元、黄为之：《论和解合同》，载《时代法学》2006 年第 4 期。

③ 参见邓叶芬：《论民法上和解合同的客体范围》，载《学术交流》2017 年第 6 期。

④ 参见史尚宽：《债法各论》，中国政法大学出版社 2000 年版，第 858 页。

题：一是将效果和特征混同，不利于防止法律关系争执的发生在解释实践当中运用；二是不应将尚未发生的法律关系纳入和解合同的客体中，这应当是让步的内容，与和解制度的理论基础有所抵触。所以，不宜将防止法律关系争执发生作为和解合同客体。

其二，权利实现与否的不确定。探讨何种情形下可以成立和解，应该有明确的目的性。失去目的性，会使和解与其他制度的区别发生困难。虽然有些客体的操作可以产生防止争执发生的功能，但其未必能够构成和解的客体。同时，即使其不归于和解合同的客体，也会按照约定内容发生法律上的拘束力。[1] 在权利实现与否不确定的情形下，当事人无论在法律关系上或者在法律关系实现的方式或手段上都没有争执存在。当事人改变原有法律关系，只是对将来某种状态不能实现有所担心，通过事先协商作出预先安排。在理论上，以明确的法律关系为对象的合同，可以根据实际的构成要件进行归类，适用相应的制度规则，包括代物清偿、债务免除、债权让与、债务承担等制度都可能有其适用之处。比如法律关系符合债之关系变更的，可以归类为契约变更或债权让与；当事人以他种给付替代原有给付以消灭原有债之关系的，则可以归类为代物清偿。因此，权利实现与否的不确定，在理论上作为和解合同客体的必要性并不充分。在特殊情形下的讨论，本书在后文中会有论述。

---

① 参见陈自强：《和解与计算错误》，2014 年自版发行，第 49 页。

其三,法律关系的争执。罗马法关于和解的定义是,当事人约定相互让步以终止争执或不确定而发生的契约。[①] 后来法国法、德国法关于和解合同的定义,也都是经过演绎罗马法“有争议”或“不确定”而形成。民法上和解制度的起源是解决争执状态,其所有的效力的展开也与争执的存在这一前提有关。在这个前提之下,和解是在对基础法律关系争执基础上,对原有的权利义务作出的重新安排。所谓争执,是当事人对于某种法律关系成立、内容、效力等有相对立或相反的主张。法律关系的争执,一般而言是当事人主观上的问题,客观上是否明显或者确定并不重要,当事人是否确信其主张的真实性也非必要。当事人主观上有争执的法律关系,是和解合同客体的基本类型。

其四,法律关系的不确定。法律关系有争执与不确定之间,仅有程度上的差异,是否有必要单独做出理论上的划分,值得商榷。法律关系不确定的例证,如甲乙两人在驾驶汽车时发生交通事故,造成车辆损失。两人对于事故中存在过失都予以承认,但是对于责任的承担比例并不确定。后经二人协商,由甲承担60%的责任,乙承担40%的责任。[②] 法律关系的争执要求双方当事人就相关的法律关系提出不同的至少部分驳斥对方立场的主张。法律关系的不确定状态,是指法律关系在事实上或法律上

---

① 参见丘汉平:《罗马法》,中国方正出版社2004年版,第354页。

② 参见陈自强:《和解与计算错误》,2014年自版发行,第45页。

不存在完全的明确性,不确定的判断标准是当事人的主观认识。[①] 如此看来,仅仅有争执,其要求的主观程度更高,尚不足以涵盖和解所涉及的法律关系类型的全部,有必要根据和解合同的目的进行扩张。进而来看,这里的不明确与争执均取决于当事人的主观判断。只要当事人主观上认为法律关系不确定即可;更重要的是,不要求必须双方都不确定,即使是一方当事人主观上不确定,仍然可以构成不确定的法律状态。所以,法律关系的不确定也应当是和解合同客体的基本类型之一。

综上而言,和解法律关系的客体,应当以法律关系的争执或不确定性为最为符合和解目的和适用需求的范围。

(二)相互让步的构成

争执和不确定的法律关系,要经过双方当事人相互让步才得以确定和消除,因此相互让步是和解合同的构成要件之一。通说认为,和解的核心特征在于相互让步,以消除法律关系的争议。[②] 但是,"相互让步"的概念本身很难限定在法学规范意义范畴内,其日常用语的特性比较明显,对其内容和界限的界定是一个重要问题。这就使得和解的构成要件具有一定的模糊性,

---

① 参见庄加园:《和解合同的实体法效力——基于德国法视角的考察》,载《华东政法大学学报》2015 年第 5 期。

② 经典研究,参见陈自强:《民法上和解之效力》,载《政大法学评论》1999 年第 61 期;史尚宽:《债法各论》,中国政法大学出版社 2000 年版,第 858 页;李双元、黄为之:《论和解合同》,载《时代法学》2006 年第 4 期。

也由此加剧了判断的困难性。[①] 尽管如此,相互让步的构成和判断,还是有一定的标准可以遵循和探求。

首先,主观性因素。早期观点从实体法律关系理解让步,认为和解就是双方相互的债务免除。也有观点主张,让步必须从经济上进行理解,包括财产给予和财产损失。如下的简单和解例子,可以说明这种理解的局限性。例如,甲要求乙偿还 1000 元债务,乙只同意归还 500 元,双方因此达成 750 元的合意解决此债务纠纷。从经济上来观察,可以假设的情形无非有三种:其一,初始的债权高于合意债权(比如 900 元),甲免除了乙的部分债务,乙受有财产上的利益;其二,初始的债权低于合意债权(比如 600 元),乙作了额外清偿,甲享有财产上的利益;其三,初始的债权刚好是 750 元,双方无人受益、无人受损。这里,只有针对事实上的财产状况,才能知道当事人是如何作出让步的。和解的特殊之处,恰恰在于放弃探究初始的财产状态,来达到争议的最终解决,和解之前的实体法律关系对于当事人而言没有实际意义。[②] 从当事人主观的视角观察,相互让步意味着,每个当事人都从自己原来所主张的立场偏向另一方的立场。主观性的表现还意味着,即使是当事人误认作出牺牲,也构成和解。

其次,非等值性特征。与主观性相关联的是让步的非等值

---

① 参见庄加园:《和解合同的实体法效力——基于德国法视角的考察》,载《华东政法大学学报》2015 年第 5 期。

② 参见庄加园:《和解合同的实体法效力——基于德国法视角的考察》,载《华东政法大学学报》2015 年第 5 期。

性。这里的非等值性，是相对于经济上的客观等值性而言的。让步构成了和解合同中的对价，体现双方排除争议状态的意愿，和解平衡双方当事人的利益的功能得以体现。[①] 主观等值的正当性基础可以在契约自由、契约平等的理论基础上进一步得到论证。

从让步的内容来看，当事人限缩或放弃自己原来的主张，也可以以其他利益换取对方当事人对自己主张的承认，只要相对人主观上认为此利益与自己的让步等值，此情况应当作有让步的解释。在实践中，对于相互让步的评估主要采取法官主观判断标准，并且一般结合具体的案件事实进行判断。按照德国法院的观点，一方当事人从自己原有的立场偏向另一方当事人的立场，即为让步。[②] 法国判例则表明，让步价值更为重要，客观价值只要不是微不足道的或完全没有对价性的，都可以认定为是作了相互让步。[③] 对于微不足道的理解，还是应当回到和解合同的目的上来。如果一方当事人的让步微不足道到可以视为不存在对应条件，那么另一方当事人的让步实际上就成了单方的，这就与和解合同的目的产生了偏差。

最后，原因上的关联性。从上面的分析可以看出，让步具有主观性和非等值性，而其关联性在于和解合同的争议事项。其

---

① 参见于锐：《和解合同研究》，黑龙江大学2013年博士学位论文，第27页。

② 参见庄加园：《和解合同的实体法效力——基于德国法视角的考察》，载《华东政法大学学报》2015年第5期。

③ 参见周建华：《法国民法典中的和解合同》，载《人大法律评论》2012年第1辑。

一,为争议解决的目的所及。当事人进行交易的目的有直接目的与最终目的。直接目的是要通过合同取得具体利益或特定的物,最终目的则是通过直接目的所要达成的目标。两者分别被称为近因和远因。所有相同类型的合同中,近因基本是一致的、客观的,而远因则不同,会因事而异。因而,只有近因才具有法律上的意义。[①] 构成争议解决目的的近因的相关让步,才具有讨论的价值。其二,作为合意的组成部分。在当事人争议事项范围内,也就是通过和解合同的解释,可以包含进来的内容,才可以认为是让步的内容。一方的主观让步,必须为对方所了解,在理论上构成相互,达成合同意义上的一致合意,才具有让步的实际价值。单纯一方当事人的主观动机,并不能构成和解意义上的让步。其三,不是法律规范意义上的主观让步,当然也不具有法律意义。一般意义上的情义行为、情感让步、道德容忍,按照法学基础理论,不在合同制度问题所涉及的范围内。

(三)终止争执或排除法律关系不确定状态的合意

这一要件的特殊性在于,其可以被视为和解合同的本质要素。终止争执或排除法律关系不确定状态,既是和解合同的构成要件,也体现为和解本身所产生的效果。判断和解合同前提,可以以此为要件,同时其效果也可以从中推导出来。

首先,法教义学的考察。其一,效力的根源是从意思到合

---

① 参见李永军:《合同法》,法律出版社 2004 年版,第 201 页。

意。可以认为,意思具有根本性,各方当事人都有积极追求确定某种法律关系的意愿,这成为和解具有执行效力的根源。从合同理论的发展来看,这种效力源于自愿。如果自愿行为是意志的产物,那么它也是思考和选择的产物。人类的思维能力使我们能够控制自己的行为,能够依据赞美或责罚而修正自己的行为。[①] 从个别规范理论来看,合意是规范效力的根源,经由各自意思表示和受领而达成的双方意思合致,在双方当事人之间取得规范的效力;这对于和解合同效力有着特别的意义。其二,合意的解释和判断与目的相关。以契约相互让步,终止或防止争执,使诉讼程序为无用,始有和解之成立。[②] 围绕当事人的行为进行解释时,应注意观察当事人是否有通过相互让步的私人行为,确定一定的法律关系,避开诉讼程序的意思。各方既有自认的行为,又有按照自认自愿执行的意思,这些是判断和解行为的标准。

其次,纠纷解决视角的考察。根据各种不同的标准,学者对纠纷解决作了不同类型的划分。例如,根据纠纷解决是否取决于当事人之间的自由合意,分为合意性解决和决定性解决;根据纠纷解决的内容是否事先为规范所规制,分为规范性解决和状况性解决;[③]根据权力性质的不同,分为私力救济、公力救济和社

---

① 参见唐晓晴:《从合意契约到私法自治——意志论征服民法理论的道路》,载《私法研究》2016 年第 2 辑。

② 参见史尚宽:《债法各论》,中国政法大学出版社 2000 年版,第 859 页。

③ 参见[日]棚濑孝雄:《纠纷的解决与审判制度》,王亚新译,中国政法大学出版社 2004 年版,第 9 页。

会型救济。有学者的研究可以为和解的纠纷解决方式找到很好的体系定位,将纠纷解决方式分为自决、合决和他决。[①] 自决是根据单方意愿解决纠纷,合决是根据合意解决纠纷,他决则根据第三方意愿解决纠纷。和解以合决的角度可得以定位,与实证法体系融合起来,成为现代法治体系的一个组成部分。

对于合决,即和解的合意,一是赋予和解协议法律效力,不仅取决于和解协议本身的性质,也是当事人的切实愿望。在和解协议达成后,为保证和解协议的顺利履行而进行的适当的外力干预具有正当性。二是和解虽然表现为当事人直接交涉,但是仍然会受到法律规范、公认规则甚至是习惯的制约。没有这些规范,当事人自主交涉就不会有效发生,合意的结果也就难以产生。所以和解的合意不仅确认规范,还可以生产规范。在有些社会中,合意甚至作为解决纠纷的唯一正当方式,并且人们的纠纷解决行为在此过程中受一套精致的规范体系的制约。这样,一方面合意的有效达成有赖于这套规范体系的支持,另一方面规范体系的再生产通过合意过程的作用又不断产生。[②]

二、和解合同的性质

传统理论认为,和解合同的性质为债权合同、双务合同、有

---

① 参见唐峰:《纠纷和解研究》,山东大学 2011 年博士学位论文,第 32 页。

② 参见[日]棚濑孝雄:《纠纷的解决与审判制度》,王亚新译,中国政法大学出版社 2004 年版,第 33 页。

偿合同。[1] 但后来的研究发现，事实上并非当然如此。[2] 对和解合同性质的讨论，实质意义在于具体制度的适用。

（一）债权合同与物权合同

关于和解合同性质争议，债权合同和物权合同的定位，是重要的理论争议点之一。争议的意义，一是在于涉及和解效力的理论基础；二是在于具体制度适用，主要是解除制度的特殊性。陈自强认为的和解必然为债权合同的见解，在德国已经成为少数说；有力说认为和解合同不必然发生债权债务的法律效果，也就是应当就个别契约分别判断，不能一概而论。[3] 日本学者对此观点也多有支持者，典型的如矶村保教授。[4]

我国台湾地区早期学者研究中的案例和学说对此存在不同的观点。其一，认为和解属于债权合同，仅使当事人负有依和解达成的内容为履行行为的义务，尽管履行行为的意思表示与和解合同可能同时成立，但是在概念上应当加以区别。其二，和解合同属于债权合同，但是依据和解契约的内容，和解契约可以包

① 经典文献，参见［日］我妻荣：《我妻荣民法讲义 V_3 · 债权各论》（中卷二），周江洪译，中国法制出版社 2008 年版，第 332 页；史尚宽：《债法各论》，中国政法大学出版社 2000 年版，第 857 ~ 858 页；林诚二：《债编各论新解：体系化解说》（下），台北，瑞兴图书股份有限公司 2015 年版，第 259 ~ 260 页。

② 相关文献，参见黄立等主编：《民法债编各论》（下），中国政法大学出版社 2003 年版，第 836 页；陈自强：《民法上和解之效力》，载《政大法学评论》1999 年第 61 期；李双元、黄为之：《论和解合同》，载《时代法学》2006 年第 4 期。

③ 参见陈自强：《民法上和解之效力》，载《政大法学评论》1999 年第 61 期。

④ 磯村保「和解契約の解除——和解契約の処分行為性」神戸法学雑誌 34 巻 3 号（1984 年）511 頁以下参照。

含处分行为的意思表示。不过在应为一定的物权行为或准物权行为时，当事人需要另为债权让与通知、不动产登记、动产交付等行为。其三，和解合同属于债权契约，需物权或准物权意思表示，但在债务免除和债务承认场合，和解合同本身就包含免除或承认的意思表示。据如下案例进行进一步的观察，可以对和解有更好的认识。[①]

甲乙有相邻的土地，双方对土地边界没有争议，但对于位于分界线上的两棵新生树木的归属发生争执。后经协商，一致同意其中一棵归甲方所有，另一棵归乙方所有，并同时明确以后不得再以归属问题相互争执。[②]

这一案例的特殊之处有二：其一，很难观察到如同债权合同中的双方互负债务，本案行为更多属于直接发生物权行为效果的法律行为。其二，物权合同的效力不在于移转，而在于确定，并非在法律关系确定的所有权人之间成立，而是在法律关系不确定时的一种确立。如果从债权合同的角度理解，可以解释为甲与乙分别取得请求对方不得为与和解合同内容相反的请求的权利，这种权利是债权，可以将和解合同理解为债权合同。[③] 这种理解比较间接；更直接的理解是，这种义务不是基于债法上的义务，而是基于和解合同对法律关系的确定。[④] 这是一种更加直

---

① 参见黄立等主编：《民法债编各论》（下），中国政法大学出版社 2003 年版，第 836 页。

② 参见李双元、黄为之：《论和解合同》，载《时代法学》2006 年第 4 期。

③ 参见郑玉波：《民法债编各论》（下），台北，三民书局 1981 年版，第 813 页。

④ 参见陈自强：《民法上和解之效力》，载《政大法学评论》1999 年第 61 期。

接的理解。从解除制度适用的角度,有学者认为和解合同一旦成立,其效果也已完结,由于其后不存在履行的问题,因此不可能发生法定解除权,不能通过解除和解合同以使被免除的权利复活。① 当然,和解合同一定存在不是即时清结的情况,由此可见,学者认为即时清结的和解合同,有物权合同的性质。

综上,和解合同不必定位为债权合同,其有可能是物权合同。所以,债权合同不是和解合同的当然属性。一般来说,笔者认为和解合同的属性可以如下分类标准判断:其一,以标的为标准。在以债权法律关系为标的的时候,因为权利变动的公示性要求不高,所以和解合同一般表现为物权合同;在以物权法律关系为标的的时候,一般要求有单独的履行行为,这时和解合同作为债权合同分离,更具有理论上的价值和实践上的需求。其二,以时间为标准。对过去法律关系的和解,主要涉及利益的安排,更多具有处分行为的特性,和解合同更具有物权合同的性质;对将来法律关系的和解,涉及未来风险的承担,一般而言更具有债权合同的属性。其三,以是否实际履行为标准。即时清结的和解,更容易理解为处分行为,其物权合同的特性更加明显;尚待履行的和解,以双方可以请求的义务为内容,更具有债权合同的属性。

(二)双务合同

正因为相互让步是和解的根本特征,所以传统观点得出和

---

① 参见韩世远:《合同法总论》,法律出版社2004年版,第599页。

解为债权合同的理论定性,也就是双方相互负有依和解内容为履行行为的义务,履行行为与和解协议应该在概念上加以区别,合同抗辩权、法定解除权等双务合同规则在和解当中的适用便具有一般性。①

晚近的理论观点对传统观点提出批评,比如拉伦茨教授认为,传统观点割裂了和解的整体性,抹杀了当事人通过和解直接变动债之关系的自由。例如,一个包含债务免除的和解,与其理解为让一方先负有债务免除的义务,然后再履行该义务,不如理解为要直接发生债务免除的效果更符合当事人的意思和利益。②所以,和解的性质要根据内容来具体确定。它可能是处分行为,如债权数额争议的和解(准物权合同);也可能是负担行为,如一方放弃从事特定行为、另一方给予补偿的和解(债权合同);还有可能是两者性质都具备。③ 在将和解作为确认行为进行观察的时候,可能并未创造新的权利义务,例如在当事人因为债权是1000元还是500元有争议最终确认为750元的案例中,并没有新的权利义务产生,也就不属于双务合同。同时,如果和解合同本身是物权合同,那么双务合同的讨论也就没有意义了。

实际上,相互让步的双务性并非只与和解是负担还是处分

① 经典研究,参见陈自强:《民法上和解之效力》,载《政大法学评论》1999年第61期;史尚宽:《债法各论》,中国政法大学出版社2000年版,第869、874页;李双元、黄为之:《论和解合同》,载《时代法学》2006年第4期。

② 参见贺剑:《诉讼外和解的实体法基础——评最高人民法院指导案例2号》,载《法学》2013年第3期。

③ 参见陈自强:《民法上和解之效力》,载《政大法学评论》1999年第61期。

有关，并非只有负担行为才可以适用双务合同的规则，只要是和解协议相互让步还没有履行完毕，均可适用法定解除等双务合同规则。[①] 所以，和解合同未必为双务合同，但是双务合同的规则在和解中仍然有适用的空间。

第二节 和解合同的内容构成

和解合同涉及各个方面的法律关系；对其内容构成进行类型化的观察，有利于界分其各自的作用。对其展开研究的意义，最具制度价值的地方，一是在重大误解规则的适用方面，二是在显失公平规则的适用方面。内容构成的基本概念之间，是一个相对的关系，是联系法律事实和类型化概念的桥梁，是合同解释的理论。

一、争议事项与非争议事项

争议事项，是指决定争议请求权产生、变化、消灭的事实整体；它们导致了双方请求权存在与否和范围大小的争议，使得双方处于对立状态。[②] 非争议事项则是与争议事项相对的概念。其本质意义在于，法律关系所涉及的问题，是否进入当事人的理

---

① 参见贺剑：《诉讼外和解的实体法基础——评最高人民法院指导案例 2 号》，载《法学》2013 年第 3 期。

② 参见肖俊：《和解合同的私法传统与规范适用》，载《现代法学》2016 年第 5 期。

性思考和利益冲突领域内。争议事项整体上处于动机的范围内,对标的的价值有直接的影响;但是从交易基础来看,其特殊性在于除最终形成和解对象的部分以外,当事人认为争议事项的其他部分并不具有重要性,因为和解合同的目的本身就是排除争议。所以争议事项的错误,不构成性质的错误,故说和解合同具有特殊性。比如以下案例中,甲对乙有2000元债权,经数次部分清偿以后就残存债务有争执,和解决定残存数额为750元,多日后才发现真正残存数额为1000元,此时讨论这个发现对于和解效力产生何种影响。这里,争议事项是真正的客观存在的数额,因其重要性被当事人排除在纠纷解决之外,所以不能作为影响和解效力的事由。而非争议事项,在本案例中,至少表现为当事人之间有残存的债务。

二、非争议事项与和解基础

如上所述,非争议事项是相对于争议事项的概念,也是与和解关系形成有关的法律关系的总和。和解基础包含在非争议事项当中,但其与和解内容的达成的关系更加直接。首先,按照原因理论,和解基础应当属于近因的范畴。其次,其界分的主要标准,是其对具体法律关系基础的重要性。可以这样理解,和解基础是特殊的非争议事项,它正确与否直接影响到和解之前的不确定法律关系的存在基础。

从制度发生史来看,温德夏伊德在《潘德克顿教科书》中,提出了和解前提缺失的概念,主要包括三种情况:其一,和解的前提构成内容的基础,前提的错误会导致给付的不当得利返还;其二,和解的前提在和解中被认定为真实,其不真实性会使争议的存在被排除;其三,如果和解的前提本身存在争议,意味着争议仍然没有解决。[①]《德国民法典》第779条的和解基础错误的术语由此形成,其在抽象层面涵盖了所有存在于双方动机中,对默认为争议事项所依附的事实发生认识错误,客观上排除了争议的存在,因此使得和解合同无效的情形。[②]

例如,甲因遭乙饲养的狼犬咬伤,向乙主张损害赔偿2000元,乙表示愿意赔偿1000元,后经协商,双方确定损害赔偿额为1500元。后双方发现,咬伤甲的狼犬实际上是丙所喂养的另一狼犬,而双方对此都不知情。此发现的事实,属于非争议事项,并且属于双方达成和解所依附的基础法律关系,学理上称为和解基础。

再如,甲因遭乙饲养的狼犬咬伤,向乙主张损害赔偿2000元,乙表示愿意赔偿1000元,后经协商,双方确定损害赔偿额为1500元。后双方发现,甲因个人体质原因导致伤口恶化需要进一步治疗,花去医疗费10,000元。此时,后面的因素并非当事人和解所包含的内容,属于非争议事项,但是与和解基础无关。

---

① 参见肖俊:《和解合同的私法传统与规范适用》,载《现代法学》2016年第5期。

② 参见庄加园:《和解合同的实体法效力——基于德国法视角的考察》,载《华东政法大学学报》2015年第5期。

三、争议事项与和解基础

和解合同理论中，和解基础和争议事项的对应性具有实质意义。当事人之间没有争议的，作为和解依据的内容，是和解基础。其实质在于，和解基础如果不存在，当事人排除争议的合同行为就失去价值，制度上应当给予调整。和解基础的错误，在我国没有特殊规定，因为其对和解合同的目的有根本的影响，可以依据最高人民法院《关于适用〈中华人民共和国民法典〉总则编若干问题的解释》第19条的规定，在诚实信用原则下进行扩张解释，将和解基础错误解释为撤销事由。① 争议事项，如前所述，是指当事人在和解过程中，主观意思有对立并且与和解内容达成有直接关系的内容。相对于和解基础而言，当事人双方的合意放弃了其所包含的内容对问题的解决的重要性。此时，不能单纯从原有法律关系内容出发，对撤销事由进行观察和论证。其构成了影响和解合意形成的独立内容，在观察撤销事由时，应当有自己独立的规则。②

我妻荣对和解无效事由作了经典表述：第一，在经和解而约定停止争议的标的事项上存在误解，当事人不能主张和解无效；第二，对当事人作为争议对象事项的前提或基础而予以预订的

---

① 参见肖俊：《和解合同的私法传统与规范适用》，载《现代法学》2016年第5期。

② 参见邓叶芬：《论民法上和解合同的客体范围》，载《学术交流》2017年第6期。

事项的误解，对和解的法律效力构成影响；第三，对前两种事项以外的其他事项也可能存在误解。[①] 在本书论述中，我妻荣观点中的第一种为理解争议事项基本含义提供了依据，第二种则应该被理解为对和解基础的概括性描述。例如，在范庆夫与慈溪市晟邦机械有限公司工伤保险待遇纠纷案中，[②]双方通过调解协议书约定赔偿数额，后经劳动能力鉴定委员会鉴定范庆夫的伤残等级为七级，鉴定后应赔偿数额与协议赔偿数额的差额为2.4万余元。在没有鉴定意见而和解的情况下，如果当事人明确同意放弃鉴定，其属于争议事项；如果没有明确约定是否进行鉴定，因为鉴定是当事人应当知道的常识，所以仍然可以推定其为争议事项。

四、和解内容

和解内容是在争议事项基础上达成的和解合同的内容，其范围可能超出争议事项的范围。其在和解合同中的作用在于，既对限制和解合同的错误问题有实质性影响，也会对显失公平的判断有实质性的影响。前者表现为意思的救济，后者表现为内容的救济。前者多与利益分配有关，后者多与风险承担有关。

---

① 参见[日]我妻荣：《我妻荣民法讲义 V_3 · 债权各论》（中卷二），周江洪译，中国法制出版社2008年版，第342～344页。同时，我国法上的撤销事由，与日本法上效果不同，日本法上作为无效来处理。但是，和解基础、争议事项和其他事项的分类，对影响和解合同内容撤销事由有着基础性的作用。

② 范庆夫与慈溪市晟邦机械有限公司工伤保险待遇纠纷案，浙江省宁波市中级人民法院（2015）浙甬民一终字第1146号民事判决书。

例如，饲料销售商甲长期向养鸭专业户乙供应饲料，双方采取不定期结算货款的形式。后甲准备转行，要求乙结清全部货款。因记录差异，甲认为乙应付货款 10,000 元，乙认为货款应为 5000 元，双方发生争议。后双方商定，所欠货款数额为 8000 元，甲将积压的 15 包饲料送给乙。此案例中，确定乙所欠 8000 元货款债务和甲交付 15 包饲料的法律关系为和解内容。

第三节　本章小结

和解合同特征要件包括有争执或不确定的法律关系、当事人相互让步，以及终止争执或不确定法律关系的当事人合意。和解合同并不必然为债权合同，一些和解合同的处分行为的性质比较突出，具体性质要结合当事人意思解释来确定。与之相对应的，双务合同的规则在适用时也具有特殊性，特别是合同解除制度需要结合履行情况进行考量。和解合同的内容构成上，和解内容、争议事项、和解基础、非争议事项概念体系，对和解合同制度的解释适用和制度构建具有基础作用。

第五章　和解合同的解释

第一节　合同解释基础理论

一、合同解释的意义

合同解释，是根据合同文本及其相关资料的含义所作的分析和说明，以探究当事人双方或多方的共同意思。无论合同用语是否清楚，均需解释。[①] 梅迪库斯认为，任何时候的法学思考，都需要把解释放在很前的位置，解释对法学思考具有中心意义。[②] 王泽鉴先生也明确认为，任何契约都需要解释，即使所谓的契约条款文义明确，其

---

① 参见崔建远：《合同解释辨》，载《财经法学》2018 年第 4 期。

② 参见［德］迪特尔·梅迪库斯：《德国民法总论》，邵建东译，法律出版社 2000 年版，第 232 页。

本身也是解释的结果。[①] 在我国法学发展的当下,合同解释任务的重要性尤为突出。在立法层面,法律规范的用语越概括,其规范要件和法律效果就越不明确,在法律适用时法官的自由裁量权也就越大,法官的解释任务自然就更加突出。[②] 在法学理论上,我国法教义学的发展还不够发达,弥合法学理论和实体规范缝隙的解释学的任务就更加繁重。法律解释尚且如此,合同解释问题就更加明显。

从哲学角度讲,合同解释属于解释学的一个组成部分,即理解人类表达方式的基础理论,解释学上的一些方法的确对合同解释起到指导作用。[③] 解释学的发展,经历了理解与解释关系的变迁。局部解释学信守"异议导致解释"的观点,认为如果当事人对于意思表示不存在理解歧义,就不需要解释,理解与解释处于分离状态,仅在需要克服理解的障碍时才需要解释。一般解释学将理解与解释相统一,认为"凡意思表示均须解释"。一般解释学认为,法律适用区分意思表示解释与法律适用两个阶段,前者是后者的前奏。[④] 海德格尔指出,就理解与解释的本体论而言,任何存在论,必须首先充分澄清存在的意义,并将其理解为自己的基本任务。只有这样,它丰富紧凑的范畴

① 参见王泽鉴:《债法原理:基本理论·债之发生》(第1册),中国政法大学出版社2001年版,第210页。

② 参见崔建远:《合同解释辨》,载《财经法学》2018年第4期。

③ 参见[德]卡纳里斯:《论合同解释》,史金旺译,载梁慧星主编:《民商法论丛》第53卷,法律出版社2013年版。

④ 参见朱庆育:《意思表示解释理论——精神科学视域中的私法推理理论》,中国政法大学出版社2004年版,第129~135页。

体系，才能够不是盲目的，不背离最本来意图。[①] 加达默尔认为，客体的客观真实并非理解真理的依归，从历史关系角度建立的解释者与解释对象的关系才是根本。在这种关系中，并不是通常所理解的主体对客体的支配，更根本的是两者之间的相互交流。[②] 从更本质上讲，独立的精神存在本就是理解性的存在，所以对于人类行为而言理解现象的普遍性是必然的。

同时，与解释学基础理论相比，合同解释也有其特殊性，合同解释主要取决于法律要求和价值判断，法律原则也成为合同解释的首要考虑因素。

二、合同解释的理论冲突与协调

合同解释应该服务于当事人根据个人意思所建立的法律关系，合同自由是其具体的表现和解释的价值起点，意思自治是其理论基础和作用归属，而信赖保护是其重要的控制手段。

(一)合同自由

首先，从伦理角度来看，合同自由建立在国家应当尊重个人自治的基础之上。如果国家对私人关系的处理任意进行干涉，事无巨细加以规定，国家成为私人的监护人，这与国家的尊严是

---

① 参见[德]海德格尔：《存在与时间》(修订译本)，陈嘉映、王庆节译，三联书店1999年版，第13页。

② 参见[德]汉斯-格奥尔格·加达默尔：《真理与方法——哲学诠释学的基本特征》，洪汉鼎译，上海译文出版社1999年版，第393页。

相悖的。在欧洲启蒙时代，这一观念已经得到普遍认同。合同自由是自我决定的一种表达方式，也是私人自治的下位概念。其次，合同自由的政治基础在于与民主、权力分立的思想一致，价值基础在于公民的法律自由和法律平等。凯尔森将合同称为创造权利义务的一种典型的民主的方式。[①]《法国民法典》第1134条规定，依法成立的合同在当事人之间具有法律的效力，该条集中体现了民主的观念。在自由竞争具有合理性的前提下，权力分立的观念被自由的合同交易行为极大加强。因为通过国家赋予公民自由决定的方式，合同自由原则极大地实现了政府权力的衡平。最后，从经济学角度来看，福利经济学对自由缔结合同所具有的社会功能作了很好的说明。当市场机制达到理想状态时，个体交易行为不仅能够完成，甚至可以实现“帕累托最优”。

（二）意思自治

首先，合同解释与意思自治存在冲突。合同解释可能对当事人的意思自治造成威胁。在狭义解释中，合同解释如果被理解为以裁判者为主体、当事人为“听众”的解释方式，当事人的意思往往被裁判者以“理性第三人”的标准替代。在补充解释中，裁判者重构当事人的“假定意图”，解释的后果是当事人承担并

① 参见［德］卡纳里斯：《论合同解释》，史金旺译，载梁慧星主编：《民商法论丛》第53卷，法律出版社2013年版。

非源于当事人约定的义务。[①] 其次，合同解释与意思自治冲突的缓和。一是限制解释者的能动性，在适用理性第三人标准时，尽量避免作出偏离当事人真意的解释，同时裁量权应当受到合同解释规则、合同文本内容、法律职业共同体规则还包括公平正义、诚实信用等基本原则的限制。[②] 当事人不愿意接受解释结果时，可以主张因错误而撤销。[③] 二是哲学解释学提供了一种新的思路，认为在合同解释中，当事人处于核心地位，解释的目标是通过充分论辩达到彼此视域融合，视域融合以前理解为起点，在螺旋式的解释学循环中渐次实现。从而，解释行为是以当事人为中心的，解释内容以当事人论辩为基础，结论正当性取决于解释内容对当事人的说服力。[④] 最后，科学方法论与探求真意的关系。哲学解释学以重置解释主体的方式来救助意思自治，这种方式存在一定的问题，合同与法源都应当对解释者起到限制作用。解释者应当运用法律或法学中的正当理由来解释、确定合同条款的意义。具体而言，合同解释并非单纯“探求当事人真意”，也是对意思自治所隐含的各种价值的探求与释放，其中包

---

① 参见谢慧：《契约自由的司法境遇——法律方法如何拯救意思自治》，载《法制与社会发展》2011 年第 4 期。

② 参见谢鸿飞：《合同法学的新发展》，中国社会科学出版社 2014 年版，第 65 页。

③ 参见李永军：《论合同解释对当事人自治否定的正当性与矫正性制度安排》，载《当代法学》2004 年第 2 期。

④ 参见朱庆育：《意思表示解释：通过游戏而实现》，载《清华法学》2002 年第 1 期。

括自由、秩序、公平、诚信、信赖保护与交易安全等。①

(三)信赖保护

在合同解释中,因为规范性意思的存在,单方信赖保护变成双方信赖保护。在当事人对合同意义产生分歧的时候,既不能以表意人的真意也不能以受领人的理解为标准,解释应当定位于获得规范的、客观的意义,并且这种意义应当适用于表意人和受领人双方。关于具体的规则,强调表示主义的学者更加重视信赖保护,主张应当以相对人足以客观合理了解的表示内容为准,保护相对人信赖利益,②或者认为应坚持受领人或表意人的表示意思的可归责性标准。③ 对外部表示所产生的理解应以处于相对人位置的理性人为准,在应当知道或者不可能不知道表意人真意的情况下,不值得保护相对人对表示的信赖。表意人的真意这时发生作用,对意思表示的解释应当按照表意人的真意来进行。

三、合同解释的独立价值与功能

合同解释与法律解释、意思表示解释在方法和功能上都有所区别,最终表现为有其独立的功能定位。

---

① 参见谢慧:《契约自由的司法境遇——法律方法如何拯救意思自治》,载《法制与社会发展》2011 年第 4 期。

② 参见董安生:《民事法律行为》,中国人民大学出版社 2002 年版,第 174 页。

③ 参见许中缘、梁清:《论法律行为解释与私法自治》,载《人民司法》2007 年第 7 期。

(一)法律问题与事实问题

合同解释是法律问题还是事实问题,是存在争议的。首先,多数学说认为合同解释是法律问题。虽然合同解释以探求当事人的真实意思为目的,但是解释方法是法律所明确规定的,这些规定的适用是法律适用问题,不再是单纯的事实认定问题。① 意思表示涉及文字使用、言语交流、行为举动以及交易惯例,仅从证据角度确定事实,不足以明确意思表示的内容。只有在此基础上进行合理判断才能决定行为的内容,明确行为的意义;这意味着意思表示的根本问题在于判断,即法律上的评价。② 其次,对法律问题的反驳。法律问题有两个重要前提:一是私法推理中的三段论模式,二是解释者的裁判权利。作为法律问题的合同解释无法适用三段论模式。在司法三段论中,结论的谓项由大前提提供,作为小前提的法律事实应当为大前提所涵摄,才能发生法律效果,事实问题本身是不具备规范效力的。意思表示解释被界定为法律问题,将其作为三段论推理的小前提,会否定三段论的推定。总之,意思表示的法律效果是依解释后的意思表示发生,不是由法律规范赋予,不能以私法三段论为推理模型。③ 最后,折中说认为,合同解释主要探求合同应有的内容,以

---

① 参见韩世远:《合同法总论》(第3版),法律出版社2011年版,第701页。

② 参见张驰:《论意思表示解释》,载《东方法学》2012年第6期。

③ 参见朱庆育:《意思表示解释:通过游戏而实现》,载《清华法学》2002年第1期。

及合同条款的含义,探求当事人的真实意图,这是事实问题。解释者同时必然要依据法律规则解释合同,形成一定的法律价值判断,这属于法律问题。[①] 也就是说,探查合同中当事人的真意是事实问题,对意思所进行的法律评价是法律问题。

(二)合同解释与法律解释

合同解释与法律解释都奉行文义解释、体系解释、目的解释、历史解释等解释方法,都有漏洞填补的现象,解释时都要遵循诚实信用原则,践行公平正义等。[②] 法律解释的功能通过合同解释可以实现,但是两者有着方法上的差别,功能自然也不同。

首先,整体上的差别。法律解释的意义在于对法律规定的含义作出说明,是对一般性法律条文含义的阐释和解析,需要综合考虑制定背景、法条文义、体系定位以及立法目的等,其影响在于对法律规范的遵循。特别是针对不确定的法律概念,其合法或不合法的评价,必须在法律解释的实践中进行。法律上义务应如何履行的问题,当事人合意形成的合同内容等都是通过合同解释来实现的。合同解释针对合同本身,当事人作出法律行为所包含的意思表示形成合同,因此合同解释的重心即是对法律行为的解释。[③]

---

① 参见王利明:《合同法研究》(第 1 卷)(修订版),中国人民大学出版社 2011 年版,第 439 页。

② 参见崔建远:《合同解释辨》,载《财经法学》2018 年第 4 期。

③ 参见王文宇:《合同解释三部曲——比较法观点》,载《中国法律评论》2016 年第 1 期。

其次,规则上的差别。法律解释适用的一些规则,并不都能在合同解释时适用,比如合宪性解释规则。法律解释一般都是针对法律问题;合同解释却不然,很多时候是针对事实问题。解释合同时通常要考虑意思表示受领人的理解能力,类似的考虑在解释法律时是不被允许的。解释法律时,立法目的是最重要的解释标准。在合同解释中,当事人目的重要性不容忽视;但是作为解释标准时则需要谨慎,是否赋予当事人动机法律效果、法律效果如何,需要进行特别甄别。在法律解释中,主观目的论和客观目的论各占相当的比重;在合同解释中,要以主观目的论为主,也就是主要基于参与意思合致形成的各方的实际理解,来理解确立内容的效力。法律解释在裁处个案时的适用,有时会进行目的性扩张或者目的性限缩,使个案妥当解决的同时对条文本意进行了改变;但解释合同不涉及对条文的本意的改变,只是在既定规则下最大程度探究当事人的意思。在对法律漏洞进行填补时,主要适用类推适用、目的性扩张、目的性限缩等方法;在对合同漏洞补充时,援用任意性规范是通常的方法。①

(三)合同解释与意思表示解释

单纯意思表示解释并不能完成合同解释的任务,合同解释有其独立于意思表示解释的功能。作为合同构成的最小单位,意思表示是构成合同的核心要素,称为唯一元素也不为过。缺

① 参见崔建远:《合同解释辨》,载《财经法学》2018 年第 4 期。

乏意思表示要素就不构成合同,从这个意义上来讲,解释合同与解释意思表示在功能上有许多相同之处。在很多案件中,意思表示解释完成,合同解释的任务也就完成了,但是并非所有案件都是如此。其实,解释合同的首要目标是确定和实现当事人各方的意思表示。按照崔建远教授的研究,意思表示解释与合同解释之间的差异,主要存在如下几个方面:解释合同时除考虑表意人的利益以外还要考虑表示受领人的利益;意思表示发生于合同成立之前的阶段,其解释并非合同解释;意思表示不属于合同条款时,作为证据的意思表示解释不是合同解释;双方意思表示的结合形成合同,但合意不是各方当事人起初的意思表示的简单结合,对作为合意的合同的解释,与对单个意思表示解释不同;在意思表示与非意思表示事实相结合形成合同的场合,如保管合同,对非意思表示的事实也要予以认定和价值评价,这是合同解释的范畴,而非意思表示解释;单独行为的意思表示不得为自己设定权利,在合同场合是被允许的;在形式认定中,意思表示解释与合同解释有所不同;在抽象原则上,无相对人的意思表示解释以意思主义为原则,合同解释以表示主义为原则。①

(四)合同解释与缔约意图确定

合同的基本功能,旨在允许当事人自由缔结法律关系。解释的作用,在于确定当事人的缔约意图。应该看到,自愿承担某

① 参见崔建远:《合同解释辨》,载《财经法学》2018 年第 4 期。

些不利后果应属于个人自治的内容，当事人的目的构成了合同的基础而非理性。这也就意味着，法律应该确保当事人能够在法律和现实生活中自由作出决定。解释的目标旨在确定当事人的缔约意图：首先是真实意图，其次是假定的目的。只有在探寻真实意图难以实现时，才转而采纳合理的意图。[①]

一是合同条款的解释。缔约目的的探寻，谈判过程留存的资料，条款本身的文义表达，以及合同条款内容的整体表达，对于缔约目的的解释都具有相当的作用。但是，这些解释可能会产生多种结果，甚至出现相互冲突的情况。这时，诚信原则与交易习惯显得更为重要。在诚信原则下，参与法律交往的关系人之间，被期待能够作出符合诚实思考的公平之人标准的行为，这种行为如同诚实思考的公平之人为实现合同目的所应该做的那样。在客观公正第三人的地位探求缔约目的，在多种可能的解释中，最有利于合同目的的达成。二是合同漏洞填补。首先是任意规定，在能确定合同类型的情况下，有待规范的事项即使没有事先约定，也能够适用任意规定，确定缔约意图和法律关系内容。其次是补充解释，主要是探求当事人假设的意思，赋予合同独自的生命，探求诚实思考的公平之人处于当事人的地位，对有待规范的事项会如何。[②]

---

① 参见［德］卡纳里斯：《论合同解释》，史金旺译，载梁慧星主编：《民商法论丛》第53卷，法律出版社2013年版。

② 参见陈自强：《契约之内容与消灭》，台北，元照出版有限公司2018年版，第78～85页。

四、合同解释的类型

(一)德国法的分类

德国民法学把对合同的解释区分为阐释性的合同解释与补充性的合同解释。阐释性的合同解释又区分为自然解释和规范解释。

首先,阐释性的合同解释。一是自然解释,是从表意人的利益出发进行解释,所得出的是其真实意思。这样被考虑的只是表意人的利益,表示受领人的利益没有得到重视。其合理性存在于以下两种情况:表意人之外不存在需要保护的人;或者虽然一般来说他人须受到保护,但是在个案中该人例外地无须或不值得被保护。其一,一些法律行为,只有表意人的利益才是重要的,例如遗嘱。在遗嘱中被考虑的人(继承人、受遗赠人)对遗嘱内容的信赖是不值得保护的。在对遗嘱进行解释时,只需要考虑表意人的利益并查明其真实意思,无论真实意思是否在文本中被表达出来。其二,大多数法律行为,除表意人的利益外还要考虑表示受领人的利益。这时应当区分表示受领人对所表示内容的信赖应否得到保护。虽然存在与表意人意思不一致的表示,但表示受领人知道或者尽到合理注意后应当知道表意人想表示的内容时,信赖同样不值得保护。① 二是规范解释。这种解

---

① 参见[德]汉斯·布洛克斯等:《德国民法总论》,张艳译,中国人民大学出版社2014年版,第66页。

释是从表示受领人的利益出发,得出规范性的意思,无须更多顾及与表意人真实意思表示的一致性。通过规范解释所查明的,不是表意人的真实意思,而是客观的含义。[①] 所谓客观含义,是指合同内容按照社会一般情况应当如何。进行规范解释的理论基础在于人们在交往行为中应当对表示受领人的利益予以正确对待。表示受领人为探求表意人的真实意思,理应搜集所有合适的资料,对表示作出最大程度的正确理解;但是基于理解的客观限制,不能苛求表示受领人对真实意思理解的程度。[②]

其次,补充性的合同解释。补充性解释是对存在漏洞的法律行为所作的补充。在通过对各个意思表示进行自然或规范性解释从而使合同缔结得到肯定后,才可能开始对合同进行补充性解释。补充性解释不应停留在对效果意思的查明阶段,还必须对引起效果意思的动机以及情况进行分析。漏洞包括已经存在的情况的原生漏洞和之后才出现的情况的次生漏洞。对漏洞填补起决定作用的并非双方当事人的真实想法,而是假设的意思。通常来说,考察当事人在合同中追求的目的对漏洞填补会有所帮助。[③]

(二)英美法的分类

英美普通法区分阐释性解释与合同的推定解释。按照科宾

---

① 参见[德]汉斯·布洛克斯等:《德国民法总论》,张艳译,中国人民大学出版社2014年版,第67页。

② 参见崔建远:《合同解释辨》,载《财经法学》2018年第4期。

③ 参见[德]汉斯·布洛克斯等:《德国民法总论》,张艳译,中国人民大学出版社2014年版,第70页。

的释义,阐释性解释,是确定合同用词与特定符号含义的过程;合同的推定解释,是借助合同文本之外的事实,来确定相应的词和符号所应当具有的法律效力的过程。[①] 范斯沃思的表述是,阐释性解释,指当事人之间达成的事实上的交易,要根据当事人所使用的合同文字或根据周围情事推断来确定其内容。合同的推定解释,指法院在确定合同文字的法律效果时,所确定的合同文字的含义。阐释性解释,在于探寻当事人自身赋予合同文字的含义;合同的推定解释,是获得确定合同法律效果时具有决定性的含义。[②] 阐释性解释和合同的推定解释两个概念并不是完全独立的,阐释性解释作为合同的推定解释的起点会随着合同的推定解释的进程而调整和变化。

站在比较法的立场上,英美法上的推定解释,用于法院确定合同文字含义的场合时,与德国法系的规范解释大体相当;用于法院借助它来补充合同漏洞的场合时,则与德国法系的补充的合同解释相同。[③]

(三)一元解释论

上述合同解释理论的共同点,是基于意思主义、表示主义或者主观主义、客观主义的二元模式。通过探求解释活动背后的

---

① See Arthur L. Corbin, *Corbin on Contracts*, West Publishing Co. , 1960, p. 7 – 9.

② 参见[美]E. 艾伦·范斯沃思:《美国合同法》,葛云松、丁春艳译,中国政法大学出版社 2004 年版,第 453 页。

③ 参见崔建远:《合同解释辨》,载《财经法学》2018 年第 4 期。

价值基础,值得进一步探讨在价值基础上的技术安排,构建合同解释的一元模式及其具体规则。

一元模式的探讨,仍然要以私法自治作为合同解释的基础。一般认为,私法自治有两个层面的构造,即自主选择和自己责任。前者是通过信赖保护来实现,表现为依照信赖者通常、合理的理解来解释合同,谨慎的信赖者的内心意思会与该理解一致,此时自主选择意义上的自治得以实现。如果自治利益之间发生冲突,这时就有必要引入责任原理,通过各方当事人归责性的比较权衡来确定谁的自主选择可以实现。①

综上,合同解释不同于法律解释、意思表示解释,有其独立的方法和意义。虽然合同解释存在多种类型,但是本书拟采用一元模式,即从理性人构建的理论展开对和解合同解释的构建。解释的理论基础是意思自治,解释的目标旨在确定当事人的缔约意图:首先确定当事人的真实意图,其次是假定的目的;只有在探寻真实意图难以实现时,才转而采纳合理的意图。这些都可以通过一元模式即理性人标准构建、语境重构、意义获取来实现。同时,必须注意的是,合同解释中当事人的目的具有相当的重要性,但是将其作为解释标准必须十分谨慎,对当事人动机是否赋予法律效果、赋予何种法律效果,需要特别思考。

① 参见叶金强:《合同解释理论的一元模式》,载《法制与社会发展》2013 年第 2 期。

第二节　和解合同目的

一、合同目的理论

(一)合同目的基本理论

首先,合同目的内涵。对于合同目的,有学者认为可以概括为,通过合同的订立和履行,双方当事人期望最终得到的物、结果或者达到的状态。这种从个别当事人的角度理解的合同目的,理论上称为主观说。与此相对,从客观立场理解合同目的,是理论上的客观说。例如,在买卖合同中,订约人一方的目的是获得价款,而另一方的目的是获得标的物,此时的合同目的显然指向典型交易目的。在客观说的基础上,理论上还存在将当事人已经表示出来的动机纳入合同目的范畴的观点。在实务中,为使问题得到妥善解决,存在将当事人的经济意图而不是典型交易目的作为合同目的的案例。例如,最高人民法院在判决中就认同了中间商与供货商签订买卖合同的目的是“转卖”的观点。①

其次,动机与目的。目的在意图范围内;动机既可以在意图范围外,也可以在意图范围内。在类型合同中,目的有其相同之处,但是动机因人而异。动机要获得法律上的评价,赋予其相应

---

①　中材供应链管理有限公司与黄石山力冶薄板有限公司买卖合同纠纷案,最高人民法院(2014)民二终字第186号民事判决书。

的法律后果,需要一定的条件。[1] 合同目的分为主观目的和客观目的。客观目的是指典型交易目的,主观目的包括双方共同动机而成为合同内容的和作为单方动机而被合同内容所吸纳的部分。[2] 签订合同的动机,并非在任何情况下都不得视为合同目的。当事人如果将签订合同的动机进行了明确告知,动机便会转化为合同的基础或条件。或者虽然当事人未明确告知,但证明了该动机就是合同成立的基础,动机也可以被视为合同目的。例如,甲求学时与单位订有委托培养合同,载明"学成回原单位工作",但甲学成后回单位工作三个月便离职,称已按约定履约。该案应进行目的解释,单位培养动机是培养合格人才长期工作,工作时间应与单位所付代价相匹配,甲对此应知,故甲的行为构成违约。

(二)合同目的类型

合同目的的概念体系中,有长期目的与短期目的、直接目的与间接目的、经济目的与非经济目的、单方目的与双方目的等分类。这些分类,从不同角度展示了合同目的概念体系的结构。对于作为法律概念的合同目的而言,有意义的是那些能够产生法律效果的分类。

---

① 参见崔建远:《论合同目的及其不能实现》,载《吉林大学社会科学学报》2015年第3期。

② 参见单锋:《论"合同目的"的规范效应》,载《南京师大学报(社会科学版)》2017年第4期。

首先,在基本类型方面,分为客观目的与主观目的。其一,客观目的,即合同的典型交易目的,是当事人所要实现的法律效果;在同种类型的合同中,客观目的是相同的。例如,在买卖合同中,出卖人的典型交易目的是获得价款,买受人的典型交易目的是取得标的物的所有权。在合同解释中,确定典型交易目的,可以锁定合同的性质、类型,进而确定适用的法律规范。[①] 主观目的,意味着在具体案件中,当事人的动机也可能成为合同目的,并非局限于典型目的。其二,在典型交易目的中还有抽象视角与具象视角的区分。典型交易目的的抽象视角是合同客观目的的基本内涵。在特殊类型的交易中,例如古玩买卖合同、降价销售合同中,合同目的仅仅关注标的物、服务的种类以及价款的数额。例如,在古玩交易中,甲将古玉出卖给乙,价款1万元,双方对古玉品质作特别保证。在这种场合,合同目的是移转古玉的所有权,以及价款的取得,古玉的品质不包含在合同目的中。[②] 典型交易目的还有具象视角。对一般合同而言,是指标的在数量、质量、种类方面的具体要求,比如标的规格、品质及数量方面的当事人约定和法律规定。从具象视角观察合同目的,就是探寻和确定合同目的时应将以上因素包含在内。

其次,在功能上的类型。目的首先是一种心理层面的认识;

① 参见崔建远:《论合同目的及其不能实现》,载《吉林大学社会科学学报》2015年第3期。

② 参见崔建远:《论合同目的及其不能实现》,载《吉林大学社会科学学报》2015年第3期。

在当事人动机的影响下,经过认知系统形成相应的内心期待。[1]合同目的的来源,除查证明确的意思表示之外,还可能包含社会生活的经验以及道德、法律等规范对认知内容的塑造。根据各自功能不同,合同目的可以分为经验目的、规范目的、制度目的。经验目的,是指来自当事人社会生活的认知的目的。例如,买卖合同当事人的目的,是买方获得货物,卖方取得价款。规范目的,是指在当事人之间当然存在的因为规范效力而产生的行为目的。例如,社会公众和裁判者都会认为合同当事人当然期待交易能够公平,作为标的的商品和服务的安全性能够有保障。制度目的,是指对于合同目的,还存在当事人相互之间的特别承诺问题。例如,乙选择与甲订立合同,可能是基于对甲所作的承诺有特别的期待,亦即甲的承诺激发了乙的内心期望,从而形成双方对合同内容的期待。这种期待,应当被合同制度所保护。经验、规范、制度三个层面上的目的存在一定的相互作用关系。经验目的侧重于事实层面,可以为规范目的提供线索,为制度目的提供参照。规范目的不仅关注事实,而且关注一定目的之下的秩序问题,可以校正经验目的的判断,补充制度目的的分析。制度目的则更强调特殊性,更为关注具象意义上的目的。经验目的和规范目的通过制度目的,最终落脚于具体的合同。

① 参见赵惠琳:《正确理解和适用合同目的及根本违约规则》,载《政治与法律》2003年第5期。

二、合同目的与合同解释

(一)合同目的的解释功能

对于合同争议,应当将系争合同的具体内容作为最为重要的裁判依据。一方面,任何人都不能预见到合同签订后所发生的情况,也不会在合同中对所有的应对方案进行约定,理性的完美合同在现实中是不存在的。另一方面,意思自治、合同自由的私法原则,也限制了裁判者直接代替当事人作出决定,合同内容是裁判者说理的依据。合同内容的确定,从某种程度上说也是与目的相关的合同解释。[①] 我国《民法典》第 466 条规定,当事人对合同条款的理解有争议的,适用第 142 条第 1 款的有相对人的意思表示的解释规则,结合相关条款、行为的性质和目的、习惯以及诚信原则,确定具体的含义。从法条规定来看,合同目的作为合同解释的根据之一,对合同内容的解释产生影响。

(二)对意思表示解释的作用

对于意思表示解释而言,因为行为的性质和目的不同,解释所遵循的原则和采取的方法可能不尽一致,所以应当结合行为的性质和目的进行。例如,死因法律行为与生前法律行为理论基础和功能指向不同,解释时便会在以主观意义为准还是以客

---

① 参见单锋:《论“合同目的”的规范效应》,载《南京师大学报(社会科学版)》2017 年第 4 期。

观意义为准上相区别。再如,法官在填补漏洞时应针对个案中的情形,考虑当事人的利益状况、案件涉及的交易习惯等。考虑当事人在合同中所追求的目的,对当事人意思表示解释有切实的价值。正如对于立法旨趣的探求,是阐释法律疑义的钥匙,作为在当事人之间有规范效力的意思表示,对其解释根据目的而为,其重要性与对立法旨趣的探求如出一辙。①

(三)对补充解释的作用

典型交易目的本身不具有弹性,缺乏解释空间。此时需要以合同目的为依据,实现从裁判者价值到当事人意思的转化;特别是在补充解释场合,合同目的对确定合同内容起着关键作用。一方面,《民法典》合同编第466条所列举的解释依据,体现了先具体后抽象的思路,从立法文义的角度说明与个别合同有关的主观解释依据,应当优先于诚实信用等抽象原则。在合同出现漏洞时,如果现有的内容足以作为解释根据,那么从当事人的合同目的出发来具体确定真实意思具有重要意义。② 作为解释依据的合同目的,并非单纯的典型交易目的,而是更多指向当事人的预期经济目的。另一方面,合同目的也被用来限制补充解释的具体范围。在对是否有必要解释进行判断时,只有在合同条款缺失妨碍当事人目的实现的场合,才认为漏洞存在。

---

① 参见崔建远:《意思表示的解释规则论》,载《法学家》2016年第5期。

② 参见刘勇:《合同补充解释的理论构造及立法选择》,载《浙江社会科学》2017年第3期。

（四）对其他解释的作用

合同解释，除狭义解释、补充解释之外，修正解释的问题也应得到重视。[①] 修正解释，可以理解为对补充解释的延伸，是以拟制方式对当事人意思作出补充，其效果是会对部分当事人约定予以否定。对于狭义解释，合同目的当然可以发挥解释基准的作用。在修正解释中，外在的评价基准在合同解释中变得不可或缺；但合同解释的作业既需要价值判断的指引，也需要合同目的的修正。[②] 这是因为，仅仅以抽象原则作为引入外在评价的说明路径，会缺乏针对性，无法体现当事人的真实意图，说理上更是会陷入空泛。对当事人合同目的具体化，作为引致规范，不仅可以引入合同以外的客观标准作为解释的依据，还可以确保修正解释与合同目的的一致性。

三、和解合同目的特殊性

与一般的典型合同分类不同，主给付义务类型不是和解合同的典型性的标准，合同目的的特殊性才是其根本。和解的目的是排除法律关系的不确定状态；在这种不确定背景下，彼此让步是私人解决冲突的当然选择。[③]

---

① 参见韩世远：《民事法律行为解释的立法问题》，载《法学》2003 年第 12 期。

② 参见叶金强：《合同解释理论的一元模式》，载《法制与社会发展》2013 年第 2 期。

③ 参见肖俊：《和解合同的私法传统与规范适用》，载《现代法学》2016 年第 5 期。

(一)抽象视角的典型目的

当事人缔结合同时总是以一定的事实为前提,并且是以一定的预期为目标的。合同文本未必体现了当事人的全部约定,合同情境中总有一些未能还原到效果意思层面的内容。[①] 耶林在其巨著《法律的目的》中指出,目的是所有法律的创造者。法律所追求的目的被价值取向化,通过法律原则所构成的体系发挥作用。为控制基于价值标准所作决定的正确性,应当透过事物性质的研究和讨论增进对事物的了解,并探求所涉及的人以及对于系争问题有研究的人的意见,形成共同意见,基于共同意见作成决定。纵然所作决定的正确性不符合永恒意义上的"真",但因为该决定的基础在于理性智者、周边大众与当事人的共同意见,是依当时的条件,所能达成的最大限度的合理。从这个意义上来讲,决定对系争当事人纵使不正确,也是可以接受的。通过此种决定构建之规范所形成的法秩序,具有应有的伦理上的说服力,有其适当的效力源泉,而不是单纯依赖国家权力的强行规范。[②] 和解合同抽象视角的典型目的,从其要件当中推论,就是排除争执或排除法律关系的不确定状态。

---

① 参见单锋:《论"合同目的"的规范效应》,载《南京师大学报(社会科学版)》2017 年第 4 期。

② 参见黄茂荣:《法学方法与现代民法》,法律出版社 2007 年版,第 353 页。

(二)具象视角的典型目的

和解当中,最重要的特征是双方当事人的相互让步。让步的内容与利益分配有关;利益不仅是外化为权利义务的利益,还包括效果意思以外的因素。这就使得对和解中让步的把握,不仅要从内容本身观察,还要从动机的角度观察,这样对和解的解释才更有现实意义。

其一,各方当事人自身利益的权衡。让步可能在一般情形下表现为和解合同的内容,但是更多存在于动机之中。在实践当中,动机是有可能影响当事人各方的权利义务状况的。例如,"孙银山诉南京欧尚超市有限公司江宁店买卖合同纠纷案"判决中指出,原则上"知假买假"的行为不影响行为人主张有关消费者权利的可能,其理由是"法律并未对消费者的主观购物动机作出限制性规定"[①]。从反面解释来看,并不排除法律对动机可以产生影响的可能。在意思表示中,效果意思以外的部分都可以被称为动机,因此合同目的在一定程度上就是动机在合同法中的存在形式。按照传统理论,动机或目的一般不对行为产生效力,但合同法规定中合同目的在多个条款中体现其规范意义。[②]

其二,各方当事人利益衡量。当事人一方的让步,可能与合

① 孙银山诉南京欧尚超市有限公司江宁店买卖合同纠纷案,最高人民法院指导案例24号(2014年)。

② 参见单锋:《论"合同目的"的规范效应》,载《南京师大学报(社会科学版)》2017年第4期。

同目的有关。和解当中最重要的目的,是让步的相互性。让步的相互性,可以从各自动机的关联性上来观察。从动机的角度来看,将动机作为合同目的,存在先天的弱点。把动机与合同目的关联时,有如下要素值得考察:一是合同目的应当是当事人各方在合同中通过一致的意思表示确定的目的;二是当事人各方内心所欲达到的目的不一致时,以各方均已知或应知的表示于外部的目的为准。①

其三,确认中的风险承担。和解基础法律关系的争议和不明确意味着,当事人根据现实存在的法律状态预计了大部分的可能性,当事人在进行和解时出于对法律关系的确定必须预见到多种可能性。这时,当事人仍然不能认识到真实的法律状态,当事人的意思依合同内容就此确定下来。与一般法律行为不同的是,确认行为事实上所发生的法律效果并非一目了然,需要通过对比确认行为前后法律状态的差异才能确定法律效果,其效果有可能符合债的变更、债务创设或抗辩权放弃的法律效果。但这些仅仅是确认行为的结果;确认行为的目的是解决法律关系争执和不确定的状态,需要借助债的变更、债务行为的规则进行理解。

(三)合意中的主观目的

除典型交易目的本身的不同层次构成的观察之外,和解合

---

① 参见崔建远:《论合同目的及其不能实现》,载《吉林大学社会科学学报》2015年第3期。

同典型交易目的与主观目的之间存在一定的联系。首先,和解合同中的主观目的,可以强调为当事人所共知而具有某种程度的客观性;但这种客观性仅仅体现在具体合同中,并非像典型交易目的那样在相同类型的合同中没有差别。其次,两者之间呈现共性和个性的关系。典型交易目的是以一项基本推定为基础,所推定的客观目的得以通过当事人在缔约情境下表示得更为具体的主观目的的证明来压制或者予以限制。[①] 和解合同的主观目的,可以从经验目的、规范目的、制度目的三个层面进行分析和理解。就经验目的而言,当事人对于哪些问题进行了较为理性的思考,与争议事项的形成有关。就规范目的而言,当事人依照诚信原则,愿意承担一定的风险,对当事人拘束力认可空间形成一定的弹性。就制度目的而言,主观目的取决于在和解当中当事人通过合意,与相互让步的认定及其效力有关。

第三节　和解合同解释的理论与适用

和解合同的解释,既要结合合同解释的理论,又要关注到和解合同自身的特殊性。对其解释的作业,关系到法律关系的正确认识,也关系到和解合同适用的法律效果。如在最高人民法院公报案例"中山市隆成日用制品有限公司(以下简称隆成公

① 参见徐涤宇:《原因理论研究》,中国政法大学出版社2005年版,第163～164页。

司)与湖北童霸儿童用品有限公司(以下简称童霸公司)侵害实用新型专利权纠纷案”中,双方对和解内容解释产生争议,具体如下:童霸公司与隆成公司在涉案专利侵权的前案中达成协议,约定“如发现一起侵犯隆成公司外观设计专利权的行为,童霸公司自愿赔偿人民币50万元,如发现一起侵犯隆成公司实用新型专利权的行为,童霸公司自愿赔偿人民币100万元”。该协议内容的达成,是在被控侵权产品型号为某B的案件中。而本案涉案被控侵权产品型号为某T,在与被控侵权产品型号不相同的情况下,前述协议中约定的赔偿数额能否适用,双方产生争议。[①]

一、解释的方式与目标

(一)解释的方式

首先,阐释性解释。法律上有效的债权契约,之所以能使当事人就契约的主要给付负履行义务,是因为当事人通过契约使自己负担义务。义务的产生不是始于法律针对相应的构成要件赋予的法效果,而是来自有效的债权契约本身,前提是法秩序原则上认可这一类契约。当能够确定当事人约定了什么样的法效果时,才会陆续提出如下的问题,此等约定应当如何归类、如何判断。关于契约当事人如何约定的问题,不只是确认事实、心理学上的解释、意见或动机研究的问题,关键在于当事人的合意,

① 参见中山市隆成日用制品有限公司与湖北童霸儿童用品有限公司侵害实用新型专利权纠纷案,载《最高人民法院公报》2015年第1期。

他们在彼此的关系上，应适用特定的法效果。在探求意思表示内容时，法律性的判断必然产生一定的影响。[①] 和解合同有排除争议状态的合意，更有阐释性解释的实际需要和理论空间。

其次，补充性解释。补充性解释的作用范围，主要是契约所创设的适用于当事人之间的约定。解释的标准是，契约的整个意义脉络、双方共同承认的契约目的以及双方共同想象的契约利益状态。补充性解释的标准，在法律上的指导原则是诚实信用原则。只要是在双方表示所容许的范围内，应尽可能解释当事人所约定的内容，使其对双方当事人而言均属正当。只要契约的约定是当事人自由约定的，就应当认为是正当的约定；只要还有解释的空间，解释时就应尽可能实现契约正义。解释时，始终应受各方当事人共同接受之评价基准的约束。[②] 就和解合同而言，交涉过程所涉及的当事人利益，未必完全以合同内容的形式呈现；但当事人可以推定的合意，补充解释的作用尤为突出和明显。

（二）解释的目标

一是对和解合同类型的确认。所有的规则适用和解释目标，都要在一定的类型认定的前提下展开。类型确定在临界情

---

① 参见［德］卡尔·拉伦茨：《法学方法论》，陈爱娥译，商务印书馆 2003 年版，第 178 页。

② 参见［德］卡尔·拉伦茨：《法学方法论》，陈爱娥译，商务印书馆 2003 年版，第 180 页。

况下不能保证可以获得唯一确实可靠的结论，总会有判断的余地存在。① 和解合同虽然有一定的特征，但其并非作为概念的要件，更应该看作类型的构成特征。和解合同的特征，就是法律关系的不确定、双方的相互让步，以及消除不确定状态的合意。在具体的法律关系中，类型的确定并非如此清晰，是因为特征的构成具有弹性，需要进行解释。这一解释主要靠阐释性解释来完成。

二是对和解合同内容构成的界定。主要是区分争议事项与非争议事项、和解基础与争议事项、和解内容，以适用不同的效果。这一任务主要靠补充性解释来完成。补充性解释也可以被理解为合同的解释，是通过诚信原则和公平理念实现利益平衡，是从规范立场对当事人的意思进行拟制，应当以“法的续造”来定位。德国通说认为，虽然解释对象未实际约定，但是不影响补充性解释基于合意的整体而作出。补充性解释的实质，是根据合同目的确定当事人假设的合意，其基准并非客观的价值标准。类似的解释方式在美国合同法中也存在。例如范斯沃思指出，对当事人未约定的内容进行解释，首要基础在于当事人真实的期待。这里的期待，不是大陆法系法律行为理论中的“意思”，而是与合同的社会经济目的直接对应。②

---

① 参见[德]卡尔·拉伦茨：《法学方法论》，陈爱娥译，商务印书馆2003年版，第182页。

② 参见刘勇：《合同补充解释的理论构造及立法选择》，载《浙江社会科学》2017年第3期。

二、主要考量因素

(一)特征要素认定

首先,法律关系不明确状态解释。通过解释,考察当事人主观上是否存在法律关系不明确的认识状态。即使在客观上法律关系是明确的,但是当事人各有所认识,也可以归为不明确的状态。在对达成的合同文本进行分析时,通常假定各方当事人对产生的争议的表述有所理解。如果当事人提出,对合同文字的含义根本没有进行过考虑,那么解释合同时就无法探究当事人所理解的含义,必须考察对与当事人处于相同情形下的理性人来说,假如他们曾经对合同文字的含义进行过考虑,那么他们原本理解的含义是什么。解释合同时,裁判者应首先探知当事人的意思,在当事人对合同文字持相同理解时,按照他们的意思进行解释。如果双方有不同的理解,裁判者要适用合理标准来确定哪一方的意思更应该被采纳。如果当事人对合同文本的含义都没有合理考虑,裁判者的任务是根据合理标准来确定文本的含义。①

其次,关于相互让步是否存在的解释。相互让步是否存在,是一个更加复杂的问题。关于其解释,应当参考更多的外部资源。大概包括履约过程、业务往来、交易惯例、任意性规范、诚信

① 参见[美]E.艾伦·范斯沃思:《美国合同法》,葛云松、丁春艳译,中国政法大学出版社2004年版,第466~467页。

原则等因素。在合同履行过程中,双方当事人如果能够显示当事人赋予合同条款特殊含义,那么可以作为解释该意义的资源。业务往来,是在特定交易当事人交易之前实施的,被合理视为一种当事人共同理解依据的,可以用来解释他们的意思表示和其他行为的系列行为,但其前提是必须是与现有的法律关系有紧密联系的类似的交易行为。交易惯例,特别包含附加的习惯,例如一些行业、区域或阶层中的习惯做法,隐含着当事人作为或不作为的义务。任意性规范,是指当合同内容有不明了、不完全的情形时,当事人如果没有约定排除任意性规范的适用,也没有事实上的习惯时,任意性规范就成为合同的内容,也可以作为解释的依据。诚信原则,要求在合同订立、履行和执行的背景下解释当事人的行为,不另外创设可以孤立违反的公平和合理义务。①

最后,消除不明确状态合意的解释。在传统合同法理论中,所谓合意,是指双方当事人意思表示的一致,也称为"狭义的合意",是约束当事人行为的重要依据。但是,在狭义合意的背后,存在多层次的当事人之间的"心知肚明",这种合意被称为"关系的合意"。在现实交往中,当事人难以对所有事项预先作出合意并明确进行表达;但是可以在具体情况中,对合意内容进行解释和调整,通过了解合意背后的相互关系,向被言语表面化的合意内容注入更加具体的意思。其表现出的拘束力,在于支撑该合

① 参见雷继平:《论合同解释的外部资源》,中国法制出版社2008年版,第35~46页。

意背后的相互关系了解的作用。合同关系解释要通过对固定的合意文字语言实施解释及补充,使合意具备符合交易实际的内容。

关系合意的考察,应当从如下几个特征观察:其一,关系合意的开放性。即使合意的内容是被详尽言语化了的,但是言语本身存在需要解释的空间,并且合意本身含有无法被穷尽的各种可能性,因此结合具体的情况必须对合意作出再解释。再解释的开放性,在于当事人之间的相互关系了解。其二,关系合意的博弈性。合意经由当事人之间的相互关系了解而具有适应性,所以会隐藏着对立的萌芽状态,基于相互关系了解而形成的调整功能如果无法正常发挥作用的话,会陷入具有博弈性的再交涉关系中。其三,合意的多面取向性。交涉不仅要考虑当事人各方的利益关系,与之相关的社会关系、知识背景、身份等其他因素也应当被考虑在内。合意是在前述诸多因素的基础上形成的,在与合意主体有联系的社会环境的关系中进行考量,才能更合理确定合意的内容及实施解释。①

(二)内容构成认定

首先,理性人标准对内容构成的解释作用。和解合同中,争议事项与非争议事项、非争议事项与和解基础的认识,一是需要

① 参见顾祝轩:《合同本体解释论:认知科学视野下的私法类型思维》,法律出版社2008年版,第259~261页。

通过当事人自身约定进行阐释，二是要根据案件的具体情形来进行阐释。无论是约定还是案件具体情形，都需要借助构建理性人标准，从客观的角度进行解释和厘清。理性人标准的核心要素是能力和知识，能力包括理解力、判断力等，知识则涉及理性人所拥有的信息。[①] 理性人标准解释的作用，能够保证在当事人排除争议的合意解释中，使解释的效果不偏离客观性。

其次，合同目的对内容构成的解释作用。合同目的解释，对争议事项与和解内容的认识至关重要。解释的目标，是要将这部分内容确定在一个合理的范围内。其一，争议事项与风险承担。主要涉及争议事项的认定。争议事项，是进入当事人各方理性思考范围的与和解对象最终形成和解内容密切相关的重要问题。其基本意义在于，双方出于对和解合同目的的一定程度的理解，让各自认为可以放弃重要性的内容暂时处于搁置状态，其中既有对各自风险的承认，也有对价值基础的共同认同。其二，和解基础与目的落空。和解基础是交易基础的特殊形式。交易基础是指那些在合同订立之时存在的当事人的共同想法，或者一方合同当事人认为另一方当事人可知的，有关某些现在存在或未来将发生情形的设想。[②] 在与合同目的的关系上，可以

---

① 参见叶金强：《合同解释理论的一元模式》，载《法制与社会发展》2013 年第 2 期。

② 参见吴庭刚：《论合同目的的查明》，载《山东社会科学》2006 年第 9 期。文中介绍，在大陆法系，德国学者克格尔（Kegel）将交易基础分为大交易基础和小交易基础，拉伦茨将交易基础分为客观交易基础和主观交易基础。英美法系中由哥达德（Godard）法官在 1937 年的一个租船合同案中提出“合同基础丧失理论”，使交易基础理论成为大陆法系和英美法系国家情势变更和合同落空制度的理论基础。

认为,交易基础是合同目的落空的上位概念。合同目的通常指当事人缔约时的某种共同预想,而合同基础则指构成合同前提的某些客观情况。在和解合同中,排除争议的目的与客观的交易基础结合起来,合同目的通过交易基础理论,在合同解释基础上对和解合同效力产生影响。其三,价值实现方式的控制。信赖原则和自我约束原则构成法律行为交往中的基本原则,[①]和解合同目的实现也是重要的价值基础。合同解释场合的信赖保护,可以从对自治利益尊重的角度进行理解。当事人之间的对抗,是各自自治利益之间的对抗,按照通常共同决定的意思来解释合同,双方都应当有所信赖,这样作为共同决定者意义上的自治才可以得到实现。[②] 总之,和解合同的目的,以价值原理为基础,以交易基础理论为参照,可以对内容构成的解释起到统领作用。

三、解释规则构建

和解合同的解释可以理解为三个层次的问题。其一,某种特定的法律关系是否属于法律行为(契约);其二,所订立的契约,是否具备充分的类型特征,其内容构成如何;其三,契约是否有漏洞,应如何予以填补。[③] 经过上述分析,和解合同解释应当

① 参见[德]卡尔·拉伦茨:《德国民法通论》(上),王晓晔等译,法律出版社2003年版,第59页。

② 参见叶金强:《合同解释理论的一元模式》,载《法制与社会发展》2013年第2期。

③ 参见王泽鉴:《民法总则》,北京大学出版社2009年版,第381页。

以阐释性解释和补充性解释为主要方式,目的解释是总的制约和统领。

(一)阐释性解释

在阐释性解释发挥作用时,应当关注到和解中的特别规则。在合同类型特征模糊,确定其是否属于和解合同有异议时,不妨优先将其认定为和解合同。一是按照契约解释的一般原则,阐释性解释可以探究表示行为的客观意义,将交易习惯及诚实信用原则作为解释的准据;二是用合同法的基本原理,解决私法中与和解相关的问题,符合我们的思维习惯和行为准则;三是从平衡当事人利益和合理分配风险的角度,和解合同的规则更适宜问题的妥善解决。

(二)补充性解释

在这个阶段的契约解释,更注重于填补契约的漏洞,以假设第三人的意思作为准据,应当结合理性人标准构建、语境重构、意义获取三个阶段进行。[①]

首先,理性人标准构建。其一,能力和知识主体的选择,以贴近实际状况为原则,易于理解当事人的自主选择。对于特殊群体的当事人,应当将理性人标准具体化为理性的特殊群体成

---

① 参见叶金强:《合同解释理论的一元模式》,载《法制与社会发展》2013 年第 2 期。

员标准,例如消费者标准等。其二,在双方存在差异时,理论上认为可以引进责任法的原理来解决。将理解主体和语境差异的解释问题,视为某种不利益的分配,与损害分配的可归责性原理相类比。通过对具有可归责性一方不利的安排,导向对其不利的解释,作为法律上负面评价的体现。

其次,语境重构。语境重构实质上是一个信息筛选的过程,对双方的视域进行整合。语境信息选择应对当事人有针对性,选择当事人共同享有的背景来建构。一般而言,语境越是契合合同固有的背景,越利于从实质意义上实现当事人的自主选择。在双方当事人共同视域中所获取的合同内容的意义,会更加接近当事人的真实意思。在操作方式上,语境重构一般利用通常信息背景,针对个案情景来调整特殊的语境因素,通过不断进行信息修正来完成。

最后,意义获取。意义获取的基本方法,是在重构的合同语境下设想所构建的理性人的特定意思表达。因为内心意思经过心理机制选择可以外化为一定的形式,所以可通过心理机制将外在的形式反推为内心的理解。这一过程,与价值判断的作用有所不同。价值判断在运用心理机制得出解释结论的过程中,很难发挥作用。特殊情况下,如果有多种解释的可能,价值判断会以影响最终选择方式在解释结论中的实现。

(三)目的解释

目的解释作为和解合同解释的统领方法,有其特殊的规则。

首先,目的认定的正向与反向推理。由于法律事实形式和状态的多样性,合同目的事实上更多是在抽象意义上使用,即通过概念涵摄许多具象意义的目的内容,形成法律判断或必要或充分的条件。在具体个案的分析中,一般并不需要直接回答目的是什么,而是通过什么不是目的的范围,采取排除法,逐步确定目的在抽象意义上的范围,然后对是否与目的相符、整体意义上目的实现或未实现程度作出具有法律意义的评价,从而确定法律关系的构成。其次,目的体系分析逻辑性。根据一般生活经验能够判断的目的可以直接推定,若经过考察存在较为特殊的情境,应注意规范层面和制度层面的分析。最后,合同关系整体性的影响。在长期合同中,考虑到实际履行情况的变化,缔约各方会留有开放性条款,供各方根据实际情况填补,合同关系具有不断演进的特征。要根据合同性质、目的及诚实信用原则解释。

根据目的解释发挥和解意义下的规范作用,在具体内容构成的认定上,对争议事项与和解基础有疑义,可以先认定为争议事项;基于意思自治中当事人的自主选择和自己责任,认为理性当事人在有充分思考的前提下,对和解前提非重要因素充分认识和达成风险承担的共识。对争议事项的范围有疑义,可以进行限缩解释,原因在于限缩解释可以更好平衡当事人的风险。在本书第六章第二节中,会对此问题展开进一步详细的论述。

例如,在前述“童霸公司案”中,法院对和解协议中“如发现一起侵犯隆成公司外观设计专利权的行为,童霸公司自愿赔偿人民币 50 万元”这一约定内容的解释,是在阐释性解释的基础上,综合运用了补充性解释和目的解释的方法。法院裁判理由是,对于协议约定内容的解释,根据当事人之间曾多次发生专利侵权纠纷,结合庭审中双方当事人就这一问题发表的意见和态度,应当认定协议中不得再实施侵权行为及其赔偿数额的约定为“一揽子”约定,即约定中的“一起侵权行为”,应当不限于前案诉讼中的特定型号,不限于前案中的专利权,其含义是指向侵害原告公司任意一项专利权的行为。这里的“一揽子”约定,与排除争议状态和解合同目的有关,是对目的解释的具体运用。

第四节　本章小结

和解合同的解释,是架构和解合同内容构成和合同目的的桥梁。通过解释,可以将当事人的意思进行分类,并分别适用不同的效力。争议事项与非争议事项,争议事项与和解基础,以及对和解内容的理解,都需要通过合同解释来进行。和解合同解释的特殊性,主要体现在其目的的特殊性。对合同解释类型和方法的关注,在和解当中,应当与和解合同目的结合起来。具体的解释规则,阐释性解释、补充性解释都应当体现出特殊性,特别是对于补充性解释而言。解释理论中理性人标准构建、语境重构、意义获取,具有重要参考意义。结合和解合同规范理论的运用,和解合同目的通过合同解释,可以对构建争议事项、和解基础以及和解内容的解释规则起到统领作用。

第六章　和解合同效力强化及其特殊规则

第一节　和解合同内容的确定效力

一、效力强化的理论基础

和解合同在实践中的重要性,不仅体现在传统文化影响下的社会法律关系实践中,也多层面体现在全面依法治国和构建社会主义和谐社会的司法政策导向中,特别是在坚持和发展新时代"枫桥经验"的语境下,理论界和实务界的共识正在逐步形成。关于和解合同效力强化的必要性、正当性和科学性,主要在和解理性、意思自治、和解目的范畴展开。

(一)和解理性在自力救济中的体现

现代国家以公力救济占统治地位,裁判依据是法解释学所达成的内在规定,寻找"正确答案"似乎成为主题,纠纷解决机制被解析为一种代理机制,被国家及其派生出来的机构所垄断。当中呈现出来的问题,是解决机制与社会实践在一定程度上相分离。[①] 民事纠纷是一种事实状态,是一种特殊的社会关系。纠纷的解决不仅需要正确的诊断,而且要求提供以恢复原状为标准的救治方案。[②] 实际上,与国家权力机制同时发挥作用的,还有私力救济机制。在采用民法上和解合同的方式解决争议时,和解合同作为对原纠纷法律关系的一种救济方式而存在,属于救济性法律关系之范畴,其理论基础在于和解理性。[③]

一般来说,和解理性被四项原则所体现。一是规范原则,经过法律规范、民间习惯和经验性惯例的综合作用,和解具有规制和引导和解走向有序的总体特征。二是主体性原则,纠纷结果最大程度在私人自治和意思自治的范围内由当事人控制和决定,能够起到尊重当事人意愿的效果。三是合作原则,通过在纠纷中的合作,人们由追求个人利益最大化,到避免利益互损,走

---

① 参见贺海仁:《无讼的世界:和解理性与新熟人社会》,北京大学出版社 2009 年版,第 73 ~ 74 页。

② 参见贺海仁:《无讼的世界:和解理性与新熟人社会》,北京大学出版社 2009 年版,第 196 ~ 197 页。

③ 参见邓叶芬:《论民法上和解合同的客体范围》,载《学术交流》2017 年第 6 期。

向利益双赢，最终达到使当事人可以发展未来社会关系的动力和愿望。四是角色原则，现代社会人的意志和所预想后果均要受到角色的限制和影响，社会交往中的新型社会关系呈现关系相对化、角色类型化的特征，这也成为冲突状态中的解决纠纷的规则。①

（二）意思自治对和解效力的影响

和解是在裁判外确定具体私权的重要机制。当事人达成和解合同的目的并不在于探寻客观真实的法律关系，真实意思是通过和解去除法律关系的不明确状态。和解合同通过当事人的共同确认，具体形成当事人之间的法律关系，拘束和解契约之当事人。在私法自治所容许的范围内，经过当事人合意自行确认，和解契约获得了民法规范所赋予的法律规范效力。就反面而言，除非具备法定事由，否则当事人不得以和解所确定的法律关系与真正的法律关系不一致为理由否定和解合同效力。②

（三）和解目的对和解效力的制约

和解当事人放弃对真实之法律关系的探究，基本目的在于愿意在一定程度上承担合理的风险，通过合意解决法律关系的不确定状态。如当事人任意主张和解与客观真实的法律关系不

---

① 参见贺海仁：《无讼的世界：和解理性与新熟人社会》，北京大学出版社 2009 年版，第 227～231 页。

② 参见陈自强：《和解之错误》，载《月旦法学杂志》第 233 期（2014 年）。

一致,从而否认和解的实质拘束力,重新主张和解的法律关系,显然与和解合同成立的宗旨相抵触。[①] 实际上,当事人不得再以原法律关系主张权利,与其从实体法律关系变动的角度观察,不如从和解合同目的解释的角度观察更具有直接性。当事人间的法律关系由和解具体形成,在私法自治范围内具有法律规范效力。无论从和解合同目的,还是从国家法律秩序的角度,再依据其他权利形成过程来确定法律关系,其必要性与正当性都未必足够。

二、和解内容的确定效力

关于和解合同错误撤销权行使的限制,民法经典著作中多有论述。梅仲协先生认为,关于法律行为之撤销,原则上均得适用于和解契约。然而,如果和解对象有错误则不得撤销。[②] 王泽鉴先生将和解与保证、人事保证同归于承担风险的契约一章,指明和解旨在处理争执,预防争执,以确定当事人之间的权利义务,应承担因错误而产生的不利益。只有在特别情形下,才允许撤销。[③] 我国台湾地区民事性规定中,在第 738 条就和解错误的撤销作了特别规定,如何理解这一特殊规定与民法总则意思表

① 参见陈自强:《民法上和解之效力》,载《政大法学评论》1999 年第 61 期。

② 参见梅仲协:《民法要义》,中国政法大学出版社 2004 年版,第 501 页。

③ 然若有下列情形之一的,仍得为撤销,以维护真实符合原则,保护当事人的利益:(1)和解所依据的文件,事后发现为伪造或变造,而和解当事人若知其为伪造或变造即不为和解者;(2)和解事件,经法院确定判决,而为当事人双方或一方于和解时所不知者;(3)当事人的一方,对于他方当事人的资格,或对于重要的争点有错误而为和解者。参见王泽鉴:《民法概要》,北京大学出版社 2011 年版,第 355 页。

示错误规定之关系,是一个重要问题。[①] 在和解合同中,和解基础理论中的确定效力的认定,与错误制度的特殊性有直接关系。

(一)确定效力的规范含义

和解合同达成,就意味着和解所确定的权利义务对双方当事人产生拘束力。和解合同的确定效力,在和解错误问题中有突出体现。确定效力范围内有争执或不明确的法律关系,不能以不符合客观真实为由撤销。反之,和解双方对和解前提的误认,不在确定效力范围内。和解确定效力具有积极面和消极面两个面相。[②]

首先,确定效力的消极面。和解合同本身具有排除和解前法律关系主张的效力。这一消极效力具有债权性质,并非仅因和解而使当事人相互负有不得主张原法律关系的义务。当事人主张和解前的法律关系,不应被视为一般违约行为,需要通过法院审查确定。此外,如一方在诉讼上主张反于和解合同确定效力的请求,基于确定效力的消极面,另一方的当事人可以提起抗辩。其次,和解合同确定效力的积极面。基于和解合同,当事人不能主张之前的法律关系,但可以积极依据和解合同主张权利。和解所针对的争执,根据债权债务关系、物权关系及其他权利归属而有所区别。对债权债务关系的和解,和解为债的发生原因,

---

① 参见陈自强:《民法上和解之效力》,载《政大法学评论》1999 年第 61 期。

② 参见陈自强:《和解之错误》,载《月旦法学杂志》第 233 期(2014 年)。

当事人得直接主张履行请求权。对物权和其他权利归属的和解,当和解确定的权利归属与权利表征一致时,当事人直接获得权利;当权利归属与权利表征不一致时,该和解合同为包含处分行为的债权合同,当事人可以基于和解合同的积极面请求履行。①

(二)确定效力规范效力构造

首先,基本概念。和解确定效力的最重要的两个概念,是和解基础和和解内容。德国法学说针对和解错误问题处理,提出了两个基本概念,即和解内容(caput controversum)与和解基础(caput non controversum)。《德国民法典》第 779 条第 1 款的和解无效规则只是针对和解基础,而不针对和解内容。在引起争议或不确定性的事实范围内,和解合同就争议事项所达成的和解内容的确定效力不得被撤销。② 在日本法上,关于和解契约错误制度的适用问题,我妻荣教授所主张的三分法仍然支配着学界和判例的主要立场。③ 在三分法中,第一种类型是关于纠纷对象的错误,不允许当事人主张无效;第二种类型是关于前提或者基础的错误,当事人可以主张和解合同的无效;第三种类型是上述两种情形之外的事项发生错误,只要满足错误的要件,当事人

---

① 参见李双元、黄为之:《论和解合同》,载《时代法学》2006 年第 4 期。

② 参见庄加园:《和解合同的实体法效力——基于德国法视角的考察》,载《华东政法大学学报》2015 年第 5 期。

③ 参见解亘:《论日本民法中的和解契约》,载《苏州大学学报(法学版)》2015 年第 4 期。

可以主张和解契约的无效。

从和解合同的基础理论来理解，在当事人相互让步予以确定的和解内容上，不能任意以错误为由进行攻击。但在和解内容以外，特别是构成和解基础的事实存在错误时，仍有错误理论适用的空间。和解基础是当事人所共同认可并且没有异议的事实，是双方妥协让步的前提。如果当事人所确认的基础事实与真实情形不符，理论上属于行为基础的错误，能够对和解合同的效力产生影响。[①] 在如下案例中，当事人就是否存在金钱债务产生争议，为停止争议达成和解，以预先扣押的特定数量的罐装果酱作为清偿。如果就果酱的品质存在误解，这种情形下和解基础的错误，可以作为否定和解合同的效力的依据。[②] 原因在于，因为当事人在果酱的品质上并不存在争议，就更不存在果酱品质相互让步予以确认的合意。

其次，错误制度的限制规则。其一，错误的特殊性。[③] 我国台湾地区民事性规定中第 738 条第 1 款至第 3 款指明可以撤销的和解都不是意思表达阶段上的错误，除当事人资格错误在民事性规定的总则已经有规定之外，其他情形都不是依错误的一般规定可以撤销的错误。在实务中，出现问题最多的“重要争点错误”，理论上属于“双方共通的动机错误”，是独立于一般规定

① 参见黄立等主编：《民法债编各论》（下），中国政法大学出版社 2003 年版，第 855 页。

② 参见解亘：《论日本民法中的和解契约》，载《苏州大学学报（法学版）》2015 年第 4 期。

③ 参见陈自强：《和解之错误》，载《月旦法学杂志》第 233 期（2014 年）。

的错误类型。第738条第3款所谓“重要争点”，不是和解当事人间以有争执的事项或不确定法律关系所确定的和解内容，而是不属于和解确定效力所及的、双方当事人在和解时作为和解前提的确定的基础事实关系。第738条第3款所谓的“重要”，应当理解为错误法则所谓的错误与意思表示或契约成立之间的因果关系。其二，错误认定具体规则的构建。在具体规则的构建上，基于贯彻合同自由原则、维护合同当事人的利益的原则，有学者提出了具有重要参考价值的理论成果。第一，和解所依据的法律文件，事后被发现是伪造或变造的，而和解当事人如果知道文件是伪造或变造的就不会和解的。没有伪造或变造的文件所确定的事实作为基础，双方当事人就没有成立和解合同的余地。第二，和解的事件已经法院确定判决，而当事人双方或一方于和解时并不知情。当事人内心意思在于排除法律关系不明确的状态而成立和解合同，但因为对存在确定裁判不知情，客观的效果却成为变更裁判内容，属于对和解基础认识错误的问题。第三，对于他方当事人的资格或重要争点有错误，该资格须在交易上被认为是重要的，才可作为撤销的原因。[①] 和解的成立自应针对重要争点而为。重大误解的判断应对和解前原争执而言。对第三点重要争点的研究，还有继续深入和细化的空间。

（三）确定效力的制度意义

错误可以作为否定合同效力的民法规范，然而和解合同基

---

① 参见谭振波：《和解合同的效力》，载《河北法学》2012年第10期。

于基础理论和特殊目的，在错误制度适用上具有特殊性。和解中对“错误”事由的理解如果存在偏差，和解合同订立的目的实现会遇到阻碍，从而违背和解当事人本意。以“错误”而主张和解合同撤销，应当从理论构成和适用规则上进行严格限制。这种限制主要表现在，第一，和解合同的目的并不在于确认既有法律关系的真相，而在于终止争执或排除不确定的法律关系的状态，和解内容确定效力不得以反于真实为由撤销。第二，和解合同所确认的法律关系可能与真实的法律关系不相符合，一般情况下，这在当事人选择和解所应承担风险的范围内。[①] 和解基础的错误，从本质上是行为基础的错误，动摇了当事人合意排除争执状态的基础，所以能够影响和解合同的效力。第三，和解合同错误认定的规则，应在确定效力认定、和解基础理论的基础上，参照我国台湾地区民事性规定的相关内容予以构建。同时，对其中重要争点的错误要件和类型，还需要根据实践需要和理论发展进一步予以细化。

第二节 争议事项的规范含义

一、实践和理论中的问题

我国原《合同法》和《民法典》均未将和解合同列为典型合

① 参见谭振波：《和解合同的效力》，载《河北法学》2012 年第 10 期。

同,仅在原《合同法》总则第128条和《民法典》物权编第233条中,将和解作为当事人解决争议的方式进行规定。对于和解合同究竟该如何具体进行规范,如同本书绪论中所论证,现行法律体系未作详细阐释。在实践中,尤其是在工伤、医疗、保险理赔、交通事故等案件中,和解合同普遍存在,对其的调整成为困扰司法实践的重要问题,争议主要围绕能否以重大误解和显失公平为由撤销相关协议而展开。究其原因,和解的目的在于避免纠纷,当事人彼此通过互为利益上的让步而达成约定,如果可以轻易撤销之前的安排,不仅使前期的磋商和努力付诸东流,也会使争议事端或纠纷困境重现;但捍卫意思自治,避免因错误意思、利益失衡造成的不利行为,又是合同救济的基本立场。因此,如何平衡意思自治和交易安全,在和解合同的撤销问题上尤为凸显。学界和实务界对此问题的既有研究,虽将关注点推进到意思形成的机制中,但是对于具体的认定规则,尚缺乏进一步细致的研究,在问题的解决上缺乏说服力和解释力。① 上述问题兹举一例,以说明之。

从事货运业务的云南福运物流有限公司(以下简称福运公司)与中国人寿财产保险股份公司曲靖中心支公司(以下简称保

① 我国民法学者陈自强、王千维、李双元、解亘、于锐、庄加园、肖俊、贺剑等对和解错误和公平问题均有所研究。陈自强经典文献《和解之错误》一文,其学术贡献在于指出和解错误与原《民法总则》的错误不同,不是表达阶段的错误,而是形成阶段的错误。庄加园、贺剑、肖俊等多位学者都注意到了和解错误中争议事项的特殊作用,其中肖俊对争议事项问题有所聚焦,认为争议事项对和解合同效力具有实质性影响,其《和解合同的私法传统与规范适用》(载《现代法学》2016年第5期)一文,对和解问题诸制度所涉较广,但在提出争议事项问题后对其规范含义和认定规则并未展开深入研究。

险公司)长期有保险业务往来。某日下午5时许,福运公司工作人员电话投保,口述了投保的品名、数量、金额、启运时间。保险公司业务员笔录了投保内容,但因接近下班时间没有收款和出单。第二天上午9时许福运公司交付保险费,保险公司出具保单。保单特别约定一栏中载明:投保人应当在保险合同成立时交付保险费。保险费未交清前发生的保险事故,保险公司不承担保险责任。电话投保当日22时许,福运公司报案称发生保险事故,货物损失金额共计240万元。后双方当事人签订了《赔偿协议书》,协议书载明:由保险公司赔偿福运公司货物损失人民币50万元;此次事故货物损失赔偿后一次性了结。该赔偿款已实际履行到位。后双方发生争议,保险公司以重大误解、福运公司以显失公平为由,主张撤销赔偿协议。此案经一审、二审、再审,最高人民法院在再审意见中认为:本案达成的《赔偿协议书》是双方对财产损害赔偿金额的自认,双方当事人应受该协议的约束;保险公司不应赔偿福运公司其余货物损失190万元,投保单上"特别约定",属于附生效要件的合同,保险人对投保人保险费交纳前所发生的损失不承担赔偿责任。双方均因证据不足,不得以重大误解、显失公平为由主张赔偿协议的撤销。①

本案中,法院将"赔偿协议"界定为是当事人对相关财产利益安排的"自认",是否能够直接以赔偿协议作为理由得出当事

① 参见云南福运物流有限公司与中国人寿财产保险股份公司曲靖中心支公司财产损失保险合同纠纷案,载《最高人民法院公报》2016年第7期。

人必须受协议拘束的结论？换句话说，这种“自认”是否在排除了合同正常的法律拘束力之外，也排除了当事人以正当理由主张撤销的权利？这种“自认”，如果构成和解，那么是否可以认为，和解中当事人已经“自认”了损失，因此和解合同就不能再以任何理由撤销？法院又进一步通过分析先前的法律关系，来判断当事人是否存在重大误解、显失公平的撤销事由。这似乎意味着，即使是“自认”，抑或和解，依然存在以重大误解、显失公平为由加以撤销和解合同的空间。但问题恰恰在于，自认本身就是建立在当事人双方无法确定法律关系之上的让步和妥协，对照应然的法律关系，其中的误解或不公平又在所难免。那么，误解是否“重大”，公平是否“显失”，纵然是能否撤销的核心因素，其判断的特殊性在自认的前提下如何体现？即使由法院来衡量先前的法律关系，又该如何结合情势来判断当事人在“自认”上的让步空间？种种疑虑，实有进一步探讨的空间。

二、争议事项的提出及其理论基础

（一）实践中问题解决的局限性

实践中，关于类似的问题，实务部门在处理中，存在不同的处理方式和意见。[①] 以和解适用频率较高的工伤案件为例，有的

---

① 笔者以私了协议、赔偿协议、还款协议为关键词，在北大法宝进行全文搜索，截至本书定稿之日检索到包括指导案例、公报案例、典型案例、参阅案例、经典案例在内的案例共计1467例，经筛选与和解协议有关的案例共计136个，其中以重大误解和显失公平为由撤销的案件，占到总数的69%。

地方劳动部门在工伤赔偿案件的处理意见中认为，应按照工伤保险待遇，裁决用人单位补足原先双方协议中低于工伤保险待遇的差额部分。① 有法院在裁判理由中认为，按照是否经过鉴定，作为和解协议效力的判断标准。② 在具体案件的适用中，各种案例类型中，裁量自由度较大等共性问题影响了和解作用的发挥。

1. 重大误解制度适用问题

案例一：安邦财产保险股份有限公司宝鸡中心支公司与白某某、原审被告张波机动车交通事故责任纠纷案。③

法院认为一方当事人缺乏专业的医学知识、经验，自认为伤情较轻不构成伤残，而后经鉴定构成伤残，该协议约定赔偿的数额与按照有关规定计算应当赔偿的数额相差较大，认定白某某对赔偿协议存在重大误解。

案例二：许敬贤诉刘洪奎、王学朋在村镇私宅施工中受伤由承包人承担人身损害赔偿纠纷案。④

---

① 《关于印发〈江苏省劳动仲裁案件研讨会纪要〉的通知》，苏劳仲委(2007)1号第10条规定，在已认定工伤和评定伤残等级的情形下，劳动者与用人单位就工伤待遇达成赔偿协议后，劳动者又提起仲裁的，仲裁委员会审理上述案件时，应按照工伤保险待遇，裁决用人单位补足原先双方协议低于工伤保险待遇的差额部分。

② 范广华与徐州东亚钢铁有限公司等工伤保险待遇纠纷上诉案，江苏省徐州市中级人民法院(2015)徐民终字第4124号民事判决书。

③ 参见安邦财产保险股份有限公司宝鸡中心支公司与白某某、原审被告张波机动车交通事故责任纠纷案，甘肃省天水市中级人民法院(2016)甘05民终122号民事判决书。

④ 参见许敬贤诉刘洪奎、王学朋在村镇私宅施工中受伤由承包人承担人身损害赔偿纠纷案，江苏省连云港市海州区人民法院(2012)海民初字第0063号民事判决书。

法院认为双方签订和解协议时,原告的伤情尚未进行司法鉴定,原告对伤情存在重大误解,其经司法鉴定后才知伤情构成八级伤残,故原告方在签订和解协议时存在重大误解,应撤销和解协议。

此类案例中,法院仅以当事人是否具有专业知识、是否以鉴定意见等为参考,作为判断重大误解的基础,虽然其认为是对原《民法总则》、《合同法》中重大误解制度的运用,但并没有注意到重大误解制度在解决此类问题当中的特殊性。实际上,所谓重大误解的适用,往往是对自认前法律关系中的当事人意思进行评价。而和解合同的特殊之处,恰在于通过当事人的合意安排,排除了这些意思的作用,进而达成"自认"的结果。自认效果的本质,在于当事人认为其妥协的内容对于纠纷解决不再具有绝对的重要性,更根本的是双方为合意解决纠纷而愿意各自承担一定的风险。此时,以区别于自认之外的意思,来衡量和解合同中的当事人意思,进而认定是否存在重大误解,势必造成认识和理解的偏差,不仅使问题复杂化,更会使当事人的合意落空。实际上,和解合同中当事人合意达成,有不同于既有法律关系的原因存在,足以在一定程度上限制重大误解制度的适用。

2. 显失公平制度适用问题

案例三:黄仲华诉刘三明债权人撤销权纠纷案。[①]

---

① 参见黄仲华诉刘三明债权人撤销权纠纷案,载《最高人民法院公报》2013 年第 1 期。

在当事人达成赔偿协议之后，一方以赔偿协议与鉴定意见赔偿数额有差距主张显失公平时，法院认为，一般的合同关系仅涉及双方当事人的财产权纠纷，而本案中双方就工伤损害达成的赔偿协议虽具有一般合同的属性，但本案的处理并非针对简单的债权债务关系，而是涉及劳动者的生存权益，所以双方签订的赔偿协议导致双方权利义务不对等，使黄仲华遭受重大利益损失，构成显失公平。

此类案例中，当事人对自认内容包含重要性放弃的意思并未质疑，转而主张和解合同内容与可以参照的标准之间差距悬殊，或者要求结合利益衡量的方式，适用显失公平规则。诸如此类问题，在一般合同法理论上，显失公平制度适用似乎不存在太大的障碍。但是，与上述重大误解制度适用相类似，显失公平制度在和解合同中同样存在适用特殊性。在显失公平适用要件考察时，"自认"的因素应当给予充分的考察：一是自认前提的主观要件，是否可以被质疑；二是自认所形成的和解内容，是否在客观要件所允许的范围内。诸如劳动者的生存权益等固然可以作为客观要件考量的重要因素，但是因为有双方当事人"相互让步"内容的存在，对风险界限的探究，应当受到合理程度的限制。反之，纵然有自认的因素存在，因为有风险边界、特殊利益等问题的存在，对自认内容未必没有显失公平适用的空间。

3. 功能区分与联系

概括当前实务中对于和解合同撤销事由的审查，主要有以下判断标准和理由：一是以法定赔偿标准与一方当事人认识是否存在差别为由,认定是否存在重大误解,例如案例一。二是以是否需要考虑特殊利益,如以劳动者利益为标准,采用客观标准,例如案例三。三是当事人意思合意具有拘束力,但需要加以控制,采主观、客观结合标准,例如本节开头的福运公司与保险公司案例与案例二。从实务案例梳理当中可以得出结论,重大误解主要在当事人意思上起限制作用,而显失公平主要在当事人合意内容上起限制作用。前者更注重当事人内部的意思,后者更多从外在秩序进行控制,二者适用的场域有所区别。细作分析可以发现,因为有自认的因素存在,和解当中与当事人意思密切相关的"争议事项",作为重大误解制度受到限制的主要场域。同时,在这个场域中,显失公平制度有其适用的空间,可以对撤销事由的限制发挥制约作用。

(二)争议事项在和解合同中的重要意义

案例四:衡南县工程公司防城港分公司与覃春容劳动争议案。[①]

法院认为,由于《工伤补偿协议书》约定"双方劳动合同关系解除",但该协议仅就覃春容的工伤赔偿进行了约定,未涉及解除劳动合同经济补偿问题,应另行补偿经济补偿金。该案并未全面肯定或否定和解合同的效力,而是根据争议事项,对合同内

---

① 参见衡南县工程公司防城港分公司与覃春容劳动争议案,广西壮族自治区防城港市中级人民法院(2015)防市民一终字第416号民事判决书。

容进行调整。

此类案例现有的处理路径,是考察原法律关系内容是否存在重大误解。实际上,当事人通过合意的安排,在和解形成的新的合同内容中,对原有法律关系内容作了相应的安排,既有的处理路径存在的问题有:一是当事人合意安排的位置降低,二是分析和规制的视角发生偏差。参照比较法规范和适用规则,对和解合同争议事项作规范考量,才更有利于解决问题的合理性和科学性。

1. 争议事项的重要性

在比较法上,和解合同制度有明确的规定,争议事项作为一个重要的规范被提出。① 和解合同的特殊性有进行关注的必要,而其撤销事由的特殊性,需要从争议事项的角度进行观察。争议事项可以视为广义和解内容的组成部分,其存在使和解内容在问题解决整体性、合意拘束终局性,以及公平秩序的平衡性上,体现当事人更全面的意思自治。和解合同的撤销事由也就不仅是一般理论下错误和公平的判断问题,还应在既定规则下进行甄别和认定。例如,本节开头的案例中所探讨的问题,双方达成赔偿协议的过程中,已经包含了放弃对保险合同是否生效的探求,对案件处理作出了双方确认的赔偿内容。不探求是否生效、直接达成赔偿数额和对保险案件作出了结处理,是双方基于不确定法律关系、为维持合作关系相互让步、在整体法律关系视角下达成解决纠纷的合

① 参见陈自强:《和解之错误》,载《月旦法学杂志》第233期(2014年)。

意，具有和解合同的特征。[①] 在争议事项的范围内，不应仅从原法律关系出发，考察是否构成重大误解。

2. 争议事项的必要性

争议事项的概念和规范性，对解决和解合同理论和实践中存在的若干困扰具有重要意义。首先，大多数案件认可和解合同可撤销事由，是出于司法政策对受损害方的保护。深入研究体现当事人风险承担意思的争议事项的制度价值，才能避免和解合同的拘束力受到不当影响。其次，和解案件中重大误解的适用事项，一般是针对双方并无争议、作为和解前提的和解基础。理论基础有所不同，理论解释和适用后果当然就会有所不同。如果不加以甄别，就会出现类似案件裁判结果不统一，甚至是理论适用混乱的情形。最后，在理论层面，合意确认不确定法律关系，是意思自治理论在特定领域的特殊体现。如果不借助特定的规范概念，结合解释理论的适用充分考虑当事人自己作出安排的合意因素，会对和解合同涉及的法律关系的整体性产生影响。

① 关于和解合同的特征和要件，民法权威学者多有论述，其基本意旨形成通说。具体文献如下：[日]我妻荣：《我妻荣民法讲义 V_3 · 债权各论》（中卷二），周江洪译，中国法制出版社2008年版，第337页；史尚宽：《债法各论》，中国政法大学出版社2000年版，第858～859页；梅仲协：《民法要义》，中国政法大学出版社2004年版，第500～502页；郑玉波：《民法债编各论》（下），1980年自版发行，第803～806页；黄立等主编：《民法债编各论》（下），中国政法大学出版社2003年版，第831页。

(三)争议事项的含义及效力基础

1. 区别于和解基础的争议事项

其一,争议事项和和解基础的判断,是比较法上和解合同的核心问题。德国、法国、意大利及日本关于和解错误,有相类似的法律原则。[①] 我妻荣对和解无效事由作了经典表述:第一,在经和解而约定停止争议的标的事项上存在误解,当事人不能主张无效;第二,对当事人作为争议对象事项的前提或基础而予以预订的事项的误解,对和解的法律效力构成影响;第三,对前两种事项以外的其他事项也可能存在误解。[②] 在本书论述中,我妻荣观点中的第一种为理解争议事项基本含义提供依据,第二种则应该理解为对和解基础的概括性描述。

其二,争议事项与和解基础的基本界定。争议事项是在和解过程中当事人承担风险的合意自认,其内容既体现当事人主观意思的对立,又与和解内容达成有直接关系。和解基础一般是在非争议事项的范围内,并且与和解内容的形成有特定的关联性。[③] 关于和解基础的特别规定,我国台湾地区民事性规定中

---

① 参见陈自强:《和解与计算错误》,2014 年自版发行,第 295 页。

② 参见[日]我妻荣:《我妻荣民法讲义 V_3 · 债权各论》(中卷二),周江洪译,中国法制出版社 2008 年版,第 337 页。我国法上的撤销事由,在日本法上效果不同,日本法将其作为无效来处理。但是,对于和解基础、争议事项和其他事项的分类,对影响和解合同内容撤销事由有着基础性的作用。

③ 参见陈自强:《和解之错误》,载《月旦法学杂志》第 233 期(2014 年)。

的特别规定对我们有一定的借鉴意义。和解中的争议事项的本质是当事人双方合意放弃了争议事项所包含的内容对问题解决的重要性。① 因为争议事项存在的独立价值,不能单纯从原有法律关系内容出发,讨论撤销事由的构成。

2. 争议事项效力的理论基础

和解是裁判外确定私权的机制,规范目的在于去除法律关系不明确的状态,具体形成当事人的法律关系,在私法自治容许范围内具有规范效力。争议事项所涉内容,不得因有悖于真实而撤销是和解合同基础理论的当然体现,②其理论基础主要在于意思自治、风险承担、规范目的。意思自治作为民法上的基本原则,强调通过个人的意思表示来实现自治的目的。以德国法为代表的现代民法体系对法律行为理论的构建,实现了意思自治原则与制度规范的联结。中国民法理论的深入发展对法律行为理论予以承继,认可其在实现意思自治原则上的制度价值。关于风险承担,和解属于承担风险的合同类型中的一种,只有当其与当事人选择的风险分配规则冲突时,才能踏上错误撤销的路径。③ 当事人基于利益衡量所表达的合意,包含承担终局确定双方的权利义务的风险内容。规范目的,作为争议事项规范效力

① 参见肖俊:《和解合同的私法传统与规范适用》,载《现代法学》2016 年第 5 期。

② 参见陈自强:《和解与计算错误》,2014 年自版发行,第 282 页。

③ 参见[德]海因·克茨:《合同法中的风险分配》,沈小军译,载《法治研究》2020 年第 3 期。

的理论基础,可以从其构成要件要素考量。[①] 首先,法律关系不明确的要件,使规范目的包含解决争议效率需求的外部限制因素。其次,相互让步的存在,形成具有牵连性的内在规范目的拘束力。[②] 最后,终局去除不确定状态的合意,体现一定范围内风险承担的自治性。

三、争议事项的解释适用和认定规则

(一)争议事项的解释适用

比较法上争议事项的效力,是通过对既有法规范体系进行解释来实现的。《德国民法典》第 779 条第 1 款的和解无效规则只是针对和解基础,而不针对争议事项。考虑到后者引起了争议或不确定性,和解合同就争议对象所达成的法律确定效力不能因为嗣后撤销而消灭。[③] 瑞士法虽然没有相当于《德国民法典》第 779 条和解错误的规定,但通过学说实务发展出来的现行法律状态,与德国所差有限,区别争执对象与不争执对象,前者为德国学说所谓的和解对象,后者为和解基础。使和解不生效的事实,限于双方错误或一方错误而他方知情作为和解确定的

① 参见李双元、黄为之:《论和解合同》,载《时代法学》2006 年第 4 期。

② 参见[美]E. 艾伦·范斯沃思:《美国合同法》,葛云松、丁春艳译,中国政法大学出版社 2004 年版,第 8 页。

③ 参见庄加园:《和解合同的实体法效力——基于德国法视角的考察》,载《华东政法大学学报》2015 年第 5 期。

事实,对特定事实关系之怀疑并非法律意义上的错误。①《日本民法典》对和解的规定只有两条:第695条为和解定义,第696条为和解效力的规定。对和解错误并无特别规定,其由学说判例发展而来。主流学说认为,争执对象因相互让步而决定的事项本身有错误,不影响和解效力,这是德国民法第一草案和法国民法规定不得以错误理由撤销和解规定的对象。② 我国台湾地区民事理论研究中,关于争议事项拘束力的解释和认定,经历了一个过程。早期学说针对和解对象进行讨论,以和解对象是否超出原来法律关系内容或者是否反于真实为标准,③当前的有力说认为,我国台湾地区民事性规定中的错误原则上限于意思表达阶段的错误,和解规定的错误是意思形成阶段的错误,应当适用不同的规则。④

在我国实证法中,原《合同法》和《民法典》均未将和解合同作为一种典型合同进行规定,这不影响和解合同制度的解释适用。相关法律体系中的具体规定,对允许通过协商的方式来解决争议有所表述,具体效力和规则需要进一步解释适用。《民法

---

① 相关案例情形:①如甲认为被乙的狗咬伤请求赔偿3000元,乙对此持怀疑态度,但为避免诉讼息事宁人,同意支付1000元,后来才知道狗是丙的,乙不得主张错误;②但若乙以为其狗咬人,且依情形可认为甲亦如此认为,无论甲是否真的如此认为并不重要,乙的主张无效;③若甲表明不知被何人的狗咬伤,但相信是乙的狗,乙明知甲不能确定但仍同意和解,则受和解契约拘束,此所谓法律结果考虑原则。参见陈自强:《和解合同之错误》,载《北航法律评论》2016年第1辑。

② 参见陈自强:《和解合同之错误》,载《北航法律评论》2016年第1辑。

③ 史尚宽:《债法各论》,中国政法大学出版社2000年版,第824页。

④ 参见陈自强:《和解合同之错误》,载《北航法律评论》2016年第1辑。

典》第133条规定，民事法律行为是民事主体通过意思表示设立、变更、终止民事法律关系的行为。第136条第2款规定，行为人非依法律规定或者未经对方同意，不得擅自变更或者解除民事法律行为。对法律行为中的设立行为，应当理解为既包括法律关系从无到有的新设法律行为，也包括对既有不确定法律关系的确认行为。确认行为中，通过意思解释可以确定的争议事项，在其既定范围内产生法律行为应当具有的拘束效力，非经既定规则，其拘束效力保持存在。解释适用和解合同及争议事项的规范意义在于，裁判者在客观法中找不到可适用的规范时，应以当事人之间契约为依据寻找更公平的决定。当事人之间形成的契约，在数量上远超过客观法，内容上更加精致细腻和经济实用，无视其存在或排除其适用，民法的运作会治丝益棼，法院止争功能也会有所减损。[①] 恰如其言，争议事项既是和解合同的重要内容，又是影响合同效力的重要因素，其存在和效力，应当在解释法理论、法规范和当事人意思中获得。

（二）争议事项的认定规则

争议事项的认定，涉及两个方面的问题，一是和解基础与争议事项之间的甄别，二是争议事项本身的范围问题。本书认为，认定规则的构建，应当在一定理论基础和实践目的指引下展开。

---

① 参见苏永钦：《私法自治中的经济理性》，中国人民大学出版社2004年版，第14页。

1. 争议事项的认定规则构建

(1)意思解释以界定争议事项为原则

案例五:范庆夫与慈溪市晟邦机械有限公司工伤保险待遇纠纷案。①

当事人通过调解协议书约定赔偿数额,后经劳动能力鉴定委员会鉴定范庆夫的伤残等级为七级,计算后与协议的赔偿数额差额为2.4万余元。法院认为,工伤认定不是工伤私了的必要前提,工伤认定是社会保险经办机构支付工伤保险待遇的前提条件,工伤的私了,纯属用人单位与劳动者之间的私权利。

本案中,法院讨论的重点是:和解效力是否以经过鉴定程序为标准。实际上,在符合和解合同适用特征的语境下,从争议事项的角度对鉴定意见的作用进行认定更有实效性。在这里,意思表示的解释发挥重要作用。在没有鉴定意见而和解的情况下,如果当事人双方有明确放弃鉴定意见的意思表示,无须进行解释。有疑问的是,如果当事人没有明确放弃鉴定意见的表示或者表示不够清楚的时候,如何进行解释。笔者尝试给出如下规则:如果当事人提及可能的鉴定意见并给予双方共同的认定,这种认定应该属于和解基础,可能因与实际情况的偏差而适用错误制度;如果和解合同没有明确约定是否进行鉴定而认定赔

① 范庆夫与慈溪市晟邦机械有限公司工伤保险待遇纠纷案,浙江省宁波市中级人民法院(2015)浙甬民一终字第1146号民事判决书。

偿数额的,应当先认定争议事项包括不考虑鉴定意见。这也揭示了争议事项认定的一般原则。

这一规则的合理性可以作如下理解。首先,在一般的合同解释领域,对当事人真意的探求,应该探求当事人双方共同主观的意思。只要是当事人双方约定的内容,不管法律规范效力的意义如何,在当事人之间如果没有争执,无论该内容在客观上如何被了解,也不管客观上是否具有歧义,仍以当事人共同主观意思为准。[①] 其次,和解合同中当事人一旦愿意接受既定的和解内容,应当认为一般有判断能力的当事人对法律规定具有合理认知,他们基于排除纠纷的目的而放弃外在标准的重要性,转而愿意承担一定的风险,亦即双方各以某种形式的让步来换取法律关系的确定状态。最后,比较法上的先例。如日本法实际裁判中,就争议事项的解释,在难以辨明当事人在和解时的意思时,认为应当确立意思解释的规则,构成前文我妻荣教授所述第一种类型,即解释为纠纷对象的错误、限制错误无效的适用。[②] 这也契合了本书论证的基本原则。

(2)争议事项范围不明以限缩解释为原则

案例六:重庆建工集团股份有限公司与中铁十九局集团有

---

① 参见陈自强:《民法讲义Ⅱ:契约之内容与消灭》,法律出版社2004年版,第62页。

② 参见解亘:《论日本民法中的和解契约》,载《苏州大学学报(法学版)》2015年第4期。

限公司建设工程合同纠纷案。[1]

法院认为,在民事合同中,当事人将接受行政审计作为确定民事法律关系依据的约定,应当具体明确,而不能通过解释推定的方式,认为合同签订时,当事人已经同意接受国家机关的审计行为对民事法律关系的介入。在双方当事人已经通过结算协议确认工程结算价款并已基本履行完毕的情况下,国家审计机关作出的审计报告,不影响双方结算协议的效力。

因和解而确定的法律关系,涉及和解契约的解释问题,应结合具体和解内容来判断。[2] 争议事项的内容范围同样是意思表示解释的结果。在解释和解合同时,法律人需要根据不同的争议事项,基于当事人的利益衡量来探求真意,即是否要终局地确定双方的权利义务,不准任何一方反悔,也不能因为和解合同不符合和解对象的真实性而拒绝履行。因为争议事项不符合真实,本就是和解当事人必须承担的风险,否则和解将会失去解决争议的功能。[3] 为降低这种风险,对和解内容的解释有必要以限缩解释为原则。在对争议事项范围认定进行限缩解释时,不仅要关注是否进行了相关事项的安排,认定主张撤销的事由是否构成争议事项,还应当关注内容成为争议事项的可能性。其中需要考虑的因素,包括当事人的文化程度、对相关规定掌握的可

① 重庆建工集团股份有限公司与中铁十九局集团有限公司建设工程合同纠纷案,载《最高人民法院公报》2014 年第 4 期。

② 参见[日]星野英一:《日本民法概论 Ⅳ 契约》,姚荣涛译,台北,五南图书出版公司 1988 年版,第 303 页。

③ Reinhard Bork, Der Vergleich, 1988, S. 235.

能性、解决问题的急迫程度、对方当事人的不当影响等。在撤销事由的认定上，通过限缩解释，可以以相关事由不包含在争议事项范围内，平衡当事人在和解当中承担的风险。

2.争议事项主要类型概括

在对案例进行梳理和总结的基础上，实务中争议事项的类型，表现为如下的几种情形：

(1)不确定法律关系本身构成争议事项。明知存在不确定法律关系，可以解释为放弃对不确定性的探究。此时，应认定为争议事项的典型类型，一般不构成撤销事由。如在福运公司与保险公司赔偿协议案件中，双方在放弃探究保单是否生效的情况下达成赔偿协议，保单是否生效构成争议事项。①

(2)仅部分不确定的法律关系在争议事项的范围内。主要表现为当事人对法律关系不确定性因素的意思表示并不充分，此时该部分不确定法律关系应当在争议事项范围内却没有被争议事项所包含，其效力仍可以被质疑。如在某劳动纠纷案件中，法院认为工伤赔偿的确认事项，并不能包含解除劳动合同补偿金，因此这一部分不包含在争议事项的确定效力里。②

(3)不确定法律关系的确定方式在争议事项范围内。此时应当认为，不再以其他方式确定法律关系已经包含在争议事项

① 参见云南福运物流有限公司与中国人寿财产保险股份公司曲靖中心支公司财产损失保险合同纠纷案，载《最高人民法院公报》2016年第7期。

② 参见湖南省衡南县工程公司防城港分公司与覃春容劳动争议案，广西壮族自治区防城港市中级人民法院(2015)防市民一终字第416号民事判决书。

中。公法上作为管理和规制机制的规定应该落在争议事项的范围内,前文所论及的人身损害中鉴定意见的诸多案例,大部分属于这一情形。

(4)应考虑而未考虑的不确定因素。其一,因过失未考虑。很多情况下,当事人由于法律知识的欠缺,心情的急迫,以及对现实社会存在诸多困难的担心,而主动放弃对不确定法律关系客观标准的探究,直接通过和解合同达成了确定的法律关系。此时,对于争议事项仍不能撤销,但是否构成显失公平需要特别考量。其二,非因过失未考虑。一般是指因双方当事人原因以外的因素,而未被纳入争议事项范围内,和解协议作了概括的书面表述的情形。此时,可以通过解释适用和解基础理论,实现可以撤销的效果。

以人身损害赔偿案件和解中涉及的鉴定意见对和解合同效力影响为例,争议事项认定和适用类型包括如下情形:①和解达成时没有经过鉴定。如果一方当事人以不知道应当做鉴定为由,应先推定为在争议事项范围内,不构成一般的重大误解撤销事由。②虽没有鉴定意见,但已经提交鉴定,可以认定构成争议事项,不得再以没有鉴定意见为理由撤销,鉴定意见本身不能再作为和解结果的参考。③有鉴定意见,但和解合同当中没有提及鉴定意见,可以认为构成争议事项。视为当事人放弃对鉴定意见的考虑,无论鉴定意见本身是否有问题,原则上不能仅依据鉴定意见主张重大误解。④虽经过鉴定,但有不易于发现的隐蔽性损害或者后发损害,应当认为构成和解基础。和解基础本身的问题,可以适用重大误解撤销和解合同。

(三)争议事项不可撤销的限制

案例七:吕某诉豫宏达公司要求撤销赔偿协议纠纷案。[①] 当事人双方约定,从签约时起,吕某自愿离开豫宏达公司另谋职业,豫宏达公司给予7万元的赔偿,并且列举了可能涉及的所有理由。后经鉴定吕某达到伤残鉴定三级标准,为部分护理依赖。根据《工伤保险条例》规定计算,一次性伤残补助金为669,012元。法院以显失公平为由,撤销了和解协议。

如同此案例所呈现的,原则上争议事项的内容不能因错误撤销,应当作为和解合同的一般原则得以固定。同时在争议事项的范围之内,仍然有可能受到显失公平制度的限制,前提是不仅显失公平的程度符合显失公平构成要件,最重要的是能够兼顾和解合同争议事项的特殊性。

1. 显失公平的一般制度构成

民法上的显失公平制度经过一个变化的过程。原《民法通则》第59条、原《合同法》第54条对显失公平的规定,与德国民法上的暴利制度有所不同,在显失公平即给付严重失衡的客观要件之外,均未提出"乘他人之急迫、轻率或无经验"(我国台湾地区民事性规定中第74条),或"利用他人急迫情况、无经验、缺

---

① 参见吕某诉豫宏达公司要求撤销赔偿协议纠纷案,载北大法宝,https://www.pkulaw.com/pfnl/a25051f3312b07f38c984023f409724782 1e58b52e618b96bdfb.html。

乏判断能力或显著意志薄弱”(《德国民法典》第138条第2款)的主观要求,[①]也就是客观标准的一元论。最高人民法院早在1988年发布的《关于贯彻执行〈中华人民共和国民法通则〉若干问题的意见(试行)》(以下简称最高法院《民通意见》)第72条为司法实践中采用二元论提供了依据,原《民法总则》、《民法典》总则编则在实体法上确立了主观主义、客观主义的二元论,对主观要件作了“一方利用对方处于危困状态、缺乏判断能力等情形”的规定。双重要件的制度构成,有利于提升和解合同当中显失公平制度适用的可控性。[②] 同时也可以从意思自治的补充的角度,为二者找到共同的理论基础。[③]

2. 和解中显失公平判断的特殊性

对和解合同争议事项是否符合显失公平适用要件的判断,同样要受到意思自治、风险承担、制度目的的限制,这些因素本身与显失公平制度呈现融合和冲突并存的复杂关系。[④]

首先,需结合法律关系整体性进行考察。要件构成判断不仅要考虑当事人主观的因素和相应的客观因素,更重要的是不是在原有法律关系下考察是否显失公平,而是要在和解合同争议事项达成的原因下,考察显失公平的适用。以人身损害赔偿

---

① 参见易军:《民法公平原则新诠》,载《法学家》2012年第4期。

② 参见贺剑:《〈合同法〉第54条第1款第2项(显失公平制度)评注》,载《法学家》2017年第1期。

③ 参见李宇:《民法总则要义:规范释论与判解集注》,法律出版社2017年版,第613页。

④ 参见贺剑:《〈合同法〉第54条第1款第2项(显失公平制度)评注》,载《法学家》2017年第1期。

案件为例,不能因为双方约定未经过鉴定直接赔偿,而鉴定确定的赔偿数额过高,且具有相应的主观要件,而认定显失公平。而是要看,形成争议事项内容的原因,与内容之间的关系。如果形成争议事项内容的原因是节省成本、维持关系,那么不足以弥补差距较大的结论;如果放弃鉴定,是为了赢得更好的机会,这时和解未必显失公平。

其次,应当在风险控制的框架下展开。显失公平规则背后存在自治原理与给付均衡原理两大要素,在法律条文的解释上应充分结合其规范目的予以考察。① 均衡与公平原则不仅仅指狭义的等价原则,即要求给付与对待给付至少必须具有相近的价值,而且还关系到如何公平地分配那些与合同相关的负担和风险问题。② 在比较法上,德国和瑞士在确定相互给付是否存在明显的不均衡时,不仅考虑给付的通常价值,而且考虑当事人承受的风险(包括附加的义务和可能的违约责任)。如果给付本身存在巨大风险(如射幸合同),则无所谓"不相称"。③ 结合和解合同争议事项的特殊性,仅在当事人的约定超出了可控的风险边界时,才有必要考虑援用法律的强制性规则加以干涉。具体而言,如果双方的估值约定大体在可控的范围之内,不能否定和

---

① 参见王磊:《论显失公平规则的内在体系——以〈民法总则〉第151条的解释论为中心》,载《法律科学(西北政法大学学报)》2018年第2期。

② 参见[德]卡尔·拉伦茨:《德国民法通论》(上册),王晓晔等译,法律出版社2003年版,第60页。

③ 参见徐涤宇:《非常损失规则的比较研究——兼评中国民事法律行为制度中的乘人之危和显失公平》,载《法律科学(西北政法大学学报)》2001年第3期。

解的效力；如果双方的履行主要取决于客观不确定的外部条件，则可以否定其效力。[1]

四、本节小结

对于和解合同撤销事由的考察，如果仅从法律行为、合同法一般理论上的重大误解、显失公平制度出发，则分析和理解难免出现偏差，进而引发理论解释科学性和实务解决实效性问题。对和解合同争议事项的规范含义及其认定规则，在既有研究成果的基础上进行深入探讨，对问题的解决具有现实意义。首先，在对和解撤销事由的限制上，争议事项的认定起着基础作用。争议事项的理论基础是意思自治，具体体现为当事人共同对合意达成前提重要性的放弃，和对各自风险承担的认可。其次，争议事项认定规则构建。在和解合同当事人意思解释的基础上，当对和解基础与争议事项甄别有异议时，应当原则上为争议事项，这更符合和解合同的规范目的；在争议事项本身所涉及的范围上，以进行限缩解释为原则，以平衡当事人的利益风险。最后，对争议事项本身的规则限制。作为争议事项限制撤销事由的控制机制，显失公平制度的适用需要对和解合同成立的合意和原因进行特别的考察，关注法律关系的整体性、纠纷合意解决的目的性、原因的非规范性等各种因素。

① 参见许德风：《赌博的法律规制》，载《中国社会科学》2016 年第 3 期。

第三节 显失公平制度适用的特殊规则

和解合同具体适用既要考虑对当事人意思的充分尊重，关注其效力基础的特殊性，又应当考虑和解作用发挥所受到的限制。由于显失公平制度本身适用的可操作性不强，我国现行法上对和解合同也缺乏实证法的规范，所以在处理和解合同法律关系中出现显失公平问题时不可避免存在需要解决的实际问题。

一、理论和实践中的问题

和解合同存在教义学构造上的特殊性，与显失公平制度的主客观规范要件之间，可能存在冲突，从而引起制度适用上的问题。较为典型的，如下述案例：

甲因故意毁坏乙的财物，被立案调查并实施人身强制措施。甲为公职人员，其家属因担心甲被判刑而开除公职。在甲被羁押期间且未做物品价值鉴定之前，与乙达成赔偿协议，表示不管财物实际价值多少、甲是否会被追究刑事责任，愿意给付乙 10 万元赔偿，请乙在态度上予以缓和。乙虽有更高数额要求，但双方最终就赔偿数额达成一致并实际交付。后经鉴定，所毁财物价值 4000 元，甲也未被刑事追责。问题是，该 10 万元赔偿远远超过所损财物 4000 元的价值，甲能否以显失公平为由请求撤销赔偿协议？

司法实务中与该案相似的典型案例屡见不鲜，较为典型的如彭奇军与叶贺平和解合同纠纷案。[①] 此案中，为阻止共同侵权人提出复议，避免加重刑事责任，双方达成和解协议，侵权人一方承担所有民事赔偿责任。在判决赔偿 12 万元，并且被判处有期徒刑后，被告以显失公平为由质疑合同效力。和解合同显失公平问题是实践中纠纷发生的重要争议点，存在大量各种类型的实务案例。[②] 以劳动争议案件为例，最为常见的是以鉴定意见与合同内容间差距较大为由质疑合同效力。[③] 实务中案件主要存在以下特点：其一，存在相应客观标准可以作为参照；其二，标准确定具有事后性，和解当时标准并未确定；其三，当事人行为时对情况有一定程度了解；其四，当事人通过合意方式确定了一定的法律关系。通常与之相伴随的，还有一次性解决纠纷的特别约定。因为其终局性，所以实践中一般不会在约定中附条件，使得既定标准出现时，会与当事人和解约定之间产生紧张关系。

无疑，从法律关系而言，此类案件可以落入和解合同的范

---

① 参见彭奇军与叶贺平和解合同纠纷案，湖北省咸宁市中级人民法院（2015）鄂咸宁中民终字第 773 号民事判决书。

② 据笔者以“赔偿协议”“私了协议”“还款协议”等为关键词，在北大法宝进行搜索，截至本书定稿日，经筛选以显失公平为案由和关键词的案例有 137 件。其中，以显失公平为由作出撤销判决的占案例总数的 30.4%，接近总案件的 1/3。

③ 例如，戴笠诉赞鑫服饰有限公司工伤待遇赔偿纠纷案，江苏省常州市中级人民法院（2013）常民终字第 0194 号民事判决书；范广华与徐州东亚钢铁有限公司等工伤保险待遇纠纷上诉案，江苏省徐州市中级人民法院（2015）徐民终字第 4124 号民事判决书；赵志鹏与磁县新华井巷工程建筑有限公司劳动争议纠纷上诉案，河北省邯郸市中级人民法院（2017）冀 04 民终第 725 号民事判决书等。

畴。[①] 当事人会基于证据取得困难、诉讼鉴定经济和时间成本较高、债权实际取得不确定性、对继续关系的维持等多种因素的组合考量,达成和解合同。但后来如果出现实际费用与和解达成的内容出入较大的情况,他们往往诉诸显失公平制度中的"急迫性""显著性"判断进行救济。但是,在以当事人合意化解纷争为目的的和解合同中,对于"急迫性""显著性"的理解和适用,是否应该有不同的标准?在一般情况下应该结合个案进行判断,但是基于和解合同的特殊性,是否有一些共同性可以考量?

实际上,在和解中,当事人的真实意思包含相当程度的风险承担因素,作为内容构成的让步的主观性对于利益平衡、急迫状态的判断都有影响,同时,终局确定法律关系的目的使对内容构成的解释也有特殊性。因此,需要厘清和解合同的特殊因素与显失公平制度的制度定位,探讨其适用的可行性与必要性,并从和解合同构成要素出发,考量其适用应当考虑的基本原理和特别因素。

二、显失公平适用的可能性与必要性

(一)和解合同的特殊性

作为裁判外的私权确定机制,和解旨在去除法律关系不明确的状态。和解合同是在不明确的法律关系基础上,经当事人

---

① 参见史尚宽:《债法各论》,中国政法大学出版社2000年版,第860页。

合意确认形成的法律关系，具有私法自治范围内的规范意义，[①]具体体现为和解合同内容的确定效力与和解争议事项的规范效力。

1. 意思自治的规范作用。当事人能够依照其意志创制规范，实现所要追求的法律效果，这是法律行为的规范意义所在。弗卢梅认为，私法自治的实质，是各人依其意志自主形成法律关系，私法自治原则是人类自决原则的组成部分。按照凯尔森的个别规范理论，私法自治理念下，法律行为（合同）能够在当事人之间创设法律关系，个别规范的效力不是运用逻辑从一般规范导出，而是附着在意志行为中。[②] 私法自治语境下的个别规范理论，成为和解合同内容确定效力的理论基础。

2. 风险性质的特殊限制。在比较法上，和解合同作为一种典型合同，属于承担风险的合同类型，与保证合同、人身保证合同、终身定期金合同等合同类型具有相类似的特征。[③] 和解的合意，是当事人各自在反复衡量自身利益基础上的表达，目的在于终局确定双方权利义务关系。合意中包含了当事人均不得反悔的意思，更具体而言，可以解释为即使和解对象与客观真实不一致也不能拒绝履行的意思，和解合同争议事项因而拥有合意层面的规范

---

① 参见陈自强：《和解与计算错误》，2014 年自版发行，第 281 页。

② 参见朱庆育：《私法自治与民法规范——凯尔森规范理论的修正性运用》，载《中外法学》2012 年第 3 期。

③ 参见王泽鉴：《民法概要》，北京大学出版社 2011 年版，第 351 页。

效力。[1] 和解中让步的存在,意味着当事人通过自愿交换对一定风险予以承担。风险转移的正当性,在于当事人已经对承担这些风险的相对优势进行了理性考量。在和解概率高的继续性法律关系中,通过让步对风险进行承担,其原因还在于对继续性关系的维持。

3. 合同目的的特殊考量。和解合同终局解决纷争的目的,对当事人权利主张形成限制。首先,确定法律关系,包含对效率的需求。放弃对法律关系不确定因素的探求,多是出于机会成本的考量,特别是在受举证问题困扰和司法环境制约的现实语境中。其次,当事人相互让步,是社会成本的内部化处理。许多让步,或许不在权利义务规范体系内,当事人承担的部分不利益属于社会成本。故从社会整体看,鼓励当事人从事此类交易,具有促进整体经济利益的制度功能。[2] 最后,合意解决纠纷,表现为整体因素的局部呈现。法律关系的整体性、继续性法律关系的存在,以及无法纳入规范考量的实际因素,都会被包含在解决纠纷的合意中。

(二)显失公平制度理论及其发展

1. 比较法的理论发展。法制史上,以自然法和衡平思想为核心的法学观在罗马的传播,使罗马法得以逐步完善并适应罗

---

① 参见庄加园:《和解合同的实体法效力——基于德国法视角的考察》,载《华东政法大学学报》2015 年第 5 期。

② 参见[美]E. 艾伦·范斯沃思:《美国合同法》,葛云松、丁春艳译,中国政法大学出版社 2004 年版,第 8 页。

马社会不断发展的需要,[①]这可以认为是显失公平制度产生的思想渊源。规则体系上,《德国民法典》第138条规定暴利行为,是违反善良风俗的特别类型,《法国民法典》将相应规则规定在同一概念下。法效果上,德国法将暴利行为归为无效,原因在于其违反善良风俗,不是背离当事人的自由意志,而在法国法中,显失公平行为可撤销,因为它包含意思表示瑕疵,同错误、胁迫或欺诈作相同的评价。[②] 美国法上,显失公平制度构成表现为程序意义上的显失公平与实体意义上的显失公平,前者与轻率、无经验等影响意思决定的主观要件相当,后者与给付失衡相关的客观要件具有类似的制度价值。[③]

2. 我国理论和实务的发展。我国原《民法通则》、原《合同法》曾采取单一的客观要件说,传统的暴利行为被拆分成显失公平和乘人之危两个制度,引起理论界长期争议。原最高法院《民通意见》以司法解释的方式确立了主客观二元论,获得理论界的肯定。根据《民法典》总则编第151条,恢复了主观要件的判断,终结了关于要件构成的争论。同时,在解释论上,条文的体系化运用不断关注时代变迁中的价值动向,而在实务运用上,从规则的简单适用,到要件的细化完善、理论基础的升华在不断推进。在此语境下,特殊领域的制度适用规则的研究意义更加凸显。

---

① 参见郑云瑞:《西方契约理论的起源》,载《比较法研究》1997年第3期。

② 参见朱广新:《合同法总则》(第2版),中国人民大学出版社2012年版,第228~229页。

③ See Colleen Mc Cllough, *Unconscionability as a Clherent Legal Concept*, University of Pennsylvania Law Review, Vol. 164:3, p. 780(2016).

和解合同中，客观要件与不明确的法律关系密切相关，主观要件要充分关注意思自治的规范意义，在主客观要件的衡量上，都具有特殊性。

3. 制度的上位原则。《民法典》总则编第 151 条中有关显失公平的救济具有正当性，理论上是合同均衡、诚实信用、意思自治等原则协力的结果。但是，作为法律行为撤销事由，其并非旨在管制交易内容的公平性，而是以维护表意人的意思自由为目的。显失公平与重大误解、欺诈、胁迫下的撤销制度属于同一系列，根植于同一法理基础。就其实质而言，并不是一种纯粹结果导向的法律评价，而注重意思表示过程的真实和自由。[①] 在近代制度演进过程中，契约正义的实现是由对契约自由的限制逐步变成对契约自由的补充。实践表明，和解合同终局解决纷争的当事人合意，对当事人意思进行补充具有客观价值。

（三）适用性冲突与协调

1. 基础理论的冲突

从基础理论来考察，和解合同本身有救济性和程序性的功能性特征，和解合同与否定合同效力的规制规则之间，会因此存在一定程度的紧张关系。

首先，和解合同的救济性。亚里士多德分配正义和矫正正

---

① 参见李宇：《民法总则要义：规范释论与判解集注》，法律出版社 2017 年版，第 613 ~614 页。

义的二元区分是基础权和救济权区分的理论渊源。基础权以自身实现为目的,以分配正义为基础;救济权旨在改善受害状态,以矫正正义为基础。[①] 基础权的行使,能够保障权利主体的利益实现。救济权在基础权受到侵害时,方能发挥作用。对于作为和解对象的法律关系而言,因为其不明确的状态,当事人难以主张权利,基础权难以实现。此时,和解合同便是私人自治范围内的权利确定机制,通过当事人确认行为的作出,作为原纠纷法律关系的一种救济方式而存在,具有实现矫正正义的价值。[②] 对和解合同这样一项本身具有矫正功能的制度进行规制,应当对其特殊性进行充分考虑。其次,和解合同的程序性。和解合同的达成,应理解为以当事人明示或默示的形式达成和解条款为前提,经由当事人在终局解决争议目的统领下的意思表示解释,在逻辑上有其合理性。由此观察,当事人意思内容和权利形成程序得以统一,即民法上和解合同的目的意思,也包含实现争议解决的程序性利益考量。因此,民法上和解合同与和解条款在目的意思上具有一致性,目的意思在实现过程中由和解条款向和解合同内容进行传递。当事人之间的和解条款的程序性设置,使和解合同法律关系的救济性效果得到强化。

---

① 参见宋旭明:《请求权分类的理论证成与实效分析》,载《政治与法律》2007 年第 1 期。

② 参见邓叶芬:《论民法上和解合同的客体范围》,载《学术交流》2017 年第 6 期。

2. 立法比较及理论争议

缔结和解合同的前提是法律关系处于不确定状态，当事人为达成合意所进行妥协让步，包含风险承担的意思，是否失衡的度量存在困难。罗马法中规定，和解不因为让步的失衡而无效。[①]《法国民法典》第2052条第2款明确规定和解合同不因为显失公平而无效，《意大利民法典》第1972条的规定与此相类似。我国早期的《民法典》立法资料中，徐国栋教授主编的《绿色民法典草案》，在和解合同内容中，也对显失公平适用作了排除性规定。[②] 现行实证法缺乏和解合同的规定，理论上显失公平制度可以重新调整双方的利益状况，但和解合同排除不确定性的功能明显受到影响。在未确定双重要件的时期，实务部门通过司法实践肯定了和解中排除显失公平适用的情形，例如最高人民法院公布的案例裁判理由中，多次出现不允许当事人单纯地以法定的后果与和解协议之间有明显差额，构成显失公平为理由要求撤销和解协议的阐述。[③] 也有研究者在观察了诸如一方免除部分旧债务、另一方为剩余债务提供担保，或一方免除部分旧债务、另一方承诺尽快履行剩余债务等和解内容构成之后，得出和解中可以适用显失公平制度的结论，原因在于和解中存在

① 参见肖俊：《和解合同的起源、法典化与中国实践》，载龙卫球、王文杰主编：《两岸民商法前沿：民法典编纂与创制发展》（第5辑），中国法制出版社2016年版。

② 参见徐国栋主编：《绿色民法典草案》，社会科学文献出版社2004年版，第702页。

③ 参见赵秀举：《论民事和解协议的纠纷解决机制》，载《现代法学》2017年第1期。

新旧义务之间，或者处分行为与旧义务的履行之间对价关系。[1]其会因为和解内容中让步主观性的存在，而构成暴利的因素。

实际上，和解合同是否应该受到限制并非理所当然。一方面，在和解中，人的自利心会让自己理解与关心主观的权利，因此有理由相信，人在私法中最能感受到自己的意思决定对其社会存在的重要性；另一方面，法律制度也应与社会大众观念相联结，对于行为人的心理状态、行为时的客观情事，以逻辑为基础综合判断固然重要，对其社会正当性依社会一般生活经验理性予以评价也非常必要。[2] 实际上，契约法能够控制契约当事人之间的相互制约，但对于契约之外的因素，其处理能力是有限的。显失公平制度是在当事人意思之外对意思自治进行补充，其在和解合同中的具体适用存在足够的空间。

3. 与错误制度的联系与区别

和解效力否定制度实践中，错误制度和显失公平制度各有其特殊性又存在密切关联，两者都与和解合同的内容构成相关。和解合同的内容，有狭义和广义之分，狭义的和解合同内容构成是和解合同的实际内容，广义的和解合同内容还包括构成和解合同内容前提的当事人合意放弃其重要性的争议事项。和解内容的具体构成，要根据和解对象的性质，通过合同解释的方式来

---

① 参见贺剑：《〈合同法〉第 54 条第 1 款第 2 项（显失公平制度）评注》，载《法学家》2017 年第 1 期。

② 参见吴从周：《初探法感——以民事案例出发思考其在法官判决中之地位》，载《法学方法论论丛》2014 年第 1 辑。

完成。解释过程中，错误问题和显失公平问题可能产生交叉。例如，本节篇首的案例中，究竟是因为和解基础问题而构成了和解错误，还是基于双方争议事项达成的协议可能构成显失公平存在争议。

根据陈自强教授的经典研究，和解错误主要是和解形成阶段的错误，不是表达阶段的错误。[①] 与之相对应，和解基础与内容形成相关，争议事项与内容表达相关。作为广义的和解合同内容的组成部分，错误制度很难构成争议事项效力限制的事由。实际上，和解中权利人为及时实现权益，往往与对方达成明显不利于己的和解合同，应该认为其对和解的结果有充分认识，从而和解合同中经过当事人理性思考的所谓的“争议事项”，会对撤销事由产生限制。[②] 反观之，错误制度中的误解，是当事人内心意志由于外界干扰或自身原因发生错误，即当事人如果对真实情况有所了解，就不会进行和解的意思表示。因而，和解中认为权利人对其行为内容存在误解的判断需要谨慎，这是重大误解制度的适用在和解中受到限制的根本原因。对于英美法系与大陆法系民事实体法上的和解合同，法院基本不会基于错误而认定合同可撤销，这一判断在比较法上也是针对争议事项而言。因此，发生这一效力的前提，是通过目的解释尽量扩大争议事项

① 参见陈自强：《和解之错误》，载《月旦法学杂志》第 233 期（2014 年）。

② 参见肖俊：《和解合同的私法传统与规范适用》，载《现代法学》2016 年第 5 期。

的范围。①

在和解中,错误制度一般用来处理和解基础问题。对和解内容造成实质性影响的事项可能构成和解基础,承认其效力会使和解内容达成失去实际意义,所以通过错误制度对和解效力进行控制,是有理论正当性和制度价值的。进而,对于作为广义的和解合同内容的争议事项,一方面,对其范围应当进行扩大解释,才符合和解制度的目的要求;另一方面,争议事项本身构成对错误制度适用的限制。当事人意思自治从内部受到限制,增加了从外部进行补充的必要性,因此显失公平制度在控制和解内容风险方面具有必要性,其作用发挥特别体现在作为广义的和解合同内容的争议事项方面。仍以本节篇首案例为例,在和解中,将受损物品实际价值、犯罪是否构成,解释为在争议事项的范围内,不用错误理论进行控制更为合理。但是,其赔偿数额和赔偿性质,如果超出了既定风险边界,适用显失公平制度对意思自治进行外在补充,应当认为具有合理性。

综上所述,从国外立法和我国实践中存在的争议中可见,就制度基础理论上存在的冲突而言,限制显失公平在和解中的适用具有合理性,但是冲突的重点被错误制度的限制所消解,作为意思补充和风险控制的显失公平制度,具有针对争议事项的特定适用范围,在冲突中显现出协调适用的必要性。

---

① See David Foskett, *The Law and Practice of Compromise,* Sweet & Maxwell, 2010, p. 14.

三、影响显失公平适用的理论和要素

契约公正问题不但内容和效果具有不确定性,而且与多元化社会中的自由伦理存在冲突。[①] 从对当事人意思补充的角度,显失公平制度在和解中适用有其合理性,但其规范要件适用本身难度较大,在和解中更具有特殊性。因此,对于显失公平制度,从适用前提的判断,到一般原理和特殊因素,都要进行特别考量。

(一)和解合同要素的判断

对于现实存在的法律关系,虽然实证法中未必有明确的表述,但是社会发展要求把它从一种隐秘的良心裁判制度变为一种公开的可适用的一般性的制度。[②] 在学理通说中,和解合同具有三个构成要件:一是和解合同的客体,为有争执或不明确的法律关系;二是有当事人的相互让步;三是终止争执或排除法律关系不明确状态的合意。[③] 其中与显失公平判断联系最为紧密的是对和解合同争议事项的判断和相互让步的判断。

首先,争议事项认定及其规范效力。和解合同的解释,要根据当事人之间争议事项的不同,基于具体的利益衡量来探求真

---

① 参见[德]卡拉里斯:《债务合同法的变化:即债务合同法的“具体化”趋势》,张双根译,载《中外法学》2001 年第 1 期。

② 参见王军编著:《美国合同法》,对外经济贸易大学出版社 2004 年版,第 202 ~ 203 页。

③ 参见李双元、黄为之:《论和解合同》,载《时代法学》2006 年第 4 期。

意。争议事项与客观真实不相符,一般而言,可以理解为在和解当事人预期可承担的风险范围内,否则和解将会失去解决争议的功能。因和解而确定的法律关系是和解内容,是当事人对法律关系的确定,具有拘束效力。争议事项是更广义的和解合同内容,是双方合意认同的特定范围事项。在当事人争议解决合意目的的指引下,争议事项具体范围应当在合同解释的基础上进行具体解释和判断。和解合同中,与争议事项对应的是和解基础。和解基础对和解内容达成具有实质性影响,涉及错误制度的适用问题。与之相对应,显失公平制度的适用主要针对争议事项。

其次,双方让步判断及其功能。和解的目的,是排除法律关系或者请求权上的不确定状态。具有权利义务规范构成的彼此让步,是这种法律关系不确定背景下私人冲突解决的必然选择。一般而言,让步并不限于客观让步,双方的主观让步未必是没有客观标准的纯粹的主观事项。司法实践的特定领域中,虽然法律关系内容确定存在一定的参照标准,但当事人往往是在标准尚未确定时,便通过和解确定法律关系。就其内容而言,往往表现为一方的让步。例如,在工伤案件中,通常情形是一方放弃一定的可得期待利益,而获得期限利益、避免举证劣势等。其实,对另一方而言,因为存在既定利益的放弃,也构成和解中的让步。相互让步的存在,是终局解决纠纷合意目的的充分体现,是构成和解合同适用的重要前提。这一前提的存在,成为利益失衡“显著性”判断的着力点,特殊性因素也包含于其中。

（二）一般理论的影响

首先，自治理论的体系限制。就其本质而言，私法自治是一种法律秩序框架内的自治，私主体形成法律关系的意愿，要真正发挥其作用需在法律秩序的约束下才能实现。在此前提下，当事人选择进入特定合同关系，作为合同制度的本性要素的各种规则和配套规范，得以顺势而入，当事人之间的权利义务关系得以形塑。[①] 当事人借助合同制度工具追求私法效果，在这一过程中对于合同法的价值取向、制度安排以及附随性法律效果等，应有充分的心理预期和知识准备。[②] 合同行为本质上是制度性行为，合同订立行为的实施，实际上其内容已经被组成合同制度的各种规则所框定，经由合同行为的自治行为须在合同制度的框架下运行。

其次，意志决定的程序限制。和解合同所包含的排除争议、确定法律关系的目的意思，以及当事人在和解磋商中的相互让步的内容构成，使其具备了争议解决决断上的私法程序效力。《法国民法典》所规定的和解合同的既判力，表现为排除当事人任意反悔或肆意不遵守的确定效力，其理论基础也与此相关。和解合同的既判力，虽然包括法院裁判文书的强制执行力，但因

---

① 参见解亘：《日本契约拘束力理论的嬗变——从债权、债务构成走向契约构成》，载《南京大学学报（哲学・人文科学・社会科学）》2010 年第 2 期。

② 参见刘洋：《“履行费用过高”作为排除履行请求权的界限——“新宇公司诉冯玉梅商铺买卖合同纠纷案”评析》，载《政治与法律》2018 年第 2 期。

为包含程序强制因素,在起源上的合同性质之外增加了效力上的程序性质,当事人通过和解解决争议的目的意思因而得以实现。同时,和解内容经过个别磋商过程,贯彻合同法过程规制优于内容控制的理念,因此对合同内容效力审查应当顾及和解的特殊因素。[①] 也就是说,通常情况下法律秩序应尊重法律行为的内容,对给付在实质上是否均衡的衡量应当受到限制。

最后,风险分配规则的限制。显失公平制度背后,存在自治原理与给付均衡原理两大要素。在解释适用上,应充分结合制度的规范目的进行考察。均衡与公平原则并非狭义的等价原则,其关系到与合同相关的负担和风险的公平分配。[②] 基于当事人意思状态的特殊性,显失公平在和解合同中的适用,应当在风险控制的框架下展开。基于相互给付是否存在明显的不均衡的判断困难,德国法和瑞士法赋予法官自由裁量权,法官判断时不仅应考虑给付的通常价值,也应考虑当事人承受的风险。如果给付本身存在巨大风险,则对不相称的构成需要进行特别考量。在合同法领域的特殊类型合同中,如射幸合同、对赌协议等,因为交易标的具有不确定性,当事人明确地以该不确定性作为交易的前提,应认为当事人同意交易使双方进入了新的风险领域,只有在超出当事人可控的风险边界时,援用法律的强制规则进

① 参见[德]卡拉里斯:《债务合同法的变化:即债务合同法的"具体化"趋势》,张双根译,载《中外法学》2001 年第 1 期。

② 参见[德]卡尔·拉伦茨:《德国民法通论》(上册),王晓晔等译,法律出版社 2003 年版,第 60 页。

行干涉才具有充分的必要性。[①] 和解合同以不确定的法律关系为标的,与上述特殊类型合同具有相似的风险特征,应当受到类似的制度限制。

和解合同的特殊目的,决定了当事人针对争议事项确定法律关系,对各自需要承担的风险有一定程度的认识。风险应当符合和解特征进行分配,才更具有合理性。和解目的指引下的合同解释,是发现争议事项风险范围的重要前提,根据争议事项的内容推知当事人应当承担的风险界限。本节篇首案例即为其例,同时我国具有典型意义的公报案例中,也体现了如果超过既定边界,当事人承担风险的范围应当受到限制的实务观点。[②]

(三)特殊衡量因素的影响

1. 从和解要件角度的考察

和解合同要件既关系到当事人意思的合意程度和合同效力的稳定性,同时关系到和解制度的有效性和规制规范是否介入和介入程度的合理性。

其一,关于争执的特性。争执的特性,实质是法律关系的不明确,是指经过理性论断后合同当事人对事实或法律关系仍然存疑,不能简单认为只要合同当事人主观认为存在不明即为不明,只有同时从一个理性、客观的一般人观察视角可判定为不明

---

① 参见许德风:《赌博的法律规制》,载《中国社会科学》2016 年第 3 期。

② 参见云南福运物流有限公司与中国人寿财产保险股份公司曲靖中心支公司财产损失保险合同纠纷案,载《最高人民法院公报》2016 年第 7 期。

时才为不明。确定法律关系的同时,意味着对效率的追求和对未知因素的风险承担。以不确定性的存在为前提,当事人才会愿意作出相互让步,各自承担相应风险。争执的存在,既是当事人意思表示的结果,同时也要通过解释予以补充和修正。

其二,让步的规范意义。订立合同交换的价值都与立约者的决定相关,因此公正的价值应当与合同当事人认可的价值相关联。合同机制内含着一定的正确性担保,即某种程度上可以认为合同内容本身合乎公平,因为双方当事人被推定为对合同内容不能不同意。让步发生在交涉过程中,和解合同是在相互妥协后达成的,从而其内容呈现为反映双方利益的中间状态。[①]同时,和解中让步的价值具有多元性,从某一相互让步内容对当事人具有同等意义而不仅是同等价值的角度来理解,对利益均衡显著性判断具有特殊价值。

其三,特殊的目的合意。合同缔结要以一定的事实为前提,以一定的预期为目标,无论内容表述是否确定包含其中,合同情境中总有一些未必能还原到效果意思层面的内容。典型化的合同目的作为法技术概念,在合同文本之外、广义合同内容效果意思之内。对于当事人动机层面的内容,针对具体合同类型赋予其特定的合同法规范效力。[②] 如此而言,和解合同包含排除争议状态、确定法律关系的目的合意,其具有特别意义的争议事项的

---

① 参见易军:《民法公平原则新诠》,载《法学家》2012 年第 4 期。

② 参见单锋:《论"合同目的"的规范效应》,载《南京师大学报(社会科学版)》2017 年第 4 期。

内容应当在此特定目的合意的统领下，结合合同解释理论的恰当应用，获得其应有的规范效力。

2. 从和解内容的角度的考察

按照学者的归纳，显失公平规则适用的案件类型主要涉及人身损害赔偿协议、离婚财产分割协议、竞业限制协议、建设工程价款协议等。① 这些类型并非全部，但也基本是实践中和解合同所涉及的主要类型。一般而言，正如本书所总结的此类案件的共同特征，当事人以公平为理由质疑和解合同的效力，是因为尽管存在处于争议事项范围内、阻碍错误制度发生作用的事实，但是针对该事实的评定存在某种有依据的客观标准。这个标准，或者出于法律规范规定，或者由第三方提供，或者由判例所确定，或者由习惯所认定。此时，显著性的标准在衡量时，一是看与客观标准之间的差异程度，二是看涉及的利益的性质，即其是否为法政策所特别保护。

(1)特殊权益的考量。在和解中所需要考虑到的利益类型，大致包括财产利益与身份利益、群体抽象利益与个人具体利益、结构利益与个体利益以及期待利益与现实利益。身份利益中，财产安排往往兼有经济和感情考虑，判断其是否显失公平，不能以经济上的权利义务对等作为唯一标准。证明方面，事实推定在此很难适用，经济上权利义务极度失衡（如"净身出户"条

① 参见贺剑：《〈合同法〉第 54 条第 1 款第 2 项（显失公平制度）评注》，载《法学家》2017 年第 1 期。

款)，尚不足以表明主观要件的存在。一般而言，需要政策特别保护的利益，如劳动者权益保护，[①]当事人在不构成欺诈、胁迫等意思不自由的情况下，很难构成显失公平。并且，《工伤保险条例》等规定进行鉴定的规定，并非法律强制性规定，不能影响当事人放弃鉴定的权利。但是，由于劳动者权益保护的社会利益，特别是在社会保障比较弱势的情况下，司法政策会作政策考量，适当放宽显失公平的评判标准。如果通过和解得到的赔偿结果，相对于工伤鉴定意见而言超出了应当由劳动者承担的风险的限度，应当适当降低显失公平显著性的评判标准。

(2)结构性的考量。在主观要件的判断上，应当结合当事人结构性对比进行考量，其中有两种理论值得关注。首先，团体客观主义理论。这是针对特定类型当事人的普遍境遇和心理状态，作特定群体的普遍心理状态的考察。[②] 例如，受害人受到严重人身伤害急需医药费，可以构成降低和解显失公平认定标准的正当性事由。又如，医疗纠纷中，作为患者一方的和解当事人往往处于证据的劣势，公平标准应向其倾斜。其次，实质公平问题。晚近以来，坚守形式意义上的意思自治与合同自由不断受到质疑，其变化发端于《消费者权益保护法》格式条款问题的实践和理论，使实质化公平成为民法演变的显著特征。比较法上，

---

① 参见黄仲华诉刘三明债权人撤销权纠纷案，载《最高人民法院公报》2013 年第 1 期。

② 参见黄忠顺：《诉讼外调解协议自愿性的司法审查标准》，载《东方法学》2017 年第 3 期。

民法在借助旧有制度矫正给付均衡的同时,更加注重结构性差异所引发的问题,如实际判断能力、信息完整性、市场地位影响等,以期实现实质意义上的交换正义。

(3)风险限度考量。一是可期待性理论。当事人的意志自由在处于危难境地时受到限制,因为此时难以期待其最大限度地捍卫权益。[①] 例如,在一方当事人急需对方当事人提供抢救费、医疗费、赡养费、抚养费等生活或者生产上的迫切需要的情形下,处于危难境地的一方利益受到严重损害,应当贯彻期待可能性理论,适用显失公平制度提供救济。[②] 二是风险界限的判断。和解合同显失公平问题的出现,往往是因为当事人解决问题的急迫心理和对客观情况的判断不足,这也是和解合同中当事人所要承担的风险。风险是否达到影响公平的"显著性"程度,有必要进行考察和衡量。需要解决的主要问题,是未达到解决纷争目的而承担的风险与公平之间的界限。这个界限,可能是数量意义上的界限,也可能是要素重要性满足度的界限。

再审视本节开篇案例,如果甲应被追究刑事责任,仅是因为财产价值与评估之间有差异,其评判不应受到过多质疑。但是,如果实际上损害财产并没有达到承担刑事责任的标准,则当事人协商的风险超过了牺牲限度,从两者结合来看,可以适用显失

---

① 参见黄忠顺:《诉讼外调解协议自愿性的司法审查标准》,载《东方法学》2017年第3期。

② 参见曹某与某电子公司工伤保险待遇纠纷案,载北大法宝,https://www.pkulaw.com/pfnl/a25051f3312b07f34a2faedcfdb23e9db56d2821 7949c716bdfb.html。

公平原则。

(4)行为时点的判断。显失公平的判断时点,是在作出和解行为的时候。这一要素的作用,一是区别于情势变更;二是与当事人意思的推定有关。如果需要被判断的当时的情势,根据当事人的判断能力,所要参照的客观情形并没有完全被考虑,情形没有全部发生,则可能是情势变更的问题;如果当事人明知事情的处理尚在进行中,那么和解仅是对部分事实的处理,与整体相比,则可能发生显失公平的问题。时点的判断,对于客观标准的强制性也有较大的影响。例如,在工伤赔偿协议中,将赔偿数额变更为法律刚好允许的临界值,而不是法定赔偿数额,似乎对受伤的劳动者保护不力。但其实,相比于经过漫长诉讼和执行获得法定赔偿,快速取得稍低数额的赔偿更为重要。①

四、本节小结

显失公平的适用在合同制度中本身是一种的例外情形,一般认为其具有动态评价的特征。显失公平的适用规则,并非只有一般理论的支持就可以奏效,结合类型甚至个案进行衡量和判断是必要的。基于和解合同中法律关系的特殊性,并结合我国司法实践中的多个案型领域的实践需求,仅将视角停留在宏观层面,抽象地对相关概念和制度作一般性分析,或者无视其特

① 参见贺剑:《〈合同法〉第 54 条第 1 款第 2 项(显失公平制度)评注》,载《法学家》2017 年第 1 期。

殊性仅进行个别的判断和衡量,都对问题解决有不可及之处。在理论层面和特殊因素上对其特殊性进行探讨,具有相当的必要性。

在适用的总体目标上,和解合同与显失公平制度冲突和融合并存,这决定显失公平的适用具有特殊性。规范要件的判定及规则的适用,不宜僵硬地划定界限和标准,而应当对诸多须予考量的理论与要素,结合案件类型和个案情境展开动态评价,然后纳入意思自治整体理论框架中。特别要立足于规范目的和风险承担功能的基本价值取向,以及和解合同争议事项、相互让步等基本范畴的规范本旨,做系统的评估和裁量。

依照笔者观点,适用规则可以概括如下:其一,显失公平制度的上位原则是意思自治,为其在和解合同中的适用提供正当性。其二,判断的前提是和解合同要件是否构成,其中重要的是争议事项的范围和相互让步的认定。其三,显失公平的适用在一般理论层面要考虑和解中自治理论的体系限制、意思决定的程序限制、风险分配规则的限制等因素。其四,在特别要素方面,从和解要件角度考察,要注意争执的特性、让步的内容、特殊的合意目的等因素。从和解合同内容来看,特殊权益考量、结构性考量、风险的限度和行为时点的判断等,都是制约适用的因素。

第四节　本章小结

和解合同的效力从基本原理到特定领域的类型适用均有所涉及，其特殊性在于和解内容的确定效力、争议事项的潜在合意以及显失公平需要考量的特别因素。首先，争议事项和显失公平，是从内在到外在对和解合同内容效力控制的制度，根本上还是通过和解合同内容，观察合同法的基本原理和基本规则。其次，和解错误是形成阶段的错误，争议事项对其理解有重要的规范意义。争议事项因具有与和解合同目的相关的重要性质而成为潜在合意，可以经由解释成为和解合同内容，具有一定的确定效力。最后，显失公平规则可以适用于和解合同当中，其对争议事项起到必要的限制作用，但主要作用是控制和解合同内容。其在和解合同中的适用，在主观要素和客观要素上都有特殊性，应当从原理到因素在适用时分别予以考察。

第七章　和解合同的解除及其限制

第一节　和解合同解除的特殊性

和解合同的功能在于从当事人意思自治方面排除法律关系争议状态，以合同最终的履行实现为制度目的，许多国家的民事实体法对和解合同的解除权作出了特别的规定。《意大利民法典》第1976条规定，在和解前存在的关系因更改而消灭的场合，不得要求解除和解合同。但关于解除权有明示的特约时，不在此限。[①]《荷兰民法典》第905条规定，因债务的不履行而解除根据一方当事人或者第三方的决定订立的和解合同时，不能允许单方解除。如果当事人向法院请

① 参见《意大利民法典》，陈国柱译，中国人民大学出版社2010年版，第340页。

求解除和解合同,法院认为请求解除合同的一方当事人有足够的手段使对方消除不履行状况或可以得到不履行合同的赔偿时,可以驳回其诉讼请求。[①] 实际上,对和解合同救济制度而言,应当以实际履行和损害赔偿为主要措施,而法定解除权应当受到限制,才能与和解合同的目的相一致。对和解合同的解除,在理论基础和适用规则上如何进行限制,值得探讨。

一、和解合同解除的一般性与特殊性

(一)合同解除的类型

合同解除的分类,根据是否需要当事人合意,分为单方解除和协议解除。协议解除,在大陆法系被称为合意解除、解除契约或反对契约,基于双方当事人的合意,以第二契约解除第一契约,产生当事人预想的效果。[②] 和解当中,和解合同本身即表现为当事人合意的结果,虽然仍不排除合意解除的情形,但是在理论中并不典型,所以不是本书讨论的重点。

在单方解除中,解除权根据效力来源,可以分为约定解除和法定解除。[③] 在约定解除中,保留解除权的合意,被称为解约条款。虽然当事人达成约定解除的目的有所不同,但主要是为了出现主客观障碍时,可以从合同的拘束中解脱。法定解除分为

① 参见于锐:《和解合同研究》,黑龙江大学2013年博士学位论文,第145页。
② 参见崔建远:《合同法》(第2版),北京大学出版社2013年版,第274页。
③ 参见韩世远:《合同法总论》(第3版),法律出版社2011年版,第503页。

一般法定解除与特别法定解除，前者是指解除条件适用于所有合同，后者则是指解除条件仅适用于特定合同。[①] 单方解除，根据解除的原因，可以分为违约解除、事后不能解除和过重负担解除。[②] 这几种类型的解除将在下文分别进行讨论。

（二）和解合同解除的特殊性

从和解合同的确定效力来理解，最核心的特征，在于当事人通过相互让步，消除法律关系的争议。[③] 实务中，最高人民法院在裁判文书中涉及诉讼中的和解时，认为和解的效力实质在于当事人为终止争议或者防止争议重新发生，通过相互让步而达成合意。[④] 和解所涉及的争议事项，经过当事人和解所形成的法律关系具有确定效力，原则上不能再回到原来的法律状态。

案例一：自然人甲借款给自然人乙，还款时双方因证据不清就借款数额发生争议，甲主张数额为 8 万元，乙则主张为 5 万元，双方经和解确认数额为 6 万元。从确定效力意义来解释，和解以后双方只能以和解确定的数额为准，不能再根据之后发现

---

① 参见崔建远：《合同法》（第 2 版），北京大学出版社 2013 年版，第 274～275 页。

② 参见陆青：《合同解除效果的意思自治研究——以意大利法为背景的考察》，法律出版社 2011 年版，第 22 页。

③ 经典研究，参见陈自强：《民法上和解之效力》，载《政大法学评论》1999 年第 61 期；史尚宽：《债法各论》，中国政法大学出版社 2000 年版，第 858 页；李双元、黄为之：《论和解合同》，载《时代法学》2006 年第 4 期。

④ 参见杨培康与无锡活力保健品有限公司侵犯发明专利权纠纷案，载《最高人民法院公报》2009 年第 11 期。

的证据,对实际的借款数额进行争论。

这种确定效力的实质,是对原法律关系中争议事项的变更,和解前后法律关系的同一性保持不变。和解没有涉及的原法律关系的其他部分,自然仍保持原来的属性。例如,在本章上述案例一中,如果和解确定的债务发生了履行迟延,和解仅确定债务数额,不包含给付义务,从而和解合同内容未被迟延履行,和解合同本身无从解除。又如,所确认债务的基础法律关系是无偿借贷或赠与合同,发生迟延履行也不能够解除合同。如果基础法律关系是买卖合同,情形有所不同,可以理解为买卖合同有被解除的可能,但是债务的数额仍以和解所确定的数额为准。[①]

二、影响和解合同解除的基础理论

(一)给付内容改变与部分解除

在和解使原法律关系的给付内容发生改变的情况下,法定解除权是否排除,应结合和解目的来判断。如果和解合同目的仅在于确认最初的法律关系,那么双方当事人在这样的合同中并不负有对待给付的义务,法定解除权也就失去适用余地。[②] 倘使当事人通过相互让步,负有对待给付的牵连性义务,法定解除

① 参见贺剑:《诉讼外和解的实体法基础——评最高人民法院指导案例 2 号》,载《法学》2013 年第 3 期。

② 参见贺剑:《诉讼外和解的实体法基础——评最高人民法院指导案例 2 号》,载《法学》2013 年第 3 期。

权规则在不违背和解目的的条件下有存在的空间。[1]

案例二：饲料销售商甲长期向养鸭专业户乙供应饲料，双方不定期结算。后甲打算转行，与乙就全部欠款进行结算。经结算，甲认为乙尚欠10,000元，乙则认为仅欠5000元，双方为此发生争议。后协商确定，乙欠甲货款8000元。如前所述，由于和解目的在于确定权利，即使乙不履行，和解合同也不能被解除，只能要求强制履行或承担违约责任。但如果在和解时，甲对乙确认货款为8000元的同时，允诺将积压的15包饲料送给乙，而后如果甲拒绝履行，此时乙则可以解除和解合同。[2]

上述讨论中，如果新的给付内容在和解合同确定后，会产生部分解除问题，即和解解除对象仅适用于新义务而不涉及和解的确定效力部分。但是，从和解关系的整体性来看，新义务的产生与法律关系争议中妥协产生的相互让步，在整体上产生确定效力。将在和解中产生的新义务单独切割出来，认为二者互为对价从而允许部分解除，其妥当性值得怀疑。德国莱因哈德·波克教授曾有研究，认为双方可以以债之更新的方式达成和解，并因此互负义务。在出现履行障碍情形时，解除的效果可能仅限于新产生的义务，而不及于被更新的债之关系。但这种理论在适用上，仍然要根据和解案件的情况进行解释。[3] 部分解除的

① 参见庄加园：《和解合同的实体法效力——基于德国法视角的考察》，载《华东政法大学学报》2015年第5期。

② 参见李双元、黄为之：《论和解合同》，载《时代法学》2006年第4期。

③ 参见庄加园：《和解合同的实体法效力——基于德国法视角的考察》，载《华东政法大学学报》2015年第5期。

问题虽然能够对产生新义务的和解合同的解除问题提供路径，但没有在和解合同法律关系框架内提供强有力的系统理论。

(二)债的更新理论及其局限

考虑到和解合同中新旧法律关系之间的不同的联系方式，可能是延续或者补充或者是更新替代，解除权行使的条件会更为复杂。[①] 比较法上，《意大利民法典》第1976条是关于债的更新理论对和解合同解除的限制。[②] 根据这一理论，和解有两种不同类型。一种是"简单的和解"，在这种和解构建的法律关系中，原法律关系的基本要素得以保留。另一种是"更新的和解"，作为基础法律关系的原纠纷中的法律关系，被相互让步所形成的新的法律关系替代。对于更新的和解而言，不得适用法定解除。在司法实践的发展中，更新的和解对明确的意愿表达的要求不断降低，认为可以通过前后关系的不兼容性来进行推断。[③] 债的更新理论对和解解除的限制构造，学理上的质疑在于：一是无论是原来的法律关系消灭，还是新旧法律关系之间不能兼容等标准，都不能对"更新的和解"进行清晰地界定；二是合同关系变更存在多种情形，以更新的和解作为分类方式未必能够全部涵盖，必然有其局限性。

---

① 参见肖俊：《意大利法中的和解合同研究》，载《苏州大学学报(法学版)》2015年4期。

② 参见《意大利民法典》，陈国柱译，中国人民大学出版社2010年版，第340页。

③ 参见肖俊：《意大利法中的和解合同研究》，载《苏州大学学报(法学版)》2015年4期。

(三)既判力理论及其影响

《法国民法典》第2052条第1款规定,和解合同在当事人之间产生终极的既判力。[①] 这里的既判力,主要是和解合同呈现的一种"消灭效力"。当事人应当遵循不起诉的约定义务,在一方当事人向法院提起诉讼时,对方当事人有权提出和解抗辩,法院有权依法作出不予受理的裁定。法国在1998年基于有利推动ADR运用的强烈目的,实现从强制性法律向合意性法律的过渡。《法国民事诉讼法典》通过第1231号法令引入第144-4条授权大审法院院长根据一方当事人申请,赋予诉讼外和解合同执行效力。[②] 由此可见,法国对和解合同的拘束力,给予一定程度的强化,同时从当事人合意到执行力的取得,有通过程序进行审查以取得特殊效力的必要。有学者认为,和解应当区别于合同和判决,将它重新定位为"裁判化的合同",以取得合同与判决的中间性质。[③] 陈自强教授也认为,和解合同的确定效力,除在实体法上获得外,也应当从程序的角度予以关注。[④] 在我国的实践当中,和解合同既判力的取得,在实体法上有相当的障碍,有待于实体法和程序法衔接的进一步研究。

---

① 参见《法国民法典》,罗结珍译,法律出版社2005年版,第1496页。

② 参见周建华:《论和解协议的法律效力——从法国法的比较角度探析"吴梅案"的理想逻辑》,载《苏州大学学报(法学版)》2015年第4期。

③ 参见周建华:《法国民法典中的和解合同》,载《人大法律评论》2012年第1辑。

④ 参见陈自强:《民法上和解之效力》,载《政大法学评论》1999年第61期。

综上所述，和解合同的达成意味着当事人之间已经形成了一种新的法律关系，当事人已形成合理的期待，原有合同内容实际上已被吸纳进和解协议，因此在一方拒绝履行和解协议时，另一方当然有权要求其继续履行，并要求对方承担相应的违约责任。即使有新的给付义务产生，因为新给付义务与和解确定的法律关系有牵连，很难单独切割，所以不能因为部分解除影响和解确定的效力。和解合同原则应当排除当事人意思表示约定的法定解除权的存在。债的更新理论和和解合同既判力理论，虽有其局限性，但对于解除权行使的限制都具有重要的参考价值。

第二节　和解合同解除的限制规则

一、以和解内容尚未履行为基本前提

（一）双务合同与单务合同

在民法传统理论上，因为相互让步的存在，在性质上一般将和解合同认定为债权合同。在此框架内，合同内容中的相互让步，被理解为负有依照和解内容实施履行行为的义务。在履行行为与和解合同可能同时成立时，例如在债务免除时，不需要特别的形式要件，但是在理论层面还是应当加以区别。从这个角度理解的和解合同，具有双务合同的性质，从而可以适用抗辩

权、合同解除等双务合同的规则。①

传统观点引起学者的批评。例如,拉伦茨教授以包含债务免除的和解为例,对传统观点割裂和解整体性,影响到当事人借和解直接变动债的关系的自由进行了阐释。在此和解关系中,当事人的真实意思,并不是让一方先负有债务免除的义务,而是通过另一方行使履行请求权而具体实现。真实的法律关系直接发生债务免除的效果。例如,本章第一节案例一所涉及的债权数额争议的和解,并不是为双方设定了使债权的实际数额与和解达成的数额一致的义务。更符合实际的理论解释,是当事人直接将原争议的数额确定为6万元。② 由此而言,和解合同的性质,应当根据具体内容,结合当事人的意思表示来确定。和解的性质可能是处分行为,如前述债权数额争议和解,性质上可以认为是准物权行为。和解也可能是负担行为,例如,在某些情形下,一方放弃从事特定竞争行为、另一方予以补偿的和解。再或者,在同一和解关系中,同时存在负担行为和处分行为,如双方在债权数额存在争议的前提下,通过确定一定数额的债权,同时为其中一方设定了特定的给付义务。③ 在存在债权合同的情形下,即使和解只使一方负有新的给付义务,如一方承认旧债务的

---

① 参见陈自强:《民法上和解之效力》,载《政大法学评论》1999年第61期;史尚宽:《债法各论》,中国政法大学出版社2000年版,第874页;李双元、黄为之:《论和解合同》,载《时代法学》2006年第4期。

② 参见贺剑:《诉讼外和解的实体法基础——评最高人民法院指导案例2号》,载《法学》2013年第3期。

③ 参见陈自强:《民法上和解之效力》,载《政大法学评论》1999年第61期。

存在、另一方提供新的借贷,或者一方免除部分旧债务、另一方为剩余的债务另外提供担保,这时新旧义务之间存在明显的对价关系,所以双务合同的规则仍然有适用的空间。[①]

(二)对理论的解释适用

从理论逻辑上分析,对问题解释更具说服力的无疑是债权物权混合合同说。和解合同不能等同于一般意义上的债权合同,但是,从解决问题所追求的法律效果来看,和解合同是否已经履行,成为具有实际意义的判断前提。从理论上讲,合同的效果在缔结的同时已经完结的场合,不再存有履行的问题,一般没有发生法定解除权的余地。[②]

其一,是否存在履行对法定解除的意义。物权合同在缔结的同时,其效果即已完结,其后并不存在履行的问题,一般没有发生法定解除权的余地。[③] 在合同更改的场合,具有准物权合同的性质,债务人对于新债务的不履行对于更改合同的法定解除权不能当然发生,即债权人不能解除更改合同使旧债务复活。对于即时清结的债权合同,也不存在后来债务履行的问题,一般也没有法定解除权发生的余地。

其二,只要和解合同尚未履行完毕,都有适用双务合同规则

---

① 参见贺剑:《诉讼外和解的实体法基础——评最高人民法院指导案例 2 号》,载《法学》2013 年第 3 期。

② 参见韩世远:《合同法总论》(第 3 版),法律出版社 2011 年版,第 510 页。

③ 参见韩世远:《合同法总论》(第 3 版),法律出版社 2011 年版,第 511 页。

的空间。首先,在和解合同为债权合同和双务合同的语境中,如果和解生效时合同义务均尚有待履行的内容,双务合同适用规则当然有意义。其次,和解合同可能只是使一方负有给付义务,在未履行完的情况下,因为两者在和解中存在牵连关系,双务合同的规则仍然可以适用。最后,我国《民法典》合同编并未将法定解除的适用范围仅限于双务合同,从让非违约方从合同中解放出来的法定解除的功能出发,也能够得出非双务合同可以适用法定解除的结论。因此,即使不考虑定性的问题,只要和解包含的给付义务存在未履行的情况,就可以对法定解除等双务规则进行讨论。①

二、和解合同性质对解除的影响

(一)债权合同与物权合同

首先,民法理论观点。我国台湾地区传统民法理论认为和解合同属债权契约,和解合同原则上仅使当事人负有一定的给付义务,但和解标的如果是债的关系时,有关这一债的关系的内容确定或变更的意思表示也包含在和解合同中,这样的意思表示同时具有处分行为的特性。② 和解合同本身就是以既有的法律关系为标的,其处分性质越强,法律效果的确定效力就越强,

---

① 参见贺剑:《诉讼外和解的实体法基础——评最高人民法院指导案例 2 号》,载《法学》2013 年第 3 期。

② 参见黄立等主编:《民法债编各论》(下),中国政法大学出版社 2003 年版,第 838 页。

法定解除权受到限制的可能性就越大。德国法上，认为和解合同性质必然为债权契约的见解，已退居为少数说。和解契约的法律效果，究竟为负担性质还是处分性质，应就个别契约分别论断，不可一概而论。① 即使在债权契约中，当事人法定解除权能否行使，还要根据和解合同目的进行认定，认定的重点在于当事人是否以默示方式对法定解除权予以排除。一般而言，债务关系既已由和解合同变更，制度上应不允许当事人恢复到初始的权利状态。②

其次，我国理论解释现状。有学者在并未详细分析和解合同性质的前提下，认为和解合同一旦成立，其效果也已完结，由于不存在债务履行的问题，法定解除权也不会发生，从而不能通过解除和解合同以使权利复活。③ 这里，学者是认为和解合同都是物权合同，还是认为即使和解合同是债权合同，一般也都即时履行，并没有展开讨论。值得注意的是，我国当前并未明确承认物权行为理论，有学者认为，只要和解协议包含当事人的给付义务且尚未履行完毕，就可能适用法定解除，我国原《合同法》第94条、《民法典》第563条对法定解除权的行使要件的规定都有适用的余地。但是，和解的解除与和解消除争议的目的存在冲突，一种途径是通过解释，推断当事人法定解除权以默示的方式

---

① 参见陈自强：《民法上和解之效力》，载《政大法学评论》1999年第61期。

② 参见庄加园：《和解合同的实体法效力——基于德国法视角的考察》，载《华东政法大学学报》2015年第5期。

③ 参见韩世远：《合同法总论》（第3版），法律出版社2011年版，第511页。

进行排除,另一种是对解除对象予以限定,对和解产生的新义务可以适用,而确定效力的内容与消除争议有关而不予适用。[①]

(二)当事人意思表示解释

首先,解释的必要性。与一般法律行为不同,和解合同是确认合同的范畴。确认合同事实上发生的法律效果并非一目了然的,需要通过对比确认合同缔结前后的法律状态的差异,才能确定其法律效果。其法律效果的法律关系构造,可能是债的变更、债务创设或者是抗辩权放弃,所以确认合同如何发挥作用,要借助债的变更契约、债务合同的规则进行理解。法律效果发生的不确定性是当事人缔结确认合同意思表示内容的体现。

其次,目的具有实质性影响。因为和解合同的目的特殊性,在于双方当事人消除不确定法律关系的合意,合意对风险的认识、预估和评判,甚至未完全体现在合意形式中的双方当事人相互知晓或应当相互知晓的动机,都可能对合同的效果产生实质性的影响。在法规范当中,这些因素通过合同目的规范理论发挥作用。[②]

最后,解释的方法。与狭义解释仅重点针对内容相区别,作为合同目的进入法律效果的技术规范,补充解释的方法发挥更

---

① 参见贺剑:《诉讼外和解的实体法基础——评最高人民法院指导案例 2 号》,载《法学》2013 年第 3 期。

② 参见单锋:《论“合同目的”的规范效应》,载《南京师大学报(社会科学版)》2017 年第 4 期。

重要的作用。一是作为理论基础，补充解释针对的是合意中未约定，也就是从内容事实来看并不存在的部分。虽然针对的是未实际约定的部分，但补充解释也是基于合意的整体而作出的。从自治规范的角度，可以根据当事人在合同中体现出来的评价进行补充。[①] 二是作为技术规范，补充解释是狭义的合同解释与直接的任意法规适用之间的中间性概念。狭义解释和任意法规适用是实体概念，补充解释可以将当事人的个人意图与实体法规范相结合，缓和任意规范的制度刚性，使合同解释的结果更符合当事人的事实意图。[②]

三、特殊情形（弃权求偿型）解除权的构造

由于和解合同的特殊构成，在一般意义上的当事人未履行特定的行为，是否就可以进行解除？解除的依据是什么？最高人民法院指导案例 2 号吴梅诉四川省眉山西城纸业有限公司买卖合同纠纷案（以下简称吴梅案）具有典型意义。[③] 吴梅案的基本案情，是原告吴梅向被告四川省眉山西城纸业有限公司请求支付货款 250 余万元及利息。一审判决依照诉讼请求支付货款及利息，二审期间，双方签订还款协议，商定被告还款计划，原告

---

① 参见林来梵：《人的尊严与人格尊严——兼论中国宪法第 38 条的解释方案》，载《浙江社会科学》2008 年第 3 期。

② 参见刘勇：《合同补充解释的理论构造及立法选择》，载《浙江社会科学》2017 年第 3 期。

③ 吴梅诉四川省眉山西城纸业有限公司买卖合同纠纷案，最高人民法院指导案例 2 号（2011 年）。

则放弃货款的利息。被告申请撤回上诉,法院准予撤诉。后因四川省眉山西城纸业有限公司未完全履行还款计划,原告向一审法院申请执行一审判决,获得支持。

(一)相互让步的构成

相互让步应当如何理解,让步后形成的义务的履行状态对解除权形成的规范要件如何产生影响,可以结合如下分析进行探讨。

其一,放弃利息与撤回上诉。在案件中,双方达成的和解协议,并没有明确的撤回上诉的表述。从事实上来推论,撤回上诉可能只是因为继续诉讼的意义消除。实际上,撤回上诉并没有影响到当事人的实体法律关系。如果将其解释为相互让步,意义在于当事人通过和解有尽早结束诉讼程序的目的。但有一个障碍不太好确定,撤回上诉是原告"免除债务利息"的原因还是结果。因为撤回上诉已经履行完毕,所以在此可以不作为解除事由来考虑,虽然在解释上,会存在撤回上诉是否是相互让步中一方让步的组成部分,但是不会对解除的构成事由造成影响。

其二,放弃利息与还债承诺。本案中,双方对货款债权的数额不存在争议,债务人承诺在特定时间内清偿债务,本质上是确认偿还债务的意愿,并没有产生新的给付义务。这种单纯的还债意愿的确认,是否构成相互让步,进而影响到其履行形态是否可能构成和解解除要件。

这里可能涉及与传统的法律关系争执或不确定有别的和解

类型,即弃权求偿型和解。在这种类型的和解中,虽然当事人之间对债权的内容没有争议,为了尽早实现民事权利,债权人同意放弃部分债权,允许分期还款或者延缓清偿期限,债务人则作出明确的清偿承诺。在德国法上,多数意见认为债务人的还债承诺并未消除债权实现的不确定性,并未给债权人带来具体利益,不能认定为和解合同中的让步。为了达成和解,债务人的让步应当具体,或者加强债权保障,或者增加债务负担,如支付高额利息、提供担保等。但在实务中,许多案例也承认,在强制执行可能出现不理想结果等情形中,债务人的还债承诺可以构成让步,原因在于在这种情形下债权的保险系数得以提高。[1] 在我国当前的司法实践中,执行困难是实务中的常态,采取德国法实务中的做法,认定债务人还债承诺是让步的形式,符合实务中债权人的期待。[2] 综上所述,在本案中可以认为,被告的债务承诺构成让步。

(二)解除规范要件的构成

如前所述,原告免除利息的债务免除在和解成立时生效,撤诉义务纵然解释为让步的内容也已经履行完毕,两者都不存在履行障碍问题。还款义务的设立,对债权实现的不确定性有所

---

① 参见贺剑:《诉讼外和解的实体法基础——评最高人民法院指导案例 2 号》,载《法学》2013 年第 3 期。

② 参见李兵:《指导案例 2 号〈吴梅诉四川省眉山西城纸业有限公司买卖合同纠纷案〉的理解与参照》,载《人民司法》2012 年第 7 期。

降低,但是并没有产生新的实体义务,债务人的履行迟延并没有违反和解合同框架下的给付义务。被告尚未完全履行还款承诺是否构成对和解合同的违反,是否有法定解除规则的适用余地,如何适用解除规则值得讨论。

对于这个问题,有的学者直接归结为法定解除权可以适用。在我国,针对吴梅案,隋彭生教授在其《诉讼外和解协议的生效与解除——对最高人民法院〈指导案例 2 号〉的实体法解释》一文中即持此观点,[①]德国锡伯教授在其《债法教科书》中,针对此类型的问题也提出类似的观点。但后来更有力的观点认为,和解当中的及时履行约定并没有导致债的更新或产生新的给付义务,无论和解是否可以被解释为双务合同,都不会因为这一意义下的债务迟延而被违反,法定解除的适用前提就存在问题。针对这一问题,德国法上,霍夫斯泰特博士在 1963 年发表的《诉讼外和解与合同解除》一文中,提出可以借助默示的约定解除来解决这一问题。[②] 因为在这一情形中,当事人典型目的下的意思表示是债权人至少部分是基于债务人的还债承诺才达成还款协议,债务人对此应当是明确知晓的,所以经由意思表示解释构造出模式的约定解除权,应当更符合双方当事人的真实意思。

综上所述,相互让步的解释和构造具有重要作用,特别是在

① 参见隋彭生:《诉讼外和解协议的生效与解除——对最高人民法院〈指导案例 2 号〉的实体法解释》,载《中国政法大学学报》2012 年第 4 期。

② 参见贺剑:《诉讼外和解的实体法基础——评最高人民法院指导案例 2 号》,载《法学》2013 年第 3 期。

作为和解的特别类型的“弃权求偿型”的和解类型中。鉴于实践当中此种类型所占的实际比例较高,应将其纳入理论解决的视野中。一方面,可能跟和解的基础理论存在解释上的冲突,但有纳入和解框架解决的可能和必要;另一方面,可以通过当事人意思表示解释构造出约定解除权,来解决这种类型中和解解除的特殊性问题。

第三节　和解合同解除的效果

一、解除效果的基础理论

(一)理论争议

关于合同解除的效果,在理论上如何构成,特别是在我国法学理论中,一直以来存在争论。关于解除效果的理论构成,有直接效果说、间接效果说、折中说和债务关系转换说四种理论。[①]我国《民法典》合同编关于解除问题,主要因为对解除法学理论基础的认识模糊,导致制度设计中规范之间相互矛盾,适用存在冲突,以及规定存在空白和不明确之处等。其中较为突出的问题,例如,将解除定位为合同的权利义务的终止(第557条),同时又肯定合同的权利义务终止不影响合同中结算和清理条款的效力(第567条)。将附解除条件(第562条第2款)、协议解除

---

① 参见韩世远:《合同法总论》(第3版),法律出版社2011年版,第523页。

(第562条第1款)和法定解除(第563条)三种法理基础和具体内容完全不同的法律制度一同放在“解除”概念中,适用统一的解除程序、解除效力的规定。此外,对情势变更、解除的具体返还规则、解除对第三人的效力等相关重大问题的规定仍有不尽明确之处。[①]

(二)理论基础

探求法律制度背后的法理基础,明确法律概念中的价值负荷,不仅直接影响制度的理论构建,还有助于深入理解“意思自治”和“法律规定”之间的互动关系。关于解除的法理基础,在解除制度发展史上,存在过默示解除条件说、避免不当得利说、更改处分权说、惩罚说、给付功能牵连说等各种学说。[②] 作为违约解除、事后不能解除、负担过重解除共同的法理基础,保护给付对价牵连性,对于构建相对合理、周延和体系化的解除制度具有重要价值,其既是历史沿革的产物,也符合内在事理逻辑。给付功能牵连说,更符合现代解除制度的本质,也就是维持合同双方给付义务之间的平衡和牵连关系,其背后的原理在于,一旦这种平衡被打破或受到威胁,可以通过从给付义务中解放出来和返还已经受领的给付的方式来谋求救济。由于保障对价给付功能

---

① 参见陆青:《合同解除效果的意思自治研究——以意大利法为背景的考察》,法律出版社2011年版,第116页。

② 参见陆青:《合同解除效果的意思自治研究——以意大利法为背景的考察》,法律出版社2011年版,第20~26页。

牵连的法律基础,解除制度能够突破传统溯及力模式的束缚。解除制度的本质不在于消灭合同关系,而是在原有合同的框架下,保护返还环节中的“逆向功能牵连性”,更好平衡合同双方当事人之间的利益。[①]

(三)展开前提

随着对德国债法现代化改革研究的深入,从近年来解除理论的发展也可以明确看到,基于上述给付功能牵连说的清算关系说日渐为学界所关注,在解除效果折中说的前提下展开具体效力的讨论日益见其解释效力。[②] 如果能够在清算关系说的基础上,展开对解除制度的体系化理解,解除效果中的意思自治问题就存在一定的解释空间。进而,与之相关的合同解除中的免责条款、情势变更解除约定、私力惩罚禁止、合同解释、约定对第三人的效力等,都可以有一个相对体系化的解释。本书并无意于对这一理论上较为重大的问题展开详细讨论,仅将清算关系说作为理解和解解除效果的基本前提展开讨论。

二、和解合同解除效果

与解除制度基础理论最相关的问题,涉及恢复原状、损害赔

---

① 参见陆青:《合同解除效果的意思自治研究——以意大利法为背景的考察》,法律出版社 2011 年版,第 117 页。

② 参见谢鸿飞:《合同法学的新发展》,中国社会科学出版社 2014 年版,第 397 页。

偿和违约金的性质，它们与和解合同能否并存以及各自范围的问题。在和解合同中，最具有特殊性的问题是恢复原状的问题，本书也将其作为重点研究对象。

（一）恢复原状的性质

在折中说的理论框架下，恢复原状被界定为一种性质不明确的债权请求权。学理上一种观点认为，恢复原状是一种法定债务，指出原《合同法》第 97 条中的“可以要求恢复原状、采取其他补救措施”，可以解释为合同解除使已经履行的部分转换为“一种法定的返还性债务关系”①。还有观点认为，恢复原状属于独立的请求权基础，具有债权效力，因为解除后的返还目的，在于维持合同双方利益关系的平衡及保护解除权人的利益。②

在和解合同当中，和解的确定效力在于针对不确定法律关系形成确定的法律关系。与之相关的问题是，即使存在尚未履行的义务，是否还需要甄别能否行使解除权。解除权行使之后，恢复原状应当如何理解。

（二）同一性作为恢复原状的界分

基于和解合同中彼此的让步，在基础法律关系上的改变，可

---

① 朱广新：《合同法总则》（第 2 版），中国人民大学出版社 2012 年版，第 529 页。

② 参见陆青：《合同解除效果与违约责任——以请求权基础为视角之检讨》，载《北方法学》2012 年第 6 期。

能导致双方法律关系发生变化,甚至替代原来的法律关系。①

其一,如果和解之后并没有产生新的权利义务关系,只是对争议进行确认和澄清,这种情况下,因为前后关系具有同一性,不能进行解除。例如,双方因为房屋买卖合同价款产生争议,经过和解,一方降低了原来要求的价款,另一方允诺提前交付房款。后来,在和解确定的提前交付房款的日期到来后,支付价款一方没有履行义务。这里,一方减少价款一方放弃期限利益,并没有产生新的权利义务,只是对原来法律关系的确认,和解合同形成的法律关系与原来法律关系具有同一性,没有履行的是原来的法律关系,不存在和解合同解除的问题,如果要解除原来的法律关系,和解确定的关系仍然作为恢复原状的参照标准。

其二,双方通过和解产生新的权利义务,但是原来的法律关系没有完全消灭,双方可以解除合同,回到原来的争议的状态。例如,甲方租用了乙方的房屋经营修车铺,双方因为租金问题产生争议,经和解,乙方减少要求的租金,同时甲方须承担为乙方修车6个月的义务,后来甲方没有依约履行自己的义务。此时,通过解除权的形式,恢复原状而回到原来的争议状态。

其三,双方经过和解,原来的法律关系被替代,此时因为原来的关系已经不存在了,不能通过解除和解合同恢复到原来的争议关系。例如,甲长期在乙的住宅边的小路通行,两人就此通

① 参见肖俊:《和解合同的私法传统与规范适用》,载《现代法学》2016年第5期。

行地役权产生争议,经过和解以后,商定甲以较低的价格取得小路的所有权,但后来甲没有按照约定支付价金。在这个案例中,和解产生了新的法律关系,新产生的买卖合同替代了原来的地役权关系。这里,买卖合同仍然可以解除,但是不能通过恢复原状,回到原来的法律关系之中。

第四节 本章小结

和解合同的性质、内容构成,都会对和解合同的解除要件和效果形成限制,构成不同于一般合同的特殊性。是否已经履行,是讨论解除问题的前提;和解合同是债权合同还是物权合同,关系法定解除是否有意义,而性质的讨论与当事人的意思表示紧密联系,很难给出概括性结论;在特殊的和解类型,即弃权求偿型和解中,约定解除权的解释和判断具有决定意义。关于解除的效果,本书展开的前提是以给付功能牵连说为理论基础的折中说,对于恢复原状效果的讨论,与和解合同的内容构成有关。

第八章 和解合同的程序法面向

第一节 和解合同程序效力的获得

一、实体法效力与程序法效力的区别

和解合同具有实体法上的确定效力，虽然具有合同效力的特殊性，但双方因合同效力问题再发生争执时，可以依据和解合同本身提起诉讼，诉讼行为的性质可能涉及给付之诉、确认之诉、变更之诉。但是，和解合同不具备诉讼法上的效果，例如，没有一事不再理的诉讼效力适用，当事人也不能依据和解合同内容请求强制执行。亦即，和解合同作为实体法合同的一种类型，其特殊性并不能与诉讼法上的既判力、执行力等效力发生直接关联。

在比较法上，曾有立法例试图解决既判力问

题，赋予和解合同更加特殊的效力。《法国民法典》第2052条规定，和解在诸当事人之间，具有终审判决的既判力。[①] 法国学说就此认为，和解合同受既判力主观范围和客观范围的限制，一方当事人针对同一"诉"再次向法院行使诉权时，对方可以依据和解的既判力提出和解抗辩，和解抗辩可以导致诉讼的不予受理。[②] 既判力的理论在实践和学说上都受到质疑，例如，有的学者认为对于和解合同的效力否定要通过合同无效等契约规则完成，而既判力的否定需要再审程序，两者从理论上难以自洽。当事人从根本而言是受到合同义务的拘束，与既判力产生的根据存在本质差别，除法国以外很少有国家承认和解合同的既判力，即使在法国，这一理论也基本被判例实践所架空。[③]

和解合同本身的私法性质，与执行名义获得之间存在距离。在各国的司法实践中，申请强制执行的执行名义一般都是由特定机关制作的公文书，私文书不能成为执行名义。[④] 执行力作为一种裁判属性，其正当性来源于终局裁判的正当性，经典理论认为既判力制度正当化的根据之一是程序保障。[⑤] 程序保障是法律文书获得执行名义的理论基础，一定形式的司法审查是执行力获得的形式条件。和解合同自身缺乏程序保障，如果不经过

---

① 参见《法国民法典》(下册)，罗结珍译，法律出版社2005年版，第1496页。

② 参见周建华：《法国民法典中的和解合同》，载《人大法律评论》2012年第1辑。

③ 参见于锐：《和解合同研究》，法律出版社2017年版，第246页。

④ 参见潘剑锋：《论司法确认》，载《中国法学》2011年第3期。

⑤ 参见[日]高桥宏志：《民事诉讼法制度与理论的深层分析》，林剑锋译，法律出版社2003年版，第492页。

必要形式的司法审查,很难获得诉讼法效力的正当性。

二、获得程序法效力的可行途径

(一)和解合同抗辩

和解合同产生排斥诉讼的效力,既然是源于和解合同内容本身和合同法上的效力,更加清楚阐释该功能实现的效力基础,可以从和解协议的抗辩效力的角度进行解释。达成和解合同之后,一方当事人对和解针对的基础法律关系提起诉讼时,对方可以以和解合同内容为抗辩。即在和解合同处分范围内,当事人之间的法律关系已经重新确定,就基础法律关系进行裁判,原告已经不再享有利益。就诉讼法理论而言,诉讼因欠缺权利保护必要或诉的利益,应当由法院驳回起诉。[①] 同时,从理论上讲,和解抗辩属于程序抗辩,作为消极的诉讼要件,地位应当与《民事诉讼法》第 127 条规定的各个情形相类似,而不是实体抗辩。[②] 在针对基础法律

---

① 参见赵秀举:《论民事和解协议的纠纷解决机制》,载《现代法学》2017 年第 1 期。

② 《民事诉讼法》第 127 条规定:人民法院对下列起诉,分别情形,予以处理:(一)依照行政诉讼法的规定,属于行政诉讼受案范围的,告知原告提起行政诉讼;(二)依照法律规定,双方当事人达成书面仲裁协议申请仲裁、不得向人民法院起诉的,告知原告向仲裁机构申请仲裁;(三)依照法律规定,应当由其他机关处理的争议,告知原告向有关机关申请解决;(四)对不属于本院管辖的案件,告知原告向有管辖权的人民法院起诉;(五)对判决、裁定、调解书已经发生法律效力的案件,当事人又起诉的,告知原告申请再审,但人民法院准许撤诉的裁定除外;(六)依照法律规定,在一定期限内不得起诉的案件,在不得起诉的期限内起诉的,不予受理;(七)判决不准离婚和调解和好的离婚案件,判决、调解维持收养关系的案件,没有新情况、新理由,原告在六个月内又起诉的,不予受理。《民事诉讼法》该条规定的都是程序抗辩的事由,实体抗辩是指向原告的实体请求,以妨碍、阻却或消灭原告的请求权为目的,法院也应当针对实体抗辩作出实体裁判。

关系的诉讼中,被告提出和解抗辩时,法院应当先审查抗辩是否成立。如果抗辩成立,可以不再审查实体请求权的状况,直接以程序性裁判驳回起诉;只有在和解抗辩不成立时,法院才继续审查原告的起诉在实体法中的状况。反之,如果和解合同事后消灭,诉讼障碍自然得以消除,原告可以对基础法律关系进行诉讼,和解抗辩不再成为抗辩的基础。如此解释,可以贯通和解合同实体法上的效力和在诉讼程序上的"一事不再理"。我国实证法上将和解合同视为抗辩依据的观点,曾经在最高人民法院2002年发布的《关于审理涉及人民调解协议的民事案件的若干规定》(以下简称最高法院《人民调解协议规定》)第3条第3款中有明确体现。[①] 同时,该观点在司法裁判实践中也得到广泛支持,对于和解合同抗辩事由成立的,法院通常采取直接驳回诉讼请求的做法。

(二)诉讼中和解

诉讼中和解是和解的特殊模式,与实体法上的和解有本质区别。因其具有节约诉讼费用、提高程序效率、减轻司法负担等优势,具有独立的价值。比较法上,其立法模式不尽相同,产生的效力也有所区别。一是诉讼和解模式。对诉讼和解直接进行规定,并特别赋予诉讼法效力,以与诉讼外和解相区别。德国法

---

① 最高法院《人民调解协议规定》第3条第3款规定:当事人一方以原纠纷向人民法院起诉,对方当事人以调解协议抗辩的,应当提供调解协议书。

上，有两种达成诉讼和解的方式。其一，根据《德国民事诉讼法》第 160 条第 3 款第 1 项、第 5 款及第 161 条的规定，当事人可以在言词辩论过程中达成和解，和解协议记入法庭笔录。其二，根据第 278 条第 6 款的规定，当事人可以向法院提交书面和解计划或书面接受法院和解建议，由法院作出裁定确认和解协议的达成。两种形式都可以构成民事诉讼法上的执行名义。二是合意判决模式。所谓合意判决，本质上是由当事人达成的，经过法院批准而记录在案的合同。当事人达成和解协议后，可以申请法院据此作出判决，当法院批准当事人的和解协议，并以裁判形式将其转化为合意判决时，和解协议的合同属性即被法院判决所吸收。例如，《美国联邦民事诉讼规则》第 16 条和第 68 条规定了两种促进诉讼和解的途径，《英国民事诉讼规则》第 36 条、第 40 条第 6 款对和解要约、合意裁判作了相应的规定。[①] 三是法院调解书模式。根据调解当事人达成的和解协议，法院制作调解书，并对其赋予确定的法律效力，这种模式是我国当前《民事诉讼法》所采用的。根据我国现行《民事诉讼法》第 96 条到第 102 条，以及最高人民法院《关于适用〈中华人民共和国民事诉讼法〉的解释》（以下简称最高法院《民诉法解释》）第 142 条到第 151 条的规定，经过调解程序制作的调解书具有法律效力。《民事诉讼法》第 245 条明确规定，人民法院制作的调解书可以构成执行

① 参见赵秀举：《论民事和解协议的纠纷解决机制》，载《现代法学》2017 年第 1 期。

的依据。

(三)和解合同诉讼

和解合同达成后在实践中会遇到问题,例如,当事人如果对和解合同的效力存在不同认识,或者和解合同一方当事人不按照约定履行和解合同所设定的义务。既然和解合同为民事合同,当事人的争议自然可以启动民事诉讼程序来解决,我国《民法典》规定的和解纠纷解决方式对和解合同争议适用并没有特殊性。最高人民法院《人民调解协议规定》(已失效)第2条第2款曾明确规定,当事人可以就调解协议向人民法院起诉,请求变更或撤销调解协议,或者请求确认调解协议无效。《人民调解法》第32条规定,经调解达成协议后,当事人之间就调解协议的履行或调解协议的内容发生争议,可以向人民法院提起诉讼。同样,涉及当事人请求和解合同履行、承担相应违约责任、请求确认和解合同无效、请求变更或撤销和解合同等,都可以提起民事诉讼。裁判者以和解合同为依据,作出相应的确认合同效力、判令履行义务、变更或撤销和解合同的裁判,具有与其他裁判并无差别的既判力、形成力和执行力。

通过启动诉讼程序来使和解合同获得执行力,是我国司法实务中比较常用的手段。采用诉讼程序解决和解合同纷争的优势在于当事人可以获得完备的程序保障,能更加彻底地解决纠纷。就此而言,在争议覆盖的多样性、程序保障的完备性上,诉讼程序有不可替代的优势。[①] 当然,如果当事人在和解合同中约定了仲裁条款,因和解协议发生争议时同样可以申请仲裁。[②]

(四)其他方式

首先,申请公证。公证制度有其特殊的功能定位。一是公信性,公证活动的公信力来自法律的认可,更重要的是来自社会对公证机构专业性、公正性、诚信性的认可。二是预防性,在公证、调解、仲裁、诉讼和执行这个预防和解决民事纠纷的系统工程中,公证是第一道防线。[③] 公证制度对和解合同效力的功能,表现在赋予特定内容的和解合同强制执行力,使和解合同的真实性获得保障。一方面,公证制度最显著的功能在于和解合同如果有给付内容,当事人可以选择向公证机关申请作出赋予强制执行效力的公证债权文书,该文书可以作为法定执行名义。[④] 另一方面,因为和解涉及财产权利的变动,为减少"和而不解"的现象、降低诉讼举证困难程度,以公证书的形式订立重要的涉及权利变动的和解合同是预防纠纷的重要途径。作为现代公证制度诞生地的法国,据统计,经过公证的法律行为的纠纷发生率保

---

① 参见于锐:《和解合同研究》,法律出版社 2017 年版,第 251 页。

② 参见赵秀举:《论民事和解协议的纠纷解决机制》,载《现代法学》2017 年第 1 期。

③ 参见王胜明、段正坤主编:《中华人民共和国公证法释义》,法律出版社 2005 年版,第 165 页。

④ 《公证法》第 37 条第 1 款规定:对经公证的以给付为内容并载明债务人愿意接受强制执行承诺的债权文书,债务人不履行或者履行不适当的,债权人可以依法向有管辖权的人民法院申请执行。

持在每年万分之二点五以下，公证制度对预防纠纷发挥着不可低估的作用。[①]《葡萄牙民法典》第1250条规定，如为产生预防性和解或诉讼外和解所可能出现之某种效果必须采用公证书，则上述和解应以公证书形式作出。[②] 这里，公证书成为某种特定类型和解合同的成立要件。

其次，申请支付令。如果和解合同内容中约定给付金钱或有价证券，债权人可以向法院申请支付令，按照支付令的规则在经过异议期间之后直接取得执行力。最高人民法院《关于建立健全诉讼与非诉讼相衔接的矛盾纠纷解决机制的若干意见》规定，对于具有给付内容的诉讼外调解协议，债权人可以向有管辖权的基层法院申请支付令。[③] 作为特殊的诉讼程序，申请支付令有确定的法定条件，使得其适用范围较小。一般而言，至少要具备如下两个基本条件：其一，以金钱或有价证券为给付内容并已经到期且数额确定；其二，债权人或债务人之间的债务关系为单向的且不附任何条件，债权人不负有对待给付义务。[④] 和解合同为债权合同时，通常以双务合同为典型，相互让

---

① 参见王胜明、段正坤主编：《中华人民共和国公证法释义》，法律出版社2005年版，第3～5页。

② 参见《葡萄牙民法典》，唐晓晴等译，北京大学出版社2009年版，第213页。

③ 最高人民法院《关于建立健全诉讼与非诉讼相衔接的矛盾纠纷解决机制的若干意见》（法发〔2009〕45号）第13条规定：对于具有合同效力和给付内容的调解协议，债权人可以根据《中华人民共和国民事诉讼法》和相关司法解释的规定向有管辖权的基层人民法院申请支付令。申请书应当写明请求给付金钱或者有价证券的数量和所根据的事实、证据，并附调解协议原件。

④ 参见江伟：《民事诉讼法》（第3版），高等教育出版社2007年版，第406页。

步的方式和内容呈现多样性，给付内容也未必限于金钱或有价证券，所以申请支付令的途径在和解合同中的适用范围是有限的。从实践来看，申请支付令的费用成本较高，并非当事人解决问题的较好选择。

第二节　诉讼外调解协议的契约化

一、调解的属性及定位

（一）调解的本质

法治社会下的调解，是指双方当事人在自愿的基础上，通过中立第三方的介入、斡旋和见证，通过协商一致的方式和平解决纷争的社会规范机制。① 自愿性是调解的本质特征，也是在整个纠纷解决机制中区别于诉讼制度和仲裁制度的重要特征。调解的自愿性的本质属性，要求其启动、开展、深入、履行都是双方最大程度合意的结果，这种合意是当事人意志自由意义下的自愿，违背当事人本意的外部强制会与调解的本质属性产生差别。调解中的合意形成，是以当事人之间以共同认可的有利、有理的评价标准为基础达成意思一致的过程。调解是当事人在综合权衡眼前利益、现实状况和未来风险下选择的“能够接受”结果的纠纷解决方式。

---

① 参见宋建立：《法制下的调解与和谐社会》，载《法学杂志》2008 年第 2 期。

(二)调解的定位

狭义的调解协议是以解决民事纠纷为目的而达成的诉讼外调解协议,例如,民间调解协议、人民调解协议。① 广义的调解协议在前述两者基础上还包括在民事诉讼调解、民商事仲裁、行政调解协议等裁判和行政程序中,在平等民事主体之间达成的和解协议和调解协议。② 凸显当事人意思自治是调解制度的根本特征,但是现实中的调解都与此特征有相当大的差距。调解者为完成所肩负的使命,往往会对当事人达成合意施加种种压力,特别是针对交涉能力较弱的一方,或者干脆把解决方案强加给当事人。③ 有公权介入的调解,不可避免会存在“以劝压调”“以拖压调”“以判压调”等问题,忽略主体平等性以及意志自由等民法中的基本要素,此类问题需要结合程序法的问题来解决。故本书所讨论的调解,限于诉讼外非公权力参与的民间调解和人民调解。不过,调解具有和解所具有的特征,和解合同的理论和制度可以有条件地适用。

(三)调解与法治的协调

狭义的调解随着社会的发展,不断具有现代化的意义,有区

---

① 参见黄为之:《和解合同研究》,湖南师范大学2006年硕士学位论文,第13页。

② 参见于锐:《和解合同研究》,黑龙江大学2013年博士学位论文,第23~24页。

③ 参见[日]棚濑孝雄:《纠纷解决与审判制度》,王亚新译,中国政法大学出版社2004年版,第47页。

别于传统调解的不同环境和特性，更加容易实现与和解合同的制度协调。其现代性的基础是理性文化、自由经济、民主政治和法治体系。首先，调解以当事人自治为原则。在法治社会中，权利人有权处分自己所拥有的权利，从另一个角度讲，当事人也有反对强制性调解的权利。其次，调解在法律关照下进行。传统调解中，法律标准处于劣势地位，道德情理因素被过度强调。现代调解在法治语境下则不同，明确将法律规范作为调解的根据，以诉讼规则作为调解的参考。最后，调解与权力保持适当的距离。传统调解中的宗族调解、乡治调解和官府调解都是在权威与权力中运行，现代调解要求避免权力强制干预。例如，一些大陆法系国家按照正当程序要求，将审判法官与调解人在身份上相分离。英美法系国家坚守法官的司法消极主义，对当事人，法官不能主动动用司法权力进行调解。①

二、调解的契约化构造

（一）理论基础

意思自治作为构筑私法体系的核心理念，始终贯穿私权争议的解决过程。近代法律的发展史，就是契约制度日渐繁盛、契约理念不断提升的历史。契约作为调整平等主体之间利益关系的重要机制，蕴含着平等、自由、诚信的理念，并彰显出对意思自

① 参见张波：《论调解与法治的排斥与兼容》，载《法学》2012 年第 12 期。

治的充分尊重和保护。传统调解强调中立第三方的消极作用和中介作用,主要属于和解促进型调解,新型调解可以采用更加积极主动的方式促成当事人的和解。[①] 调解与和解的区别在于中立第三方的参与,本质上都属于根据合意而不是决定来解决纠纷,与契约精神相契合。意思自治与纠纷机制的融合与发展成为调解契约化的理论基础。争议的解决是一个反复博弈的过程,尽管争议解决过程具有复杂性,但调解的最终结果能够达成仍然取决于当事人的合意。当事人在实体上掌握着自治、自决的权利,调解人更多是当事人合意的见证人、促进者或维护者。在调解的过程中,契约平等、契约自由以及交换合意能够得到充分体现,用契约的规范效力来构建调解当中形成的法律关系,应当具有足够的理论基础。

(二)制度基础

调解协议承载着当事人在风险预期、利益权衡和整体把握之后的让步妥协的内容,以契约的关系来构造,和解合同就成为调解制度与契约制度连接的纽带。首先,因为调解和和解合同都具有确定法律关系的功能,其制度目的相同,且都具备契约行为的要素,二者可以作为一个制度体系进行构建。其次,和解合同本身的特性可以满足调解协议成为契约制度的组成部分。大

---

① 参见范愉、李浩:《纠纷解决——理论、制度与技能》,清华大学出版社 2010 年版,第 299 页。

陆法系国家多将和解合同规定为典型合同,将其规定在民法典债法分则中,英美法系国家认为和解应当满足一般合同的形式要件,即使根据和解协议制作而成的合意判决,在本质上也还是契约。最后,调解的契约化构造可以和解合同为着力点。调解与诉讼不同,对程序正当性的要求不高,不能从程序性上否定其效力。但如果调解背离了契约自由、公平正义,对当事人产生损害,应当允许当事人通过合同制度的救济手段来否定其效力。

(三)救济途径

首先,民法中的和解合同理论体系,应当能够为各类调解协议找到精准的民法坐标。在适用合同法一般规则的基础上,调解协议还适用和解合同的特殊规则,调解协议不仅可以适用一般合同的效力否定事由,如欺诈胁迫,还可以适用和解合同的特殊事由,如争议事项、和解基础、和解内容确定效力等。其次,司法确认中,对于调解协议无效或可撤销事由,《民事诉讼法》第206条、最高法院《民诉法解释》第358条,都使用了“裁定驳回申请”这样的表述,没有规定法院有权对调解协议无效或撤销作出裁定。虽然最高法院《民诉法解释》第356条规定了司法确认程序的异议程序,但也不能将其解释为法院可以对调解协议效力进行实体裁定。所以,实体法的规范效力如何落实,还需要进一步研究。

三、调解的规范体系

《人民调解法》出台之前,国务院出台的《人民调解委员会组织条例》第 9 条规定,经人民调解达成协议后当事人又反悔的,任何一方当事人可以请求基层人民政府处理,也可以向人民法院起诉。司法部《人民调解工作若干规定》第 36 条、第 37 条规定,当事人应当自觉履行调解协议。当事人不履行或者反悔的,人民调解委员会应当督促其履行。对经督促仍不履行的,应当告知当事人可以请求基层人民政府处理,也可以就调解协议的履行、变更、撤销向人民法院起诉。2002 年发布的最高法院《人民调解协议规定》第 1 条规定,人民调解协议是一种民事合同,对于人民调解协议所约定的内容,当事人不得擅自变更或解除,应依达成的协议所约定的内容履行相关义务。该司法解释间接承认了调解协议的合同性质。同时,2009 年颁布的最高人民法院《关于建立健全诉讼与非诉讼相衔接的矛盾纠纷解决机制的若干意见》、2010 年颁布的《人民调解法》,扩大了调解协议的适用范围,规定关于人民调解协议性质、效力等问题,可以适用于其他调解组织进行调解后所达成的调解协议。①2016 年最高人民法院发布《关于人民法院进一步深化多元化纠纷解决机制改革的意见》,2023 年最高人民法院、司法部发布的

---

① 参见王亚新:《〈民事诉讼法〉修改与调解协议的司法审查》,载《清华法学》2011 年第 3 期。

《关于充分发挥人民调解基础性作用　推进诉源治理的意见》等，对人民调解协议的作用发挥作了新的规定。

第三节　和解合同的司法确认

司法确认程序，是指对于符合法律规定的诉讼外调解协议，法院依申请进行司法审查后，赋予具有明确给付内容的诉讼外调解协议强制执行力的程序机制。作为诉讼与非诉讼纠纷机制相衔接到目前为止唯一的立法成果，司法确认是实现诉调对接的关键环节。当前，司法确认主要适用于人民调解组织调解达成的调解协议。[①] 如上节所述，当事人自行和解所达成的和解合同与人民调解协议本质均为和解合同，探讨将司法确认程序的适用对象扩张到和解合同上的正当性与可行性，具有现实价值。

一、基本原理

（一）规范依据

当事人达成的诉讼外和解可以借助司法确认程序，向法院申请赋予和解协议强制执行力。我国《人民调解法》第 33 条规定，经人民调解委员会调解达成调解协议后，双方当事人可以向人民法院申请司法确认。2011 年最高人民法院出台了《关于人

---

① 参见刘加良：《非诉调解协议司法确认程序的实践误区及其矫正》，载《政治与法律》2018 年第 6 期。

民调解协议司法确认程序的若干规定》，对经人民调解委员会调解达成的民事调解协议的司法确认程序进行了规范。2012 年《民事诉讼法》第 194 条、第 195 条确立了确认程序，明确经司法确认后调解协议具有执行效力。现行《民事诉讼法》第 205 条对司法确认程序进行了明确规定，将调解主体扩大到“依法设立的调解组织”。在比较法上，根据《德国民事诉讼法典》第 796a 条、第 796b 条的规定，经当事人授权达成的律师和解协议，一方当事人可以向法院申请宣告具有强制执行力。根据《法国民事诉讼法典》第 1441 条的规定，和解合同一方当事人可以请求大审法院院长对呈交的文件赋予强制执行的效力。① 我国早期实践中，广州市花都区人民法院将当事人自行达成的和解协议与其他诉讼外调解协议共同纳入司法确认程序，为理论探讨提供了实践样本。②

（二）司法确认的性质

关于司法确认的性质，理论上曾有诉讼程序、非诉讼程序、特别程序等观点的争论。③ 2012 年《民事诉讼法》在特别程序一章中增加了“确认调解协议案件”一节，从立法层面明确司法确认

---

① 参见赵秀举：《论民事和解协议的纠纷解决机制》，载《现代法学》2017 年第 1 期。

② 参见贾志生、胡德华：《突破瓶颈、先行先试：花都法院建立健全诉前调解司法确认机制》，载《广州审判》2009 年第 4 期。

③ 参见唐力：《非讼民事调解协议司法确认程序若干问题研究兼论〈中华人民共和国民事诉讼法修正案（草案）〉第 38 条、第 39 条》，载《西南政法大学学报》2012 年第 3 期。

程序的体系定位属于非讼程序。就诉讼法理而言,非讼性质有其特殊性,即整体采取职权探知主义、略式审查程序,不采用两造对立的诉讼结构,不以言辞辩论为中心,也不需要提供审级救济的保障。反观狭义的调解协议(包括民间调解和人民调解),是民法和解合同的表现形式之一,法律拘束力来自合同本身,依赖于双方自觉履行。如果不是因为内容、效力问题,而仅仅因为履行中一方反悔的问题,引发和解合同当事人像通常民事合同一样启动诉讼程序来解决,则调解和和解的功能会被大大降低。两相结合,最恰当的解释是司法确认程序的实质并不是解决当事人私权纷争的诉讼程序,而是确保私权能够低成本快速实现而预先以公权力介入的非讼程序。[①] 该程序最主要的功能,在于赋予不同形式的和解合同程序法上的执行力,对于既判力中的确定效力、"一事不再理"效力等,应从不同角度另作讨论。

二、和解合同司法确认

(一)功能契合

首先,和解合同本身包含程序性的意义。和解内容中相互让步是在双方充分协商的基础上进行的,甚至可以解释出双方接受程序性的合意。对于争议事项内容和具体范围的解释,也需要根据双方当事人具体协商的整体过程和法律关系的整体性

---

① 参见占善刚:《人民调解协议司法确认之定性分析》,载《法律科学(西北政法大学学报)》2012 年第 3 期。

来确定。当事人既然在可以自由处分的权限内对争议解决作了具体安排,体现这种带有程序意义的特殊合意的和解合同应当受到尊重和保护。在这个意义下,调解协议与和解合同,在解决纠纷、消除法律关系不确定性的目的和功能定位上,自然具有相通之处。其次,司法确认可以以当事人对和解合同的共同申请为条件。当事人对和解内容、效力的争议通过诉讼程序来解决,是另外一个问题。申请司法确认的目的是请求司法机关对私权处分权作出肯定与保护。这种情形下,通常的诉讼程序要以言辞辩论为中心进行证据调查和事实认定,当事人解决纠纷合意的存在空间被大大压缩,在私益上无益于当事人的意思自治,在公益上会过多消耗司法资源。

司法确认程序的非讼性与和解理论的契合之处在于,一方面围绕标的合法性、意思表示真实与否进行审查,充分尊重当事人处分实体权益的合意;另一方面可以结合略式程序的快捷简单优势,为当事人意思实现提供有效率并且有效力的保障。

(二)适用规则

司法确认在和解合同上的适用,在参照调解协议的基础上,应当重点关注以下几个方面。一是当事人双方共同申请。在缺少诉讼法意义上严格程序保障的情况下,可能需要当事人承担某些不利益。执行名义正当性的取得,需要以双方当事人的合意来补强。共同申请,可以视为当事人彼此承认、尊重和解合同效力的意思表示的外化。二是和解合同审查应当纳入实体审查。和解合同作为一种风险合同,需要监督和防范强制和解现象的发生,在审查时应当在程序审查的基础上将实体审查纳入其中。三是和解合同的补充。在和解合同存在约定不明的情况时,审查应有释明义务,允许当事人明确和补正和解合同内容,司法确认的范围以原和解合同和补充协议为准,这样可以最大程度实现和解合同目的,符合制度功能。四是确认错误的救济。如果承认决定书具有既判力,意味着司法确认消耗了当事人的诉权,当事人不得再行起诉或上诉,如果确认有错误需要通过审判监督程序予以纠正。根据非诉法理,非诉程序作出的裁定在确定力上并不绝对,可以经法院审查适用撤销规则直接撤销,不需要启动审判监督程序。①

第四节　本章小结

和解合同要获得一定程序意义上的确定力、执行力,可行的途径有和解合同诉讼、司法确认、公证程序、申请支付令等。和解合同的诉讼抗辩本质是程序上的抗辩,诉讼中和解因为程序性因素的介入,从形成到效果都有其特殊性。民间调解协议和人民调解协议在基本理论上与和解合同有相同性质,可以适用和解合同的理论。我国司法确认制度现在主要面向人民调解协

① 参见浙江省高级人民法院联合课题组:《关于人民调解协议司法确认的调研》,载《人民司法》2010年第23期。

议,司法确认应该成为和解合同获得程序效力的重要制度。为确保当事人意思自治原则的贯彻,和解合同的司法确认应当考虑当事人共同申请、注重实体审查、和解合同补充程序、确认错误救济等程序的特殊性因素。

结 语

本书对和解合同制度的研究,归结为一个核心问题、两个重要进路。一个核心问题就是确认行为,包括确认行为的性质、确认的内容、确认的效力等基本问题。两个重要进路,是立法论和解释论的研究进路。从立法论的角度,和解合同的典型性体现在要件、效力和相应的规则。从解释论的角度,在实体法未以典型合同对其进行规定的情况下,如何对相应法律关系展开解释适用。总之,就是运用合同法的基础理论和制度规范,来解决民事和解中能够纳入和解合同中解决的法律问题。本书所进行的研究,在兼顾立法论的同时,更侧重于解释论框架下和解合同相应规则的展开。

和解合同与一般和解行为区别的基点,在于当事人创设和解合同法律关系的意思。虽然相互让步似乎可以构成对价,但其并非构成和解合同的充分条件。为使需要纳入和解合同体系中解决的和解问题的讨论范围适中,和解合同的要件特征是讨论的重要前提。和解合同法律关系的客体,应当以法律关系的争议或不确定性为最符合和解目的和适用需求的范围。作为和解合同内容的相互让步,应当具有法律规范意义,应有明确或可推知的终止争执或排除法律关系不明确状态的当事人合意。

和解合同的本质,在于确认行为的体系定位,这是本书研究切入的主线。对于确认行为,有研究认为它是私法自治中处分权的终极状态。相对于债的设立、变更和终止等以债的从无到有或从一个确定状态到另一个不同的确定状态的效果而言,确认行为以不确定的法律关系达成确定法律关系为其效果,具有独立的前提和法效果,因此也应当具有特殊的认定规则。以意思自治为核心,经由合意形成的个别规范,是确认契约内容的效力根源和正当性基础。民事实体法上的和解合同,与民事调解具有相同的性质,其区别于行政调解、诉讼和解的重要因素在于当事人受权力干预较少,当事人享有在私法意义上的意思自由,因而处分权相对充分和完整。

和解合同的解释,在于厘定某种特定的法律关系是否属于和解合同的范畴,所订立的合同是否具备充分的和解合同类型特征,内容具体构成如何,以及合同是否有漏洞,应如何予以补充。在和解合同解释中充分关注当事人确定法律关系、排除争议状态的合同目的,引入合同目的规范效力,可以解决和解合同解释中的主要问题。在解释方法上，阐释性解释和补充性解释是基础方式，目的解释具有统领作用。

在和解合同效力讨论中，和解内容的确定效力基于上述的基本原理，具有不同于传统理论的创设效力、认定效力的特别效力。本书进一步认为，和解合同效力的特殊性，还体现在和解合同制度中争议事项的特殊作用。争议事项应当与和解内容、和解基础等概念对应开展甄别和适用。和解内容，是确定效力的具体体现，其基本原理在于当事人的意思合意具有规范效力。和解基础在非争议事项涵摄的范围内，其主要制度功能体现在，和解基础的错误可以作为否定和解效力的事由，理论基础在于当事人共同动机错误，和解基础错误基本原理在于如果当事人知道这一情形就不会达成和解内容，其在根本上与排除争议状态的意思基点相悖，使和解失去实质意义。和解基础错误与争议事项一起，构成了解决和解合同效力问题的概念体系。

争议事项在和解合同规则中具有特殊作用，对和解合同的效力具有实质性的影响。争议事项从本质上而言，就是未直接表现为和解内容的潜在的当事人合意。在和解的框架里面，争议事项可以经由解释来厘清，并建立相应的规则。其基本原理在于，当事人通过理性合意，放弃了对相应事项重要性的探究，会直接影响和解的整体法律关系的效果。和解合同撤销事由应当在甄别争议事项的基础上合理适用。争议事项对撤销事由的限制，主要是对重大误解制度的限制，其理论基础在于意思自治、风险承担和争议解决目的。对于争议事项的认定和适用，首先，当和解基础与争议事项的甄别有疑问时，应先认定为争议事项，和解基础可以扩张解释适用我国重大误解制度作为撤销事由。其次，对争议事项内容范围的认定应当限缩解释，以起到控制和平衡当事人的风险的作用。作为争议事项不得撤销的限制规则，显失公平制度发挥主要作用，但对其适用还需要根据和解合同的特殊性做主客观要件的特殊考量。

和解合同的特殊效力使得显失公平制度在适用上也具有特殊性。和解合同最显著的特征，在于当事人在合意基础上对不明确的法律关系进行确定，具有风险承担的功能。和解合同的特殊性，使得显失公平制度与和解合同在基本原理、制度目的等多个方面存在一定程度冲突，但同时有协调适用的必要性和可能性。在实践层面，和解合同实务案例中，适用既有制度理论和实证法规范体系的错误制度、情势变更制度、附条件解除、诚实信用原则等对问题的解决都有不完备的地方，显失公平制度适用有一定的制度需求。在理论层面，现行实证法体系并未排除显失公平制度适用的可能性，其适用的正当性可以得到论证。在具体适用规则上，强化和解合同要件的判断，关注其一般原理的限制作用是适用的基本前提，同时充分考量与其要件和内容相关的特殊性因素具有实际操作意义。

和解合同解除问题上，其限制因素很多源于和解合同的性质本身。是否已经履行，是讨论解除问题的前提。和解合同是债权合同还是物权合同，关系到法定解除是否有意义，而性质的讨论与当事人的意思表示紧密联系，很难给出概括性结论。在特殊的和解类型,即弃权求偿型和解中,约定解除权的解释和判断具有决定意义。关于解除的效果,本书展开的前提是以给付功能牵连说为理论基础的折中说,对于恢复原状效果的讨论与和解合同的内容构成有关。

和解合同要取得一定程序意义上的确定力、执行力,可行的途径有和解合同诉讼、司法确认、公证程序、申请支付令等。和解合同的诉讼抗辩本质是程序上的抗辩,诉讼中和解因为程序性因素的介入,从形成到效果都有其特殊性。民间调解协议和人民调解协议在基本理论上与和解合同具有相同性质,可以适用和解合同的理论,但是当前实证法上更多是以程序法规则来处理相关问题。我国司法确认制度现在主要面向人民调解协议,司法确认应该成为和解合同获得程序效力的重要制度。为确保当事人意思自治的贯彻,司法确认在和解合同中的适用,应当考虑当事人共同申请、注重实体审查、和解合同补充程序、确认错误救济等特殊性因素。

在全面依法治国语境下,坚持和发展新时代"枫桥经验"的重要任务是社会治理目标的重心,由维护社会和谐稳定向以人民为中心、保障人民群众合法权益转变。随着基层社会治理体系中自治、法治、德治"三治融合"的发展和私法自治理论的逐渐丰富,意思自治逐渐受尊重,面向私主体纠纷解决的和解合同效力理论和面对和解裁判的和解合同解释理论,会越发成为私权保障中的重要问题。在我国法学理论中,物权行为的独立性、无因性,解除制度的溯及力,错误制度和行为基础之间的关系等一系列基本问题尚存争议，对理解认识和解合同制度、制度构建和规则适用都会产生一定的影响。我国《民法典》采取不设债法总则的体例，在和解合同未作为典型合同的情况下，和解合同如何获得基础理论上的本质属性、解释论上的体系位置、规则适用上的规范依据，在后《民法典》时代也是一个重要问题。和解合同的解除效果，也需要在合同理论发展基础上进行讨论和研究。与和解行为相关的合同调整、债务免除、债务承认、代物清偿等制度与和解合同之间的区别和联系，需要进一步精细观察和研究。另外，和解合同的程序面向，在理论和实践层面都有很大的研究空间。

附录　现代社会中契约自由的发展与规制

一、契约法现代化与契约自由的价值

(一)近代契约法中契约自由的内在含义

所有权绝对、过错责任、意思自治为近代私法的三大原则,而契约自由又是意思自治的核心部分。契约自由在私法领域中的地位,正如德国学者海因·克茨等所指出的"私法最重要的特点莫过于个人自治或其自我发展的权利。契约自由为一般行为自由的组成部分……是一种灵活的工具,它不断进行自我调节,以适应新的目标。它也是自由经济不可或缺的一个特征。它使私人企业成为可能,并鼓励人们建立经济关系。因此,契约自由在整个私法领域具有重要的核心作用。”[①]按照意思自治的理论,人可以依其自身的法则去创设自己的权利义务,当事人的意志不仅是权利义务的渊源,而且是其发生的根据。[②] 意思自治原则在整个以意思为核心的法律行为支配的私法领域,如契约、婚姻、继承等,普遍得以适用,具体体现在契约法上,就是我们所讨论的契约自由原则。

私法自治要求,法律关系所涉之人,均须有其意志参与其中,否则,此人即被他治。在多数情况下,法律交往至少涉及双方当事人,因而奉行契约原则。[③] 按照两大法系契约立法和学理阐述,契约自由原则有两层意思:一方面,它表明契约建立在当事人相互意见一致的基础之上;另一方面,它指明契约的产生是在如国家立法和政府行政干涉等拘束下自由选择的结果。按照英国著名契约法学家阿狄亚的观点,契约自由的精神表现为,首先契约是当事人相互同意的结果,其次契约是自由选择的结果。[④]

1. 契约是当事人相互同意的结果

契约是当事人相互同意的结果,这一含义与“契约本质即合意”的理念一脉相承,通过缔结契约的要约承诺的全部的、持续的过程可以反映出来。在此基础上,我们还可以推出下一层次的三个结论。

---

① [德]罗伯特·霍恩等:《德国民商法导论》,楚建译,中国大百科全书出版社1996年版,第90页。

② 参见尹田:《法国现代合同法:契约自由与社会公正的冲突与平衡》(第2版),法律出版社2009年版,第13页。

③ 参见朱庆育:《民法总论》,北京大学出版社2016年版,第145页。

④ 参见[英]P.S.阿狄亚:《合同法导论》(第5版),赵旭东等译,法律出版社2002年版,第9页。

(1)契约以不要式为原则、以要式为例外

在现代社会私法自治的语境下,强求当事人完成某种特定的"仪式",本身就是对当事人意志的限制。任何神圣的形式都有可能阻碍当事人完全自由地表达其真实的意志,而社会要求履行某种神圣的形式,就等于说已经把某种超越当事人并先于当事人的意志强加于当事人。① 所以,契约应以不要式为原则,以特定形式的要求为例外,这也就是"同意主义原则"。

(2)契约的解释以探究当事人的真实意思为原则

既然承认当事人的意思是契约当事人权利义务产生的原动力和依据,在契约发生争议需要对其作出解释时,积极探究当事人真实意思自然就成为题中应有之义。阿蒂亚认为,合同法中大量的现实的规则是以双方当事人的意思表示为根据的,在当事人因合同而发生争议时,法官们在处理这类案件时,常常将它视为双方当事人的意思表示产生了争议。法院认为这不是把法律规定强加于双方当事人,而是在找出当事人自己选择的解决争议的办法。② 波斯纳认为,人自己的生活目标是自己的满足,即我们通常所讲的人是"自我利益"理性的、最大限度的追求者。③ 从这个意义上来讲,最大限度地探究和还原主体的真实意思是契约解释坚持的原则。

---

① 参见尹田:《法国现代合同法:契约自由与社会公正的冲突与平衡》(第2版),法律出版社2009年版,第19页。

② 参见[英]阿蒂亚:《合同法概论》,程正康等译,法律出版社1982年版,第6页。

③ 参见沈宗灵:《现代西方法理学》,北京大学出版社1992年版,第397页。

(3)对意思瑕疵予以充分的法律上的救济

契约法律应当保护主体的意思表示,但前提是该意思表示是真实的。如果契约是在当事人因欺诈、胁迫、乘人之危、重大误解等原因情况下缔结的,当事人的意思表示就会出现严重瑕疵。达成的契约与当事人的意愿相背离,这时契约法律就应当否定或部分否定缔结契约的效力。但必须看到,对意思瑕疵的法律救济的意义,除主观上对自由意志充分尊重外,也表现了契约法对公平的客观追求与保护。

2. 契约是当事人自由选择的结果

如果说"契约是当事人相互同意的结果"是对契约本质的集中反映,那么"契约是当事人自由选择的结果"则是对作为契约本质的当事人相互同意即"合意"的形成过程的描绘。从这一方面看契约自由的含义,应包含这样一些内容。

(1)是否缔约的选择自由

是否缔约的选择权是最大的自由选择权,也就是说当事人有权利根据自己的意志在缔结或不缔结契约上作出选择和决定,不存在法律强加给他的缔约义务。在私法自治语境下的契约自由理念中,这一点是无可争议的。

(2)对契约内容的决定自由

当事人对契约的内容有自由决定的权利,即使缔结的契约在内容上有严重不公正和不平等的情况存在,如果确实是出自当事人真实意思的自愿接受,不是由于欺诈、胁迫等有瑕疵的意思表示原因,他人不能对契约内容做出改变。除此之外,当事人的约定还可以优先于法律的规定，在契约内容中对法律的某些规定做出改变，比如协议管辖原则、对某些法定义务的排除（如对瑕疵担保责任的排除）等。

（3）对缔约相对方的选择自由

当事人有权利对与谁缔结契约作出选择。一般情况下，缔约自由包括了选择缔约相对方的自由，没有缔约自由就意味着没有选择缔约相对人的自由。但是，缔约自由并不能完全包含对于相对方的选择自由，特殊情况下当事人可能被限制了缔约的自由，但是仍然享有相对人的选择自由。缔约相对方的选择自由的理论前提是存在完备的市场竞争，如果社会环境中没有完备的市场竞争的客观存在，这种自由权的实现不可避免要受到限制。

（4）对契约形式的选择自由

当事人对订立契约形式的选择，应当由当事人自由协商来决定，法律对当事人采取何种形式不应当强行进行规定。古代契约法对契约的形式和程序有着严格的要求，这种要求僵化地凌驾于当事人的合意之上，对契约自由造成了很大程度的限制。契约法的发展和进步，逐步废除了过于严苛的形式要求，承认当事人决定契约形式的自由选择权利。

（二）契约自由思想的确立与发展

1. 对罗马法的承继

（1）罗马万民法上的诺成契约：契约自由的历史渊源

古老的罗马法被认为是“商品生产者社会的第一部世界性

的法律”,[①]对契约理论的考察可以追溯到罗马法时代。学者认为,在罗马古典法时期,契约自由思想就已经形成。[②] 罗马共和国中期以后,万民法的产生与繁荣,在契约问题上产生了诺成契约。通过诺成契约,万民法产生了契约意志自由的可能性,孕育了极富生命力的契约法原理:契约成立与否取决于当事人的自由意志,契约之债的效力来源于当事人的合意,也就是后世概括的契约自由原则。罗马万民法上的诺成契约在确立现代契约概念的同时也孕育了契约自由原则,成为契约自由思想的真正历史源头。[③]

(2)罗马法的复兴:契约自由思想的近代化开端

罗马帝国覆灭之后的很长一段时间,自公元6世纪~11世纪,日耳曼习惯法与教会法掩盖了罗马法的光芒。但是,在中世纪的黑暗中,资本主义商品经济开始萌芽,迫切需要适于其生存的法律思想和制度的阳光照耀。落后的日耳曼习惯法和宗教色彩浓厚的教会法都难以包含调整商品经济的一般规则。11世纪,人们在意大利比萨发现了失传已久的优士丁尼《民法大全》,从而掀起了复兴罗马法的热潮。随着近代民法对罗马法的继受,罗马万民法中所体现的契约自由思想,在经历了漫长黑暗的中世纪以后,被赋予新的活力和内涵,深刻地影响了近代民法特

---

① 《马克思恩格斯全集》(第4卷),人民出版社1995年版,第252页。

② 参见李双元、温世扬主编:《比较民法学》,武汉大学出版社2016年版,第35页。

③ 参见孙鹏:《合同法热点问题研究》,群众出版社2001年版,第6页。

别是契约法。在近代蓬勃发展的资本主义商品经济、个人主义的哲学思想综合影响下,近代民法得到迅速发展。[①]

2. 契约自由的近代发展

(1)法国法

1804年颁行的《法国民法典》,是近代法制史上第一部划时代杰作,将发源于罗马法、形成于中世纪德意志民族和其他民族、继受罗马法的法律传统,与近代社会生活的思想观念和生活内容集大成于一典,从而对民法传统的确立起了一锤定音的作用。[②] 法典有许多著名的条款,其中第1134条"依法成立的契约,在缔约的当事人之间有相当于法律的效力"被概括为"契约即法律",进而发展为契约自由。法典第1101条"契约为一种合意,依此合意,一人或数人对于其他一人或数人负担给付、作为或不作为的债务";第1156条"解释契约时,应寻求缔约当事人的共同意思,而不拘泥于形式";第1158条"文字可能作两种解释时,应采取最适合契约目的之解释"都体现了绝对理性的立法思想,开创了"意志中心论"的近代契约模式。

(2)德国法

20世纪初的《德国民法典》是大陆法系的又一丰碑,法典虽然没有对契约自由进行直接的规定,但根据第305条的规定,只要当事人遵守关于契约的一般公式和逻辑,任何内容的契约都

---

① 参见黄名述、张玉敏主编:《罗马契约制度与现代合同法研究》,中国检察出版社2006年版,第110页。

② 参见米健:《比较法学导论》,商务印书馆2018年版,第204页。

可以合法有效，并且在任何情况下都应受法律的保护，这就给契约自由提供了相当广泛的空间。法典中有关一般条款和限制契约自由的规定，仅仅是作为意志与理性原则的例外。总体上看，《德国民法典》将意志自由和契约自由吸收，二者构成整个契约之债的中心内容，进一步将大陆法系“惟意志论”契约模式推到了顶峰。

(3)英国法

中世纪的英国法极端重视程式，一切诉讼都以“令状”为中心，极大地束缚了契约法的作用力。为突破古老诉讼程式的僵硬，“对价原理”应运而生，理论化的契约体系取代了程式化的契约体系。英国法上的对价原理可以概括为“获益—受损”公式，只要当事人有对价支持，就具有法律上的效力。同理，由两项允诺所形成的合意即契约，只要有对价支持就可以作为有法律约束力的契约。这样，英国法上的契约效力再也不来源于特定程式，而是直接与当事人间交换对价的合意相关。法律的关注重点落在对价交换合意上，也就意味着契约自由原则由此得以确立。[①]

(4)美国法

美国法在自由主义契约论上比英国法更加向前迈进。大法官霍姆斯批评传统的“获益—受损”的对价解释规则，在此基础上，确立了以要约、承诺、对价为要素的美国古典契约理论，其以

---

① 参见孙鹏：《合同法热点问题研究》，群众出版社 2001 年版，第 9 页。

交易理论的客观主义为特征。威灵斯顿的《第一次合同法重述》,集中对美国古典契约模式中心理论和思想方法进行了论述。依照交易理论的中心思想,当事人只承担存在对价的契约中所约定的责任,责任的范围只限于对价限定的范围内,在契约责任成立的范围内实行绝对责任,契约必须得到严格履行。这样,19 世纪的美国法官只能充当超然的公断人,主要职责是在当事人一方不履行契约时强制履行,他们所关注的只是对价在法律意义上的满足而非在经济意义上的满足,契约公正与否并不是他们所关注的范围。这一切的根源都在于定约人意思至高无上这一绝对的个人自由主义观念。① 在新古典契约法阶段,鉴于古典契约法在应对新的社会情势方面的不足,美国法以“承认例外的方式”对古典契约法理论加以调整和改造,进而加强契约法的灵活性和社会回应性。②

(三)契约自由的历史贡献及其对现代契约法的影响

由于契约自由原则反映了人格独立和个性解放的要求,在近代民法中被提升到了相当重要的地位,其被称为近代民法的三大原则之一。③ 在契约自由思想的旗帜下,“契约即自由”“法

---

① 参见万群:《美国契约法理论的历史发展和思想渊源》,载梁慧星主编:《民商法论丛》(第 6 卷),法律出版社 1997 年版。

② 参见刘承韪:《契约法理论的历史嬗迭与现代发展——以英美契约法为核心的考察》,载《中外法学》2011 年第 4 期。

③ 参见陈华彬:《民法体系的新展开》(上),中国政法大学出版社 2021 年版,第 631 页。

律即契约”的观念深入人心。法律的使命被定位在捍卫当事人之间的自由意志上,“立法者不得为当事人订立契约”“法官不得为当事人订立契约”成为指导立法和司法实践的著名格言。受契约自由思想的影响,近代法律科学的中心思想是“个人独立性和个人意志自由”,契约自由原则也对近代社会的政治、经济、伦理、文化产生了积极的历史性的贡献,即便在现代社会中,契约自由闪耀的光芒依然光彩夺目。

1. 赋予契约法崭新灵魂

在契约自由原则确立之前,契约行为在社会生活中并不少见,但由于调整契约关系的法律并不发达,契约本身缺乏统一的要件,契约效力没有统一的附着点,使得契约在社会生活中发挥的作用受到很大程度的限制。契约自由原则的确立,使契约存在的依据定着化,契约效力有了明显依托,从而赋予契约法崭新的支柱和灵魂,完善的契约法制度得以构建。契约自由的思想在近代契约法中的身影到处可见:契约的成立,要求当事人的合意,即当事人自由意思表达的一致;契约的效力,要求当事人意思表示真实,契约的订立可能因为意思表示的瑕疵而相对无效;契约的履行与契约责任要求法律的强制是为了贯彻当事人达成的一致的真实的意思。因此,契约自由就如同贯穿契约制度的一根红线,使得各种分散的制度有机地组合起来。即使在现代社会中,契约自由虽然受到来自各个方面的限制与制约,但它对契约制度的统率作用和作为契约法灵魂的作用仍然不容置疑。正如学者所说,“没有契约自由就没有契约法”“对于自愿形成的私人关系来说，契约法就像一部宪法，而具体的合同就像在宪法下颁布的法律”。[①] 依此观点，契约自由原则就是契约法中最基本的“宪法精神”。

2. 完成契约法律对社会关系调整方法的科学定位

法学是调整社会生活的学问，要实现对社会生活的有效调整，就要研究调整的方法，使它能够形成合理的、科学的体系。法律的调整方法，从某个角度来说，可以分为直接调整和间接调整。直接调整就是所谓的法定主义调整，由法律直接规定法律关系的主体、客体和内容，将当事人的自由意志因素排除在外；间接调整就是法律行为的调整，在这种调整方式下，法律调整任务的完成要借助于或部分借助于当事人的自由意志。法律调整功能的科学化，也就是使调整功能发挥到最好，这在很大程度上取决于对这两种调整方法的正确运用。一般而言，决定适用法定主义方式或法律行为方式时应当遵循四项原则：(1)只有在权利义务内容具有概括性和普遍性的情况下才可以通过法定主义方式规定其具体内容；(2)只有在权利义务主体与法定事件或事实行为有直接联系的法律关系范围内才可以通过法定主义方式确定其主体；(3)只有在权利义务客体范围依据法定事件或事实行为可以直接特定化的法律关系中，才可以通过法定主义方式规定其客体；(4)在法定主义方式不能充分合理地概括诸要素的

---

① 黄名述、张玉敏主编：《罗马契约制度与现代合同法研究》，中国检察出版社2006年版，第119页。

合理范围内，法律行为制度也具有重要的法律调整意义。[①] 在契约关系中，权利与义务是具体的，没有确定不移的品质。无论是权利与义务的主体还是客体，都不是直接与特定的事实行为或法定事件相联系，所以其调整方式应当纳入法律行为方式调整的范畴，法律行为方式的调整自然要借助于当事人的自由意志。契约自由原则反映的正是对当事人意志的最大尊重。对契约自由理论的探讨和研究，应当与契约法采取法律行为方式调整的要求相吻合，这为契约法采取更加科学的法律调整方法奠定了基础。

3. 提供实现个人自由独立的基础

回顾法制史可以清楚地看到，在奴隶制时代，只有极少部分的人享有民事权利能力，作为社会大众的奴隶只能作为法律关系的客体而非主体。在封建社会，人和人的关系不是通过法律行为来设立，不是通过当事人自我意思的连接来达成，而是通过特定身份与等级来维持既定的社会关系。这样的历史背景，必然造成作为主体的人的价值和尊严被极大地漠视，自由和个性被极大地压抑和禁锢。历经了文艺复兴、资产阶级文化启蒙和资产阶级大革命的推动和洗礼，契约开始成为连接社会关系的形式和纽带。在市民社会，人们通过契约设定、让与、处分自己的权利，契约自由原则为人们提供了广阔的空间。在政治社会，

---

① 参见董安生：《民事法律行为》，中国人民大学出版社 2002 年版，第 36 ~ 42 页。

各种政治权利甚至是国家主权，都被认为源于“社会契约”，契约自由思想显然又为“社会契约”基础上产生的权力能最大限度体现人民公意提供了可能。契约自由的思想，对于造就近代的契约社会，摧毁身份、等级、特权观念，实现个人的独立与解放，彰显个人的尊严和价值作出了不可磨灭的历史贡献。它的作用，超越了市民社会一般民事契约的范畴，影响了整个政治、人文、伦理观念变革，实在是人类历史发展上的闪光之点。

二、契约理论的局限和契约自由变革发端

（一）古典契约理论的绝对化和抽象化

在古典契约法中，由于政治、经济和哲学思想的众多因素的影响，契约自由思想被提高到一个新的历史高度，走向了绝对化的边缘。

1. 契约神圣

古典契约法对契约神圣的一般解释是：契约在自由和自愿的前提下缔结之后，应当被视为神圣不可侵犯，被当事人违反的契约，当然应当得到法院的强制执行。它包含两方面的含义，首先，契约在缔约当事人之间具有相当于法律的效力，即使法律明确规定了契约自由的限制，古典契约法学者也尽量不接受或无视这种限制的事实。其次，契约一旦订立必须严格遵守。这种遵守严格到了即使契约履行会引发当事人之间利益的严重失衡以及社会资源的巨大浪费都丝毫不能动摇契约的法律效力的程

度,法官对契约内容即使做出有意义的调整也会被视为法官专横暴虐。

2. 契约相对

古典契约法认为,契约之债的关系为特定人之间的权利义务关系,其权利义务主张只能在特定当事人之间进行,不能对抗第三人,具体包括"除契约当事人之外,任何其他人不能请求享有契约上的权利;除契约当事人之外,任何人拒不承担契约上的责任"①,也就是无契约即无权利,无契约即无责任,这无疑将契约的相对性推向了极致。

3. 契约概念的形式主义

古典契约法出于对契约自由思想的严格遵守,对契约的概念进行形式主义的诠释。通过这种诠释,契约的本质是一种协议,是缔约当事人意思表示的一致。大陆法系通过要约和承诺规则对当事人合意的过程进行解释,得出严格的镜像规则,即认定只有要约与承诺呈反方向完全一致才能形成合意,不符合镜像规则的承诺只能被视为反要约,合意并没有达成。英美法系的交易理论,则不仅要求要约与承诺的合意,而且加入对价的限制,认为"交换对价且仅仅是交换对价而形成的合意"才是契约。

古典契约法的形式主义特征还表现为现时化和孤立性。现时化就是把与契约相关的将来的条件在缔约时作为现在的事实

① 黄名述、张玉敏主编:《罗马契约制度与现代合同法研究》,中国检察出版社2006年版,第122页。

进行规定，而不管将来其是否变化以及如何变化；孤立性就是把契约从它所成立的社会关系的大背景中隔离出来，不管这些背景对契约的影响力大小，只要没有被契约当事人以明确的意思表示所反映，都不能进入当事人的契约关系之中。这也使得当事人的意思表示因过于绝对而显得呆板和僵硬。

4. 契约自由前提的高度理性抽象

古典契约构筑以契约自由为灵魂的模式，是建立在以契约自由为前提的、天才的、高度的理性抽象的假设之上，其抽象人格主体是“理性行为人模型”。根据这一模型，在面临不确定性而做出决定时，通过将所有未来的收益和成本折算为现实价值，理性行为人能最大化其主观预期效用。古典契约法的规则都建立在这样的假设之上，即抽象平等的行为人见多识广、熟悉法律，并且理性地实施行为来增进自身在经济上的私利。由于行为人是抽象平等的理性人，所以对于其所签署的所有东西，他都是已经阅读过并理解的；此外，国家不应轻易对他为自己私利所从事的理性交易行为的公平性进行检讨，在不存在欺诈、不当影响等情况时，所有的交易都被认为是公平的。[①] 所有这些理性抽象，注定了古典契约模式是一项纯粹的理论设计，其理想与现实间出现巨大的虚拟真空。

---

① 参见刘承韪：《契约法理论的历史嬗迭与现代发展——以英美契约法为核心的考察》，载《中外法学》2011 年第 4 期。

(二)契约自由受到规制的历史分析

1. 客观基础的变化

古典契约的契约自由是在“完全自由市场”背景假设之上建立起来的。这个背景模式应当包含三个假定条件：一是契约不得涉及除当事人之外的任何第三人，契约没有不利的第三人效应；二是每个决策者拥有关于其选择的性质和结果的全部信息，信息的拥有不会影响当事人的决策理性；三是市场上有足够的可供选择的伙伴，使契约各方有充分选择的机会和权利。[①] 在古典契约法所处的自由竞争时代，这些假设有其存在的基础，具有现实性，也可以催生出“契约即正义”这样的理想主义理论。但是，随着现代社会的发展，经济结构不断变化，社会分工逐渐细化、社会交换日益频繁，这些假设条件赖以存在的基础已经发生了很大的变化。

首先，现代社会利益复杂化、社会关系外部化，当事人之间缔结的协议自然就涉及第三人的利益、社会公共利益和国家利益，这就使得“契约不得涉及当事人之外的第三人”的假设受到极大的质疑，深入研究“契约对第三人的效力”这一命题变得极具实际价值。

其次，在现代社会知识专业化、行业技术垄断化、管理控制信息化的背景下，像在简单的商品经济时代，商品技术含量低、

---

① 参见李永军：《合同法》(第4版)，中国人民大学出版社2016年版，第29页。

市场关系简单明确那样,缔约当事人掌握充分的信息的情况,显然是不现实、不可能的。所以基于信息的不完全,不正确的意志下作出的非理性选择已经成为各国契约法矫正和救济的对象。

最后,在完全自由的竞争市场上,现实的和潜在的可供选择的交易伙伴是有存在的可能的。但在现代社会,经济组织不断发展壮大,相互之间的竞争日益激烈、威胁越来越大,残酷的现实使得竞争的个体不得不逐步联合成为垄断组织,这样现代社会中许多情况下,缔约主体选择交易伙伴的空间变得异常狭小。比如说虽然现实中存在很多的保险机构,但当你真正走入其中之一并缔结契约时,就会发现无论你选择哪一家,缔约条件都很相似性。这会使你觉得选择相对人的自由已经现实地不存在了。

在上述情况下,"契约即正义"的理念自然就受到严重的威胁和挑战,对契约自由的限制也就显得尤为重要。"法院既不为当事人订立契约,也不为当事人审查契约,当事人必须自己仔细斟酌契约的各个细节"的理念,[①]显然也不会再深远地影响指导法律实践。

2. 主体人格的演化

古典契约模式,对缔约主体进行了高度的理论抽象,对自然人个体和社会组织主体形态的自身条件和外部环境的现实差别

---

① 参见[美]格兰特·吉尔莫:《契约的死亡》,曹士兵、姚建宗、吴巍译,中国法制出版社 2005 年版,第 18 页。

都作了有意或无意的忽略,用“人”“人格”的法律符号来代表主体,赋予主体普遍一致的民事权利能力。应当说,这种抽象人格大致折射了自由资本主义早期契约主体的相互关系状况。一方面,生产者和消费者、雇佣者和劳动者等直接对立的集团尚未形成,自然人与法人在自身实力和外部环境上基本维持平等状态;另一方面,人们不断地交换其位置,如在此法律关系中为买方,在彼法律关系中转化为卖方,这种位置的交换有助于消除人们之间事实上存在的轻微不平等。但是在现代社会,首先,主体之间的差别日益显现,生产者和消费者、雇佣者和被雇佣者在各自寻求不同利益的过程中逐步集团化,在自身条件和外部环境上,作为生产者和雇佣者的一方明显具有相当程度的优势。其次,以利益对立为核心的集团化对立,使身处不同利益集团的人难以实现地位的互换,这样就使得不平等的状况加剧。基于对这些事实的认识,现代契约法理论将抽象的契约主体外壳逐渐剥离,让它恢复到应有的自然状态,承认主体之间的差别,法律调整和纠纷处理都针对具体化的人来进行,并且通过保护弱者的立法(包括消费者保护法、劳动者保护法)、反垄断立法和反不正当竞争立法,将对具体人格的关注逐步推向纵深。这一变化是如此的明显,以至于在英国学者梅因提出著名的“从身份到契约”理论一百多年之后,西方学者在充分分析契约主体的背景和现代社会中的个性化特征后提出,曾经经历的“从身份到契约”的运动已悄然转向,开始表现为“从契约到身份”的回归。①

3. 价值理解的更新

古典契约法由于对法律关系的外部因素认识的局限和历史赋予的保护交易安全、促进经济发展的任务要求，对法的安定性价值给予极大的关注。古典契约法理论认为实定法对现实生活的所有法律关系进行了能动的涵盖，对法律纠纷的处理依据就应当在既定法中进行寻找，对既定法律规则的排斥和破坏势必破坏法的安定性，扭曲契约法的价值。从这一观点出发，对于现实中发生的相同类型的纠纷，法官应当给出相同的处理结果。由此进行引申，由当事人合意达成的契约，按照契约自由原则，应当具有相当于法律的效力，与该契约相关的一系列问题都应当按照已经形成的这项“法律”来解决，在这一“法律”的自由意志之外去寻找依据，是为契约法所不允许的。随着现代契约法的不断发展，人们逐步认识到，对契约法安定性的极度关注必然会对法律的社会效果造成损害，对法律的社会妥当性造成威胁。现代契约法开始正视法律的抽象、简单、有限、相对稳定与现实本身的具体、复杂、无限和发展变化之间的差距，针对现实中出现的问题，寻找解决依据时不能只从既定法中寻找，应当回到既定法所产生并赖以存在的更广阔的外部世界去寻求。这样，相同类型的纠纷处理未必都应当给出相同的结果，应当根据具体

① 参见[美]伯纳德・施瓦茨：《美国法律史》，王军等译，法律出版社 2011 年版，第 101～108 页。

情况进行具体分析,给出妥当和公正的处理结果。而在契约关系中,对于当事人合意因素之外的能够影响当事人利益或社会利益的因素,也应当纳入考虑范围。契约法价值观的自然发展和变化,使得外在的因素对契约自由的限制成为必然。

4. 政治理念的转型

古典契约法受古典自然法学影响较大,其政治价值观的集中体现就是"社会契约论"和"天赋人权"理论。在对待个人和社会的关系上,古典契约法认为社会是个人机械的集合体和构成体,社会的利益是个人利益的简单相加,社会的唯一价值元素是个人,个人是唯一有意义的真实存在,社会在分解为若干个个人之外再没有属于它自身的东西。在经济理论上,"每一个人都在力图应用他的资本,来使其生产品得到最大的价值。一般来说,他并不企图增进公共福利,也不知道他所增进的公共福利为多少。他所追求的仅仅是他个人的快乐,仅仅是他个人的利益"①。因此,在法律制度上,"国家不可用他的强制手段来迫使一些公民帮助另一些公民;也不能用强制手段来禁止人们从事推进他们自己利益或自我保护的活动"②,这一切使得个人主义的浪潮淹没了对社会群体利益的关注。

但是,社会学、法学等新的学说,唤起了人们对绝对理性和

---

① [美]保罗·萨缪尔森、威廉·诺德豪斯:《经济学》(第19版)(上册),萧琛等译,商务印书馆2017年版,第31页。

② [美]罗伯特·诺奇克:《无政府、国家和乌托邦》,姚大志译,中国社会科学出版社2008年版,第5页。

绝对个人主义的思考。就像孟德斯鸠对自由界限的论述,自由是做法律许可做的一切事情的权利,如果自由超越了法律许可的范围,也就意味着自由的失落,因为别人也有这样的自由。与此同理,对个人权利的令人振奋的渴求阻止了对权利边界的理智设定,会造就个人权利的不幸,而且作为社会元素的每一个个体都难免这样的不幸,于是恶性的自由和无边的权利导致社会的无序,社会的无序又吞噬着个体宝贵的自由和权利。[①] 自由和权利应当加以限制,否则任何人都有成为滥用权利和自由的受害者的可能性。在现代社会的理论观点中,社会共同体是个人利益和意志的有机组成体,它独立于个体利益,是个人利益存在的前提。个人与个人之间的关系,不是简单的对抗关系而是协同关系,个人行使权利、参与社会生活时,应当对社会公共福利尽到必要的注意义务。这种进步的观点,使得社会本位逐步取代了个人本位的政治价值观,代表了进步社会发展趋向的要求,通过用社会福利去限制个人权利的方式,最大限度地实现个人的利益、个人与社会的利益乃至社会整体利益的全面平衡。

三、现代契约理论对契约自由的社会理性规制

古典契约法建立两百多年以来,在随着社会经济结构、哲学思想不断发展变化而进行的社会实践中,契约自由自身的缺陷

---

① 参见黄名述、张玉敏主编:《罗马契约制度与现代合同法研究》,中国检察出版社 2006 年版,第 142 页。

逐渐显现出来,契约自由由于过于绝对和抽象而被滥用,使得维护契约自由的契约法制度设计偏离了契约正义的轨道。进入现代社会以后,契约法的价值取向开始由个人权利本位向社会利益本位转化。在这种大背景下,诚实信用、公平交易、公共利益的保护成为制约契约自由思想的指导思想,契约正义的价值位阶在契约立法中逐步上升。为了维护契约正义,现代契约法通过一般性原则和制度设计对契约自由进行充满理性的规制。

(一)契约理论的丰富与发展

1. 诚实信用原则的繁荣

诚实信用原则在古典契约法中受到契约自由思想的限制。在近代,《瑞士民法典》明确规定,任何人都必须诚实信用地行使权利并履行义务,这是诚实信用原则重新繁荣的开端,之后的巴西、阿根廷等美洲国家民法典,中国、日本等亚洲国家的民法典,以及美国《统一商法典》等英美法系立法和判例都确立了诚实信用原则。[①] 虽然各国法上诚实信用原则的内容各有侧重,但体现交易道德、平衡双方利益的本质并没有太大差异。以诚实信用原则为代表的一般条款的出现,使得契约中当事人的意志充分自由的独尊地位发生了动摇,奠定了重塑现代契约法的基础。

---

① 参见黄名述、张玉敏主编:《罗马契约制度与现代合同法研究》,中国检察出版社2006年版,第119页。

2. 情势变更原则的发展

契约自由所延伸出的契约神圣原则要求当事人必须严格遵守自己缔结的契约。但是,现代社会经济信息、供需关系等与契约内容相关的要素瞬息万变,要求人们在缔结契约时预见到将来所要发生的所有问题明显是不现实的。如果情势发生变更,也就是缔结契约时所依据的客观条件发生了变化,而不是由于可归责于当事人自身的事由而没有预见到变更的可能,这时法律要求当事人严格按照契约的内容履行必然会导致不公正的结果。为了避免这种不公正的结局,情势变更原则被引入现代契约法理论中来,允许当事人解除或变更契约,或者赋予法官对契约内容进行修正和补充的自由裁量权。这一原则,先后通过法国的不可预见理论、德国的法律行为基础理论的创立而逐步在现代契约法中产生重要影响,从而完成了从严守形式契约向实质利益公平的转换。[①]

3. 契约相对性原则的突破

契约相对性原则源于契约自由又具有独立性,英美法系中的美国契约法在第一次契约法重述中所定型的第三人利益契约开始对契约相对性原则进行突破,同一时期的大陆法系契约法也有了关于第三人利益契约的规定,为他人利益所订立的契约为契约法所允许,而他人接受该契约利益的行为也得到允许。

---

① 参见朱广新:《合同法总则》(第 2 版),中国人民大学出版社 2012 年版,第 393 页。

随着社会化大生产的发展，经济活动越来越复杂，第三人介入合同的情形不断增加，在社会利益主体多元化，交易各方势力不平衡的背景下，促进交易、形式正义与实质正义结合等现代法理念的发展，为现代契约法的发展带来了更加开阔的视野。[①] 之后，侵害债权理论、债的保全制度、租赁权物权化的运动也使第三人作用于或受制于他人的契约关系。总之，随着国家对契约关系自由干预的加强，从商业实践、社会政策和公共利益考虑，将越来越多的第三人纳入契约条款的保护范围已成为契约法的新趋势。可以说，"无契约即无权利"的绝对信条正在逐渐缩小其势力范围，从事实和正义出发考虑第三人权益被越来越多国家的契约法所采纳。

4. 关系契约理论的渗透

古典契约法把伴随契约而来的社会关系从法的世界中摒弃，以规则的形式加以抽象化，虽达到形式上的合理性但与现实契约中的实践相背离。[②] 20 世纪 80 年代，美国学者麦克尼尔在《新社会契约论》中，提出了著名的关系契约理论。关系契约模式的主旨就是将古典契约法隔离出的围绕一定交易的社会背景关系重新纳入契约当中，并将它们秩序化，使契约活动中当事人的权利义务关系与社会关系大大贴近，构建一个当事人根据各

---

① 参见谢鸿飞：《合同法学的新发展》，中国社会科学出版社 2014 年版，第 48 页。

② 参见［日］内田贵：《契约的再生》，胡宝海译，中国法制出版社 2005 年版，第 118 页。

自地位各司其职、相互矛盾又相互依赖的关系共同体。契约法除包括国家法为代表的外在规范外，还包括适合于现实契约实践的内在规范，这种内在规范在多数场合具有关系契约法的性质。[①] 实际上，关系契约是以内心充满复杂活动的人及其存在的社会关系为前提，并试图把这些因素都体现在法律中的理论。所以，它具有定性化的性质，而排斥概括性和抽象化的模式。当然，关系契约中的内在规范可以不断地向实定法规范提升，提升过程中的"正当化"标准，应当就是诚实信用等一系列的一般条款。所以，就现代契约法看来，关系契约理论具有了法解释上的意义，使传统理论诸多向心力有了"核"，而此处的"核"现在不过在霞光中朦朦胧胧、时隐时现，预示着契约法拥有富于魅力的未来。[②]

（二）契约法制度规范对契约自由的规制

现代契约法通过一定的制度设计，把当事人行使权利的自由限制在保障社会利益和公正的一定程度的范围内。这些规范性制度可以分为预防性制度和补救性制度。预防性制度发生在契约订立的过程当中、契约有效成立之前，其内容之一是对主体附加特定义务，限制主体缔约自由或契约形式选择自由，或者扩

---

① 参见[日]内田贵：《契约的再生》，胡宝海译，中国法制出版社 2005 年版，第 176～177 页。

② 参见[日]内田贵：《契约的再生》，胡宝海译，中国法制出版社 2005 年版，第 194 页。

大主体的契约责任，从而限制当事人缔结契约时的任意性倾向；其内容之二是对契约内容进行规范，对使当事人利益明显失衡的契约条款的效力进行限制。补救性制度发生在契约有效成立之后，法院在法律授权的框架内行使“自由裁量权”，矫正并平衡双方的利益。契约法对契约自由的限制和约束，甚至如学者所称，“契约不再表现为当事人当然享有的一种自愿、独立地创设权利的权力，而只是表现为一种由法律赋予的权利”①。本书主要从缔约自由、决定内容的自由、选择形式的自由、责任承担的自由等方面讨论现代契约法律制度规范对契约自由的规制。

1. 对缔约自由权利的规制

现代契约法规定了强制缔约契约，限制或剥夺契约主体是否订立契约和选择契约相对人的自由。在这些契约规范下，契约的成立不依赖于当事人的意思表示，当事人的“同意”这一要素不再具有实质性的意义。根据对主体同意的强制范围和程度，主要分为两种情况：

(1) 对当事人同意的绝对规制

对主体缔约自由和选择相对人自由的双重限制，也就是契约的成立完全排除了当事人的同意。最常见的，是为保障大众生存条件和生活质量，具有垄断地位和提供公共服务的企业和机构，要承担签订契约的义务，不能以任何理由拒绝。例如，在

---

① 尹田：《法国现代合同法：契约自由与社会公正的冲突与平衡》(第2版)，法律出版社2009年版，第40页。

危急情况下,医疗机构不能拒绝为病人治病,其拒绝订立医疗契约的权利受到严格限制。

附随义务在契约内容中的当然加入也体现了对同意必要性的限制。附随义务指不是基于契约本身产生的义务,其不仅存在于契约有效缔结后的履行过程中,而且存在于契约缔结之前和契约终止后的一段时间内。依学者归纳,这些附随义务主要有保护义务、通知义务、保密义务、竞业禁止等。[①] 这些义务并不是当事人自由意志的产物,但是对于这些义务的违反也会引发契约上的责任,这极大地推进了现代契约法的适用范围。

(2)对当事人同意的相对规制

限制主体选择相对人的自由,保留是否缔约的自由,或者限制是否缔约的自由,保留选择相对人的自由。前者比如房屋承租人的优先购买权,房屋出租人有权决定是否出卖房屋,但是一旦他决定出卖房屋,就必须优先考虑与承租人签订契约,同等条件下如果承租人不放弃购买权,出租人就不能选择与其他人进行买卖。这种制度设计是将居住权视作特殊的生存条件,优先保护特别需要保护的利益。后者比如在保险契约领域,涉及道路交通安全的机动车辆、涉及国计民生的企业和有环境污染性的企业,由于其特有的危险性、责任性和公共危害性,法律强制上述主体有强制缔结保险契约的义务,保障被保险人对第三者应负的赔偿责任能够得到切实履行。但是由哪家保险公司作为

---

① 参见侯国跃:《契约附随义务研究》,法律出版社 2007 年版,第 235 页。

保险人,法律仍然保留了投保人的自由选择权。

2. 对契约内容决定权的规制

契约的内容包含了契约当事人对缔结契约的最终目标和追求,对契约内容的决定自由是契约自由思想中具有实质性意义的内容。现代契约法通过制定强行性规范的直接限制和引入契约客观解释标准的间接限制等制度实现对契约内容的理性规制。

(1)直接限制

一是对标准契约中不公平条款的规制。这里的直接限制是指法律通过强制性规范的设立,对免责条款,剥夺他方权利、减轻己方责任或加重对方责任等由于一方滥用权利而导致的不公平条款等契约内容加以规制。对不公平条款的规制主要基于标准契约的广泛使用,对消费者利益、劳动者利益的特别保护而设立的。免责条款,就是当事人一方排除或限制其未来责任的契约条款,如雇主雇佣契约中“工伤一概由被雇佣方自己负责”,服务合同中“一切后果与本企业无关”等极不合理的表述。限制甚至剥夺对方权利或加重对方责任的条款,是指契约一方在契约中规定对方的某些权利未得到自己的同意不得行使或限制行使,或者在契约中规定限制对方寻求法律救济的条款。

对不公平条款的特别限制,有的国家的现代契约法作了特别规定。在大陆法系,最典型的是《荷兰民法典》,法典在第六编合同总则的规定中,以一节的篇幅(第231条至第247条)对一般交易条款作了规定。针对在性质上过于严苛的一般条款和条件,列出了被视为或者被推定为不合理的加重负担,因而可以被宣告无效的38种情形,针对这些情形可以申请法院发布禁令。[1]英美法系也有对不公平条款进行规制的强制性规范。例如,美国《统一商法典》规定:"①如法院在适用法律时发现合同或合同的某些条文在合同订立时是显失公平的,法院可以拒绝强制执行,或只执行没有显失公平的合同的剩余部分,或用此种方法限制适用显失公平的条款,以避免显失公平的后果。②法院受理关于合同或合同部分条文可能显失公平的案件时,当事人应有合理机会就商业背景及目的和效果问题提出证据,以帮助法院作出判决。"[2]

二是公序良俗的规制。公序良俗为大陆法系民法概念,如《法国民法典》第6条规定:"任何人均不得以特别约定违反有关公共秩序和善良风俗之法律。"[3]《日本民法典》第90条规定:"以违反公共秩序或善良风俗事项为目的的法律行为,无效。"[4]英美法系"公共政策"(public policy)概念与大陆法系的公序良俗概念相当。在英美法系合同法中,违反公共政策的合同,不具有强制执行的效力。

公序良俗原则,是现代民法一项重要的基本原则。在现代市场经济条件下,公序良俗原则具有维护国家利益、社会公共利益及一般道德秩序的功能。立法者在制定法律时,不可能预见

① 参见《荷兰民法典》,王卫国主译,中国政法大学出版社2006年版,第12页。
② 李永军:《合同法》(第4版),法律出版社2016年版,第108页。
③ 《法国民法典》(上册),罗结珍译,法律出版社2005年版,第35页。
④ 《最新日本民法》,渠涛编译,法律出版社2006年版,第24页。

一切损害国家利益、社会公益和道德秩序的行为，并设置详尽的禁止性规定，故以公序良俗原则弥补禁止性规定之不足。公序良俗原则在性质上为授权性规定，授权法院遇有损害国家利益、社会公益和社会道德秩序的行为，而又缺乏相应的禁止性规定时，可以违反公序良俗为由判决该行为无效。

公序良俗原则和诚实信用原则具有相同的性质和功能，是现代民法限制当事人意思自治、维护社会公益和法律秩序的有力手段。虽然诚实信用与善良风俗均属于一种道德准则，但二者存在和发生作用的领域不同。诚实信用系市场交易中的道德准则，而善良风俗系家族关系中的道德准则，亦即性道德和家庭道德。因此，需把握诚实信用原则适用的范围，仅对市场交易及与市场交易密切相关的关系适用诚实信用原则；凡不属于市场交易或与市场交易非密切相关的关系，均不能适用诚实信用原则，而属于公序良俗原则的管控范围。《民法典》总则编在第8条规定公序良俗原则，此外，另专设第153条第2款规定："违背公序良俗的民事法律行为无效。"《民法典》第8条规定的公序良俗原则仅作为一项指导性原则和行为规范发挥作用，不具有授权条款的性质和功能。①

（2）间接限制

一是对契约内容的客观解释。契约法对契约内容的间接限制可以通过对契约内容的解释来进行。对契约内容的解释，是

① 参见梁慧星：《民法总论》（第6版），法律出版社2021年版，第52页。

法律按照一定的标准对契约内容理解和探讨的过程。在形成契约内容的过程中，当事人的意思表示在契约内容中可能不清楚、不完全或者不具体，这样对契约内容的理解可能会产生争议。古典契约法要求法官解释契约时，要以探究当事人的主观意思为原则，这一原则是以古典契约自由理论强调当事人的意思自由为根据的。但是在现代契约法中，基于对交易安全的保护和实现契约正义的需要，对契约内容的解释采用客观标准已经上升为占统治地位的原则。

法国的契约解释制度在大陆法系中具有代表性。《法国民法典》对合同解释原则作出了具体的规定，这些原则对解决寻求当事人意愿问题，提供了一般的、总体性的方法。现代审判实践中，法国法官解释契约并不刻意追求当事人通过契约所要表达的真实意图，而是积极地使契约产生的法律效果向着法官所希望的方向发展，将判决建立在“公平”的基础上，遵循公平即当事人最有可能存在的意愿的逻辑。①

在现代英美法系国家，对契约内容的客观解释也占据统治地位，即用一个通情达理的人作为标准来判断模棱两可的问题。阿狄亚对此通过案例评价的方式进行了重要阐述：重要的不是当事人真正的合意或者意向，而是他们作为有理智的人被认为已经同意或者意图的东西。因此，我们需要知道的是，在这些情

---

① 参见尹田：《法国现代合同法：契约自由与社会公正的冲突与平衡》（第2版），法律出版社2009年版，第305页。

况下,一个有理智的人将同意什么或者意图是什么。事实上,法院代表有理智的人,因此可以说,标准变成了法院认为当事人应当理智地同意什么或者意图是什么。但法院最终强加的解决方法实质上不是当事人的意向,而是基于一个像任何其他规则一样的法律规则。①

二是显失公平制度。在现代契约法上,显失公平制度一般可以理解为,契约一方当事人利用己方优势或对方经验、知识、信息等的缺乏,导致契约双方在契约权利义务上明显违反平等、公平、等价有偿原则,法律赋予不利益方变更或解除契约的权利,从而达到新的指向契约正义的平衡。显失公平制度是对古典契约理论仅仅关注缔约程序公正,而不关心结果或实质公正的突破和改革。

在法国契约法上,显失公平的理论被称为"契约损害",它被用来解决契约双方当事人在利益获得上严重不对等、一方当事人遭受损害的情况。在显失公平内容的界定上,法国理论认为,其应当适用于契约双方当事人的权利、义务明显不平等,一方当事人遭受重大损失致使利益严重失衡的情形,而且法国法对其适用的范围进行了限制。《法国民法典》第1674条甚至给出了具体的标准:如出卖方因低价所受损失超过不动产价金的7/12时,有权请求取消买卖。在德国契约法上,显失公平制度适用于

① 参见[英]P. S. 阿狄亚:《合同法导论》(第5版),赵旭东等译,法律出版社2002年版,第21页。

一切契约关系，采取主观和客观相结合的方法来界定显失公平的内容，确认契约效力是否因显失公平而受到影响。除了具备客观的标准和结果，显失公平制度的适用还应当具备一方趁对方贫穷、没有经验、缺乏判断能力或者意志薄弱的主观条件，在主客观条件都具备的情况下，显失公平制度才能成为撤销或变更契约的理由。

现代英美法系中的显失公平制度是从传统衡平法演变而来的。在普通法上，"一分钱或一棵胡椒可以构成一个有价值的对价""合同内容对一方极不公平并不能使已经订立的合同丧失通过法院强制执行的效力"。在衡平法上，一个如此不公平的契约，足以"触动法院的良知"，这样的契约根本不应当得到法院的支持而获得强制执行。美国《统一商法典》有如下的明确规定，如果法院发现合同或合同的某一条款订立时是显失公平的，可以拒绝执行该合同，或者法院只强制执行合同中显失公平的条款之外的其他条款，或者法院对显失公平条款的适用加以限制从而避免显失公平的后果。①

从总体上看，现代意义上的显失公平被认为有两个构成要素：一是实质性显失公平，就是契约的条件对于一方有不合理的利益，比如说卖方获利过大、买方差价悬殊等情况；二是程序性显失公平，就是一方在缔结契约时所作的选择不具有实质上的

① 参见王军编著：《美国合同法》，对外经济贸易大学出版社 2004 年版，第 200 ~ 204 页。

意义，比如说一方没能够充分理解契约，且原因不可归咎于自身而订立契约的情形。无论是程序性的还是实质性的瑕疵都可以成为显失公平的理由。但是从显失公平的制度价值上来看，它既要保护交易安全，也要尽量保证交易的效率，现代契约法倾向于采取主客观相统一的原则，既把握客观标准对效力进行限制，也注意在没有导致不利方不得已而选择的情况，应认定契约具有约束力。

3. 对契约形式自由选择权利的规制

依学者观点，从历史发展来看，契约形式对于契约效力的影响，大致上经历了由形式主义到同意主义，再到复兴形式主义的过程。首先是古代契约法时代的形式主义，法律对契约的形式要求特别严格，凡是未能满足特定形式的契约，一律被归为无效，在这种严格的形式主义下，以信用期待为本质、以意思表示为要素的现代合同概念并未真正形成。[①] 其次是古典契约法时代的同意主义，在自由资本主义时代，自由是法律中处于至上位阶的价值，各国契约法纷纷采取同意主义，契约经过意思表示一致就可以成立，对特定形式的要求降到最低，“契约即合意”成了契约同意主义的抽象描述。最后是现代契约法时代的复兴形式主义。随着同意主义的随意性对交易安全、第三人利益和社会公共利益的损害的出现，契约自由受到各方面的限制，现代契约法对同意主义原则进行了不断的修正，在充分吸收古代形式主

① 参见董安生：《民事法律行为》，中国人民大学出版社 2002 年版，第 4 页。

义与近代同意主义的经验基础上，复兴形式主义对契约自由与正义、交易安全与效益进行了合理平衡。

纵观现代契约法契约形式对契约影响的途径，主要有以下几种类型：契约形式作为有效要件、契约形式作为对抗要件、契约形式作为执行要件、契约形式仅作为证据力强弱的标准。

特定的契约形式对契约关系是否存在和契约内容是否真实具有证据力，这体现在大陆法系的法国法和英美法系中。《法国民法典》第 1341 条规定：凡是超过法令确定的数额或价值之物，即使是自愿寄托的，均应在公证人前做成证书，或者经双方签名做成私证书；在证书做成之后，对与证书内容不同或超出证书内容的事项，不得以证人证明之，亦不得对证书做成之前、之时或之后所声明的诸事项，以证人证明之。[①] 在英美法系的口头证据规则中，契约的书面形式足以排斥口头证据的效力，只要当事人订立了有效的书面契约，当事人不能以口头证据增加、变更书面契约。

在契约法现代化的过程中，对同意主义的限制和形式主义的复兴，成为一个比较显著的特点，实质上就是注重当事人之间实质利益的平衡和对社会整体利益和秩序的维护。但是，契约形式对于平衡私人利益作用有限，而对契约订立的程序和契约内容的限制更为有效，不过契约形式对于关系社会公共利益的契约的规制显得比较重要，因为国家可以对特定形式的契约进行监督和控制。所以，在契约关系逾越单纯的当事人利益较量而

---

① 参见《法国民法典》（下册），罗结珍译，法律出版社 2005 年版，第 1027 页。

牵涉社会公共利益时，才有必要对契约形式作出特别的要求。[①]

4. 契约责任范围的扩大

古典契约法认为，契约的法律约束力来自当事人的合意，契约的存在是契约责任产生的基础，当事人违反契约义务是当事人承担责任的前提，也就是说，因为对有效成立的契约的违背才能产生契约责任。法律作了这样的假定：当事人在缔结契约时，就清楚地知道如果违背契约，必须要承担基于契约的法定的或约定的违约责任。这也就意味着当事人接受自己的约定和契约法规定的约束，不会有契约之外的、不是自己愿意接受的条件和责任。虽然经过磋商，但是当事人享有缔结或不缔结契约的自由，只要契约未被加以合意的“法锁”，对于终止协商，当事人享有充分的自由，而不需要承担任何责任，这也就是“无契约即无责任”法谚所阐述的，当事人对契约之外的义务的承担被认为是对契约自由原则的背离。但这些原则却被近代契约法上的一些制度设计所突破。

(1) 大陆法上的缔约过失责任

诚实信用原则作为一般性的原则逐步被现代契约法所确立，它的不断发展使得契约法不仅要求当事人在履行契约时要“严守信用，恪守诺言”，同时延伸到在契约缔结之前要注意忠实、协助、保护、照顾等义务，违反了这些义务，使得对方基于对

① 参见黄名述、张玉敏主编：《罗马契约制度与现代合同法研究》，中国检察出版社2006年版，第92页。

契约有效成立的信赖而产生损失时，则缔约人要对契约不能成立所产生的信赖损失负责。在大陆法系上，此被称为缔约过失责任理论。该理论旨在解决缔约人故意或者过失地违反先契约义务，使对方信赖利益受到损害。这样的损害赔偿责任承担的理论依据问题，是对古典契约责任理论封闭性体系的突破。

首先提出缔约过失责任理论的是德国法学家耶林。他在1861年发表了具有划时代意义的《缔约上过失——契约无效与不成立时之损害赔偿》一文，指出法律所保护的，并非仅是一个业已存在的契约关系，正在发生中的契约关系亦应包括在内，他提出了缔约过失责任的概念。耶林以个别案件为突破口，将生活关系提升为法律关系的基本概念，将其视为信赖或者说是信赖关系。正因为有了某种信赖关系，才使从事合同缔结的当事人，从合同交易外的消极义务进入合同上的积极义务。① 耶林的学说影响深远，在立法上产生了极大的影响，并逐步被制度化，这类制度包括自始客观不能、无权代理等。随着理论的不断发展，缔约过失责任由最初的只在有限范围内谨慎适用，发展到在诚实信用原则的指导下逐步扩大适用范围，一般意义上的缔约过失责任被许多大陆法系国家继受。

(2)英美法上的约定上禁反言制度

在英美法系，约定上禁反言制度是与缔约过失责任相类似的法学理论。英国通过判例，对约定上禁反言规则作了相应的

---

① 参见韩世远：《合同法总论》(第3版)，法律出版社2011年版，第135页。

规定。美国法学理论上,法学家富勒在《合同中信赖利益的损害赔偿》一文中,论述了在契约缔结过程中,由于违反诚信义务,给对方造成损失应当承担责任。按照富勒的观点,契约不成立或无效时,当事人因信赖其有效而受到的不利益就是信赖利益的损失,这一损失应当包括直接损失,如因支付费用而导致的财产减少,也包括间接损失,如信赖方失去应得到的机会、应增加而未增加的机会等。此后凯斯勒的《交易中的诚实信用与契约自由》、阿狄亚的《契约之债的约束力》逐步形成和发展了信赖利益学说。在制度上,美国禁反言原则在威灵斯顿起草的第一次《契约法重述》中就进行了阐述,其第 90 条规定,约定者有充分理由预期到其约定在被约定者一方诱发具有明确且实质性的作为或不作为,并且实际上已诱发了上述作为或不作为后,只有通过强制执行该约定方可回避不正义之后果时,其约定具有拘束力。其后通过案例判决,美国法对禁反言原则的支配领域进行了扩展,1980 年的《第二次契约法重述》,删去了第一次重述对该原则的限制,彻底突破了对价—约定—契约—责任的契约逻辑。①

四、契约自由的发展与契约自由规制的实质

(一)从形式自由到实质自由

从契约制度发展历史来看,人们对契约中自由与规制的认

---

① 参见黄名述、张玉敏主编:《罗马契约制度与现代合同法研究》,中国检察出版社 2006 年版,第 132 页。

识不断发展。我们应当看到,随着对社会关系认识的不断深入、对潜在的利益诉求的不断发掘、立法技术的不断细化和提高,人们对契约自由所进行的必要限制,实际上并不是契约自由原则衰落的表现,而是在对契约自由规制的基础上,实现对实质意义上的契约自由的恢复。

在古典契约自由原则产生与生存的土壤发生改变的时候,形式化的契约自由已经与其自身的价值渐行渐远,并因这种偏离而失去了现实意义。在这种情况下出现的对契约自由规制的理论和制度,不应当被认为是契约自由自身的衰落,而是对契约自由的重新认识,是对契约自由的重新定位,以恢复其应有的地位和价值。所以,现代社会强调契约实质正义,并且对偏离轨迹的契约自由进行规制,和近代契约理论创立和发展的契约自由原则具有同样重要的意义。古典契约理论之所以强调契约自由是因为在那样的社会经济生活基础上,人们有理由信奉"契约即正义"。而在现代社会,经济生活的基础和内容发生了巨大的变化,形式理性化的法律体系也应该纳入一定程度的实质主义规范,诸如"和"与"家"的道德理念,以及社会主义的道德观,来纠正形式理性正义体系的偏颇。①

这也就是说,契约自由在私法领域对主体权利义务的支配并没有发生根本性的变化。作为契约法的一般原则,它的现实

① 参见黄宗智:《中国正义体系的三大传统与当前的民法典编纂》,载《开放时代》2017 年第 6 期。

存在和现实价值依然如故,在私人关系中,意思自治虽已受到极大的损害,契约自由受到某些限制,合同强制力受到某些变更,然而这些限制或变更却只表现为一般原则的例外。意思自治不再具有绝对性,而表现为当事人当然享有的自愿独立地创设权利的权利,表现为由法律赋予并加以限制的权利。契约自由与社会公正的协调,也正是通过意思自治的地位变更来实现的。[①] 其实,那些受到现代法律制度规制的"契约自由",更接近实质意义上的契约自由。

(二)对契约自由的再认识

近代以来的法律实践,尤其是第二次世界大战以来德国军国主义法律的失败,使权威主义或国家主义法律神话破灭。越来越多的人认识到,法律应当具有正当性和合理性,应当有助于人类的合作,而不只是作为政府对社会统治的工具。这些变化,为人们对契约自由原则的重新认识提供了基础。人们认识到虽然契约自由会导致权利滥用,产生人们所不希望的结果,但是对于契约自由的直接干涉常常会引发更加无效率的结果,进而需要更高程度的干涉的加入,如最低工资保障制度,使得商品或服务的成本增加,价格上升,造成大量失业;对于消费者的特殊保护,从微观上看,有助于个别正义的实现,在一定程度上减少

---

① 参见尹田:《法国现代合同法:契约自由与社会公正的冲突与平衡》(第2版),法律出版社2009年版,第39~40页。

经营者的暴利,但是却增加了经营者的成本,提升了价格水平,更严重的是有可能降低消费者提高自我保护能力的积极性,使消费者产生对公权介入的依赖心理,从而造成制度设计在更高程度上对消费者进行保护,形成恶性循环。在现代社会,当我们基于部门法考察我国法律传统时,不应当局限于社会管理的功能;当考察私人交往准则时,不应当从狭隘的“权利”“所有”的概念出发,而是真正从“良治”的角度去思考和丰富法律实践。[①] 所有这些,都引发了人们对契约自由价值的重新认识。

(三)契约自由的发展与平衡

契约自由的历史变迁证明了科宾的论断,也就是“我们从来没有也绝对不会有毫无限制的‘合同自由’”[②]。古典契约理论,要求最低程度的限制、最大限度的自由;现代契约理论,对契约自由的限制不断发展、细化和膨胀。在契约理论的当代发展中,人们开始更加审慎地对待自由与限制之间的选择与平衡。契约自由的创造力是不可否认的,但是迷信它是“正义”的化身、不需要任何的限制,肯定是不科学的。在对待契约自由与限制的问题上,法律科学总是会采用更加实用主义的态度,在承认契约自由和对契约自由的规制都存在局限性的前提下,不断对界限问

---

① 参见张维迎、邓峰:《国家的刑法与社会的民法　礼法分野的法律经济学解释》,载《中外法学》2020 年第 6 期。

② [美]A. L. 科宾:《科宾论合同》(一卷版)(下册),王卫国等译,中国大百科全书出版社 1998 年版,第 727 页。

题做出探索。对自由的限制是一个典型的价值判断问题,在这个问题上,一项基本的实体性论证规则是:在没有足够充分的正当理由的情况下,不得主张对合同自由加以限制。①

契约本身是一类普遍的社会合作实践。契约,顾名思义,即人们因为共同的目的而走到一起。人们之所以从事契约交易,是因为能够互通有无,满足相互的利益追求。而"通过契约交易获得利益"本身就构成了当事人之间的主观目的。各当事人也因契约行为构成一个共同体。个体通过积极参与不仅实现了自身的利益,而且普遍地增进了社会同伴的利益。契约当事人往往是自利的,参加交易的初衷通常仅限于增进自己的利益,增进其他同伴的利益并不是其本意。但是,共同体利益却通常是自利个体可以预期的。一个人正是预料到特定交易将同时增进自身和交易相对人的利益,才确信交易相对人与自己一样有足够动力积极参与交易。反之,如果当事人普遍预料到自己或者他人将在交易中被过度掠夺或面临过度的不公平,无法实现最低限度的等价有偿交换,这样的谈判通常就不会发生,或者不会再发生。诚实信用、契约严守也构成合同当事人的普遍共同利益。只有当互利契约最终得到各方当事人的严格履行,个体利益才能得到普遍实现,这也比较好地解释了为什么国家要规制当事

① 参见王轶:《民法价值判断问题的实体性论证规则——以中国民法学的学术实践为背景》,载《中国社会科学》2004 年第 6 期。

人自愿达成的契约。[①]

在具备足够正当充分的理由时，对契约自由的规制也应当遵循一定的原则。一是法律应当把排除社会和他人的强制作为首要目标。防止他人的强制和社会强制只能依靠对强制行为的强制，在现代社会，这一强制权力只能赋予国家。或者说，以国家强制来控制私人强制才具有一定的合理性。[②] 二是对于契约的强制，私法上的强制手段应当优先于公法上的强制手段。对公权力的防范是现代法治的核心价值所在。保障契约自由，应当警惕和防范公共权力部门滥用权力对契约自由进行干涉。私法上强制的目的在于提高弱者的地位，增强个人意思实现的能力，并且赋予个人通过自己行为或者借助公权力来维护自己利益的权利，因而更加具有效率性、安全性和根本性。三是私法强制程序性的手段应当优先于实体性的手段。权利的分配要达到效率最优，必须通过法制形成当事人之间进行自由交涉的条件，结果的决定以交涉过程为基础。[③] 因此，现代契约法理论的核心应当是通过合理的契约程序保障当事人意志的表达和实现，而不是通过直接决定契约的内容来追求结果的公正。

---

① 参见熊丙万：《私法的基础：从个人主义走向合作主义》，中国法制出版社2018年版，第212页。

② 参见孙学致：《由自由达致责任——关于契约自由的内在规定性理论》，载《吉林大学社会科学学报》2003年第1期。

③ 参见季卫东：《法治秩序的建构》（增补版），商务印书馆2019年版，第46页。

参考文献

一、中文类(含译著)

(一)著作

1.[日]棚濑孝雄:《纠纷的解决与审判制度》,王亚新译,中国政法大学出版社2004年版。

2.《法国民法典》(下册),罗结珍译,法律出版社2005年版。

3.《埃塞俄比亚民法典》,薛军译,厦门大学出版社2013年版。

4.《最新阿根廷共和国民法典》,徐涤宇译注,法律出版社2007年版。

5.《德国民法典》(第4版),陈卫佐译注,法律出版社2015年版。

6.《最新日本民法》,渠涛编译,法律出版社

2006年版。

7.《魁北克民法典》,孙建江、郭站红、朱亚芬译,中国人民大学出版社2005年版。

8.《意大利民法典》,陈国柱译,中国人民大学出版社2010年版。

9. 沈达明:《比较民事诉讼法初论》,中国法制出版社2002年版。

10. [日]我妻荣:《我妻荣民法讲义 V_3 · 债权各论》(中卷二),周江洪译,中国法制出版社2008年版。

11. 史尚宽:《债法各论》,中国政法大学出版社2000年版。

12. 郑玉波:《民法债编各论》(下册),1980年自版发行。

13. 黄立等主编:《民法债编各论》(下),中国政法大学出版社2003年版。

14. 梅仲协:《民法要义》,中国政法大学出版社2004年版。

15. 王泽鉴:《民法概要》,北京大学出版社2011年版。

16. 戴修瓒:《民法债编各论》,中国方正出版社2008年版。

17. 王利明:《合同法研究》(第1卷)(修订版),中国人民大学出版社2011年版。

18. [日]星野英一:《日本民法概论 Ⅳ 契约》,姚荣涛译,台北,五南图书出版公司1988年版。

19. [德]尤尔根·哈贝马斯:《交往行为理论:行为合理性与社会合理化》(第1卷),曹卫东译,上海人民出版社2004年版。

20. 陈自强:《和解与计算错误》,2014年自版发行。

21. 熊丙万:《私法的基础:从个人主义走向合作主义》,中国法制出版社 2018 年版。

22. 范愉、李浩:《纠纷解决——理论、制度与技能》,清华大学出版社 2010 年版。

23. 顾培东:《社会冲突与诉讼机制》,法律出版社 2004 年版。

24. 周枏:《罗马法原论》,商务印书馆 1994 年版。

25. [德]迪特尔 · 梅迪库斯:《德国债法总论》,杜景林、卢谌译,法律出版社 2004 年版。

26. [英]Hugh Collins:《合同法:导读本》,丁广宇、孙良国编注,中国人民大学出版社 2006 年版。

27. 齐树洁主编:《英国民事司法改革》,北京大学出版社 2004 年版。

28. [美]A. L. 科宾:《科宾论合同》(一卷版)(下册),王卫国等译,中国大百科全书出版社 1998 年版。

29. 江山:《中国法理念》,中国政法大学出版社 2005 年版。

30. [英]约翰 · 希克斯:《经济史理论》,厉以平译,商务印书馆 1987 年版。

31. [日]滋贺秀三等:《明清时期的民事审判与民间契约》,王亚新等编译,法律出版社 1998 年版。

32. 春杨:《晚清乡土社会民事纠纷调解制度研究》,北京大学出版社 2009 年版。

33. 张晋藩主编:《中国司法制度史》,人民法院出版社 2004

年版。

34. [英]亚当・斯密:《国民财富性质和原因的研究》(下卷),郭大力、王亚南译,商务印书馆1974年版。

35. 尹田:《法国现代合同法:契约自由与社会公正的冲突与平衡》(第2版),法律出版社2009年版。

36. 洪逊欣:《中国民法总则》,台北,三民书局1958年版。

37. 朱庆育:《民法总论》,北京大学出版社2016年版。

38. [英]弗里德利希・冯・哈耶克:《自由秩序原理》(上册),邓正来译,三联书店1997年版。

39. [英]休谟:《人性论》(下册),关文运译,商务印书馆1996年版。

40. 陈自强:《契约违反与履行请求》,台北,元照出版有限公司2020年版。

41. 董安生:《民事法律行为》,中国人民大学出版社2002年版。

42. [奥]凯尔森:《法与国家的一般理论》,沈宗灵译,中国大百科全书出版社1996年版。

43. 张俊浩主编:《民法学原理》(上册)(修订第3版),中国政法大学出版社2000年版。

44. 黄茂荣:《法学方法与现代民法》,法律出版社2007年版。

45. [德]卡尔・拉伦茨:《法学方法论》,陈爱娥译,商务印书馆2003年版。

46. 苏永钦:《私法自治中的经济理性》,中国人民大学出版社2004年版。

47. 朱广新:《合同法总则》(第2版),中国人民大学出版社2012年版。

48. 丘汉平:《罗马法》,中国方正出版社2004年版。

49. 李永军:《合同法》(第4版),中国人民大学出版社2016年版。

50. 韩世远:《合同法总论》(第3版),法律出版社2011年版。

51. 朱庆育:《意思表示解释理论——精神科学视域中的私法推理理论》,中国政法大学出版社2004年版。

52. [德]马丁·海德格尔:《存在与时间》(修订译本),陈嘉映、王庆节译,三联书店1999年版。

53. [德]汉斯-格奥尔格·加达默尔:《真理与方法——哲学诠释学的基本特征》(上卷),洪汉鼎译,上海译文出版社1999年版。

54. 王泽鉴:《债法原理:基本理论·债之发生》(第1册),中国政法大学出版社2001年版。

55. 谢鸿飞:《合同法学的新发展》,中国社会科学出版社2014年版。

56. 陈自强:《契约之内容与消灭》,台北,元照出版有限公司2018年版。

57. [德]汉斯·布洛克斯等:《德国民法总论》,张艳译,中国人民大学出版社 2014 年版。

58. [美]E. 艾伦·范斯沃思:《美国合同法》,葛云松、丁春艳译,中国政法大学出版社 2004 年版。

59. 王泽鉴:《民法学说与判例研究》(第 1 册),台北,三民书局 1980 年版。

60. 徐涤宇:《原因理论研究》,中国政法大学出版社 2005 年版。

61. [英]洛克:《政府论》(下),叶启芳、瞿菊农译,商务印书馆 1964 年版。

62. 潘光政编著:《新加坡法治社会的透视与思考》,中国政法大学出版社 2014 年版。

63. 雷继平:《论合同解释的外部资源》,中国法制出版社 2008 年版。

64. 顾祝轩:《合同本体解释论:认知科学视野下的私法类型思维》,法律出版社 2008 年版。

65. 王泽鉴:《民法总则》,北京大学出版社 2009 年版。

66. 陈自强:《民法讲义Ⅱ:契约之内容与消灭》,法律出版社 2004 年版。

67. 李宇:《民法总则要义:规范释论与判解集注》,法律出版社 2017 年版。

68. 沈达明、梁仁洁编著:《德意志法上的法律行为》,对外贸易教育出版社 1992 年版。

69. 王军编著:《美国合同法》,对外经济贸易大学出版社

2004 年版。

70. 徐国栋主编:《绿色民法典草案》,社会科学文献出版社 2004 年版。

71. [德]维尔纳·弗卢梅:《法律行为论》,迟颖译,法律出版社 2013 年版。

72. [英]霍布斯:《利维坦》,刘胜军、胡婷婷译,中国社会科学出版社 2007 年版。

73. 崔建远:《合同法总论》(中卷),中国人民大学出版社 2016 年版。

74. 陆青:《合同解除效果的意思自治研究——以意大利法为背景的考察》,法律出版社 2011 年版。

75. 于锐:《和解合同研究》,法律出版社 2017 年版。

76. [日]高桥宏志:《民事诉讼法制度与理论的深层分析》,林剑锋译,法律出版社 2003 年版。

77. 王胜明、段正坤主编:《中华人民共和国公证法释义》,法律出版社 2005 年版。

78.《葡萄牙民法典》,唐晓晴等译,北京大学出版社 2009 年版。

79. 江伟:《民事诉讼法》(第 3 版),高等教育出版社 2007 年版。

80. [英]布莱恩·巴里:《正义诸理论》,孙晓春、曹海军译,吉林人民出版社 2011 年版。

81. 左卫民:《变革时代的纠纷解决:法学与社会学的初步考

察》,北京大学出版社 2007 年版。

82. 张五常:《经济解释》,中信出版社 2015 年版。

83. [德]于・哈贝马斯:《交往行动理论——行动的合理性和社会合理化》(第 1 卷),洪佩郁、蔺菁译,重庆出版社 1994 年版。

84. 沈达明编著:《英美证据法》,中信出版社 1996 年版。

85. 郑成良:《法律之内的正义:一个关于司法公正的法律实证主义解读》,法律出版社 2002 年版。

86. [古希腊]亚里士多德:《尼各马可伦理学》,廖申白译注,商务印书馆 2003 年版。

87. 张文显主编:《法理学》,高等教育出版社、北京大学出版社 2007 年版。

88. 范愉:《非诉讼纠纷解决机制研究》,中国人民大学出版社 2000 年版。

89. 徐昕:《论私力救济》,中国政法大学出版社 2005 年版。

90. [德]罗伯特・霍恩等:《德国民商法导论》,楚建译,中国大百科全书出版社 1996 年版。

91. [英]P. S. 阿狄亚:《合同法导论》(第 5 版),赵旭东等译,法律出版社 2002 年版。

92. 沈宗灵:《现代西方法理学》,北京大学出版社 1992 年版。

93. 李双元、温世扬主编:《比较民法学》,武汉大学出版社 2016 年版。

94. 孙鹏:《合同法热点问题研究》,群众出版社 2001 年版。

95. 黄名述、张玉敏主编:《罗马契约制度与现代合同法研究》,中国检察出版社 2006 年版。

96. 米健:《比较法学导论》,商务印书馆 2018 年版。

97. 陈华彬:《民法体系的新展开》(上),中国政法大学出版社 2021 年版。

98. [美]格兰特·吉尔默:《契约的死亡》,曹士兵、姚建宗、吴巍译,中国法制出版社 2005 年版。

99. [美]伯纳德·施瓦茨:《美国法律史》,王军等译,法律出版社 2011 年版。

100. [美]保罗·萨缪尔森、威廉·诺德豪斯:《经济学》(第 19 版)(上册),萧琛等译,商务印书馆 2017 年版。

101. [美]罗伯特·诺奇克:《无政府、国家和乌托邦》,姚大志译,中国社会科学出版社 2008 年版。

102. [日]内田贵:《契约的再生》,胡宝海译,中国法制出版社 2005 年版。

103. 侯国跃:《契约附随义务研究》,法律出版社 2007 年版。

104.《荷兰民法典》,王卫国主译,中国政法大学出版社 2006 年版。

105. 梁慧星:《民法总论》(第 6 版),法律出版社 2021 年版。

106. 季卫东:《法治秩序的建构》(增补版),商务印书馆 2019 年版。

（二）论文

107. 肖俊:《和解合同的私法传统与规范适用》,载《现代法学》2016年第5期。

108. 于锐:《和解合同研究》,黑龙江大学2013年博士学位论文。

109. 谭振波:《和解合同的效力》,载《河北法学》2012年第10期。

110. 周建华:《法国民法典中的和解合同》,载《人大法律评论》2012年第1辑。

111. 陈自强:《民法上和解之效力》,载《政大法学评论》1999年第61期。

112. 解亘:《论日本民法中的和解契约》,载《苏州大学学报(法学版)》2015年第4期。

113. 于锐、王洋:《论和解合同的适用对象及限制》,载《行政与法》2013年第12期。

114. 宋旭明:《传统和解立法矛盾之检讨》,载《湖南师范大学社会科学学报》2006年第6期。

115. 肖俊:《意大利法中的和解合同研究》,载《苏州大学学报(法学版)》2015年第4期。

116. 王利明:《论和解协议》,载《政治与法律》2014年第1期。

117. 庄加园:《和解合同的实体法效力——基于德国法视角的考察》,载《华东政法大学学报》2015年第5期。

118. 陈自强:《和解之错误》,载《月旦法学杂志》第 233 期(2014 年)。

119. 贺剑:《诉讼外和解的实体法基础——评最高人民法院指导案例 2 号》,载《法学》2013 年第 3 期。

120. 隋彭生:《诉讼外和解协议的生效与解除——对最高人民法院〈指导案例 2 号〉的实体法解释》,载《中国政法大学学报》2012 年第 4 期。

121. 郑金玉:《和解协议与生效判决关系之债法原理分析——兼论"吴梅案"的规则解释》,载《比较法研究》2015 年第 4 期。

122. 严仁群:《二审和解后的法理逻辑:评第一批指导案例之"吴梅案"》,载《中国法学》2012 年第 4 期。

123. 宋旭明、张勇:《刑事和解的民法性质与效力》,载《云南大学学报(法学版)》2012 年第 3 期。

124. 黄宗智:《中国正义体系的三大传统与当前的民法典编纂》,载《开放时代》2017 年第 6 期。

125. 熊丙万:《私法的基础:从个人主义走向合作主义》,载《中国法学》2014 年第 3 期。

126. 夏扬:《中国法律传统的经济理性》,载《法学研究》2016 年第 5 期。

127. 张伟仁:《中国法文化的起源、发展和特点(下)》,载《中外法学》2011 年第 1 期。

128. 张晋藩:《论中华法制文明的几个问题》,载《中国法学》2009 年第 5 期。

129. 田涛:《徽州地区民间纠纷调解契约初步研究》,载《法治论丛(上海政法学院学报)》2009 年第 1 期。

130. 何勤华:《法的移植与法的本土化》,载《中国法学》2002 年第 3 期。

131. 唐峰:《纠纷和解研究》,山东大学 2011 年博士学位论文。

132. 刘凯湘、张云平:《意思自治原则的变迁及其经济分析》,载《中外法学》1997 年第 4 期。

133. 金彭年、王健芳:《国际私法上意思自治原则的法哲学分析》,载《法制与社会发展》2003 年第 1 期。

134. 胡东海:《论法律行为的规范性》,载《中外法学》2012 年第 6 期。

135. 解亘:《我国合同拘束力理论的重构》,载《法学研究》2011 年第 2 期。

136. 李双元、黄为之:《论和解合同》,载《时代法学》2006 年第 4 期。

137. 陆青:《离婚协议中的"赠与子女财产"条款研究》,载《法学研究》2018 年第 1 期。

138. 张卫平:《论民事诉讼的契约化——完善我国民事诉讼法的基本作业》,载《中国法学》2004 年第 3 期。

139. 邓叶芬:《论民法上和解合同的客体范围》,载《学术交流》2017 年第 6 期。

140. 李永军:《论合同解释对当事人自治否定的正当性与矫正性制度安排》,载《当代法学》2004 年第 2 期。

141. 崔建远:《合同解释辨》,载《财经法学》2018 年第 4 期。

142. 谢慧:《契约自由的司法境遇——法律方法如何拯救意思自治》,载《法制与社会发展》2011 年第 4 期。

143. 朱庆育:《意思表示解释:通过游戏而实现》,载《清华法学》2002 年第 1 期。

144. 许中缘、梁清:《论法律行为解释与私法自治》,载《人民司法》2007 年第 7 期。

145. 张驰:《论意思表示解释》,载《东方法学》2012 年第 6 期。

146. 王文宇:《合同解释三部曲——比较法观点》,载《中国法律评论》2016 年第 1 期。

147. 叶金强:《合同解释理论的一元模式》,载《法制与社会发展》2013 年第 2 期。

148. 崔建远:《论合同目的及其不能实现》,载《吉林大学社会科学学报》2015 年第 3 期。

149. 单锋:《论“合同目的”的规范效应》,载《南京师大学报(社会科学版)》2017 年第 4 期。

150. 赵惠琳:《正确理解和适用合同目的及根本违约规则》,载《政治与法律》2003 年第 5 期。

151. 崔建远:《意思表示的解释规则论》,载《法学家》2016 年第 5 期。

152. 刘勇:《合同补充解释的理论构造及立法选择》,载《浙江社会科学》2017 年第 3 期。

153. 韩世远:《民事法律行为解释的立法问题》,载《法学》2003 年第 12 期。

154. 吴庭刚:《论合同目的的查明》,载《山东社会科学》2006 年第 9 期。

155. 卢志强:《合同语境解释规则研究》,浙江大学 2016 年博士学位论文。

156. 朱庆育:《私法自治与民法规范——凯尔森规范理论的修正性运用》,载《中外法学》2012 年第 3 期。

157. 许德风:《赌博的法律规制》,载《中国社会科学》2016 年第 3 期。

158. 陈自强:《和解合同之错误》,载《北航法律评论》2016 年第 1 辑。

159. 高岩:《显失公平规则适用标准的细化与完善》,载《中国社会科学院研究生院学报》2013 年第 6 期。

160. 武腾:《显失公平规定的解释论构造——基于相关裁判经验的实证考察》,载《法学》2018 年第 1 期。

161. 邓叶芬:《论民法上和解合同的程序性——以和解条款的独立效力为视角的分析》,载《湖南师范大学社会科学学报》2017 年第 2 期。

162. 肖俊:《和解合同的起源、法典化与中国实践》,载龙卫球、王文杰主编:《两岸民商法前沿》第 5 辑,中国法制出版社

2016 年版。

163. 易军:《民法公平原则新诠》,载《法学家》2012 年第 4 期。

164. 贺剑:《〈合同法〉第 54 条第 1 款第 2 项(显失公平制度)评注》,载《法学家》2017 年第 1 期。

165. 王磊:《论显失公平规则的内在体系——以〈民法总则〉第 151 条的解释论为中心》,载《法律科学(西北政法大学学报)》2018 年第 2 期。

166. 郑云瑞:《西方契约理论的起源》,载《比较法研究》1997 年第 3 期。

167. 赵秀举:《论民事和解协议的纠纷解决机制》,载《现代法学》2017 年第 1 期。

168. 吴从周:《初探法感——以民事案例出发思考其在法官判决中之地位》,载《法学方法论论丛》2014 年第 1 辑。

169. 孙学致:《公平规范的本质》,载《东北师大学报》2006 年第 4 期。

170. 黄忠顺:《诉讼外调解协议自愿性的司法审查标准》,载《东方法学》2017 年第 3 期。

171. 刘洋:《"履行费用过高"作为排除履行请求权的界限——"新宇公司诉冯玉梅商铺买卖合同纠纷案"评析》,载《政治与法律》2018 年第 2 期。

172. 解亘:《日本契约拘束力理论的嬗变——从债权、债务构成走向契约构成》,载《南京大学学报(哲学·人文科学·社会科学)》2010 年第 2 期。

173. [日]潮见佳男:《日本债权法的修改与合意原则》,徐慧译,载《交大法学》2014 年第 3 期。

174. [德]卡拉里斯:《债务合同法的变化:即债务合同法的"具体化"趋势》,张双根译,载《中外法学》2001 年第 1 期。

175. 汪洋:《消费者合同中价格条款的法律规制》,载《华东政大大学学报》2017 年第 5 期。

176. 纪海龙:《走下神坛的"意思"——论意思表示与风险归责》,载《中外法学》2016 年第 3 期。

177. 解亘:《格式条款内容规制的规范体系》,载《法学研究》2013 年第 2 期。

178. 周江洪:《债权人代位权与未现实受领之"代物清偿"——"武侯国土局与招商局公司、成都港招公司、海南民丰公司债权人代位权纠纷案"评释》,载《交大法学》2013 年第 1 期。

179. 林来梵:《人的尊严与人格尊严——兼论中国宪法第 38 条的解释方案》,载《浙江社会科学》2008 年第 3 期。

180. 李兵:《指导案例 2 号〈吴梅诉四川省眉山西城纸业有限公司买卖合同纠纷案〉的理解与参照》,载《人民司法》2012 年第 7 期。

181. 潘剑锋:《论司法确认》,载《中国法学》2011 年第 3 期。

182. 宋建立:《法制下的调解与和谐社会》,载《法学杂志》2008 年第 2 期。

183. 黄为之:《和解合同研究》,湖南师范大学 2006 年硕士学位论文。

184. 张波:《论调解与法治的排斥与兼容》,载《法学》2012年第12期。

185. 王亚新:《〈民事诉讼法〉修改与调解协议的司法审查》,载《清华法学》2011年第3期。

186. 刘加良:《非诉调解协议司法确认程序的实践误区及其矫正》,载《政治与法律》2018年第6期。

187. 唐力:《非讼民事调解协议司法确认程序若干问题研究——兼论〈中华人民共和国民事诉讼法修正案(草案)〉第38、39条》,载《西南政法大学学报》2012年第3期。

188. 占善刚:《人民调解协议司法确认之定性分析》,载《法律科学(西北政法大学学报)》2012年第3期。

189. 浙江省高级人民法院联合课题组:《关于人民调解协议司法确认的调研》,载《人民司法》2010年第23期。

190. 曾令健:《纠纷解决合作主义:法院调解社会化的解释框架》,载《法律科学(西北政法大学学报)》2020年第4期。

191. 李林:《推进新时代"枫桥经验"的法治化》,载《法学杂志》2019年第1期。

192. 于浩:《推陈出新:"枫桥经验"之于中国基层司法治理的意义》,载《法学评论》2019年第4期。

193. 杨国荣:《重思正义——正义的内涵及其扩展》,载《中国社会科学》2021年第5期。

194. 黄宗智:《再论调解及中西正义体系融合之路》,载《中外法学》2021 年第 1 期。

195. 陆益龙:《乡村民间纠纷的异化及其治理路径》,载《中国社会科学》2019 年第 10 期。

196. 马俊驹:《中国民法的现代化与中西法律文化的整合》,载《中国法学》2020 年第 1 期。

197. 贺雪峰:《规则下乡与治理内卷化:农村基层治理的辩证法》,载《社会科学》2019 年第 4 期。

198. 赵旭东:《论纠纷解决的合意性机制——以民事纠纷解决为重心》,山东大学 2014 年博士学位论文。

199. 刘加良:《司法确认程序的功能诠释》,载《政法论丛》2018 年第 4 期。

200. 邵六益:《中国民法典的社会主义性质研究》,载《毛泽东邓小平理论研究》2020 年第 12 期。

201. 许尚豪:《交换的正义与分配的正义——纠纷解决途径的正当性基础解读》,载《法学家》2007 年第 5 期。

202. 刘道纪:《法律内的天理人情》,载《政法论坛》2011 年第 5 期。

203. 陈瑞华:《论协商性的程序正义》,载《比较法研究》2021 年第 1 期。

204. 陈醇:《论单方法律行为、合同和决议之间的区别——以意思互动为视角》,载《环球法律评论》2010 年第 1 期。

205. 于浩:《人民调解法制化:可能及限度》,载《法学论坛》2020 年第 6 期。

206. 徐钝:《司法确认制度及其价值的法哲学拷问——一个合法性范式分析视角》,载《法律科学(西北政法大学学报)》2014 年第 4 期。

207. 张佳鑫:《协商解决纠纷机制研究》,吉林大学 2011 年博士学位论文。

208. 顾培东:《公众判意的法理解析——对许霆案的延伸思考》,载《中国法学》2008 年第 4 期。

209. 刘承韪:《契约法理论的历史嬗迭与现代发展——以英美契约法为核心的考察》,载《中外法学》2011 年第 4 期。

210. 张维迎、邓峰:《国家的刑法与社会的民法 礼法分野的法律经济学解释》,载《中外法学》2020 年第 6 期。

211. 王轶:《民法价值判断问题的实体性论证规则——以中国民法学的学术实践为背景》,载《中国社会科学》2004 年第 6 期。

212. 孙学致:《由自由达致责任——关于契约自由的内在规定性理论》,载《吉林大学社会科学学报》2003 年第 1 期。

213. [德]卡纳里斯:《论合同解释》,史金旺译,载梁慧星主编:《民商法论丛》第 53 卷,法律出版社 2013 年版。

二、外文类

(一)著作

1. David Foskett, *The Law and Practice of Compromise*, Sweet & Maxwell, 2010.